岐路にたつ日本経済・日本企業

徳重昌志
日髙克平 編著

中央大学企業研究所
研究叢書32

中央大学出版部

序　文

　21世紀に入り10年が経過した日本社会およびその経済は，国境なき経済化（グローバリゼーション）が急速に進行するなかでますます混迷を深めている．2007年以降に顕在化した，いわゆるサブプライムローン問題に端を発する金融危機が世界経済を混乱させ，その後遺症から立ち直れないままに，東日本大震災と福島の原子力発電所事故が発生した．これらの終息には膨大な時間と費用が必要となる．特に，原発の事故に関しては，これまでの国内外で発生した原発事故からの教訓がある程度まで引き出せたとしても，日本社会，というよりむしろ人類にとって未知数の問題が数多く含まれているため，終息までの道筋がなかなか見出せない状態が続くことが予想される．そのような意味で，まさに現代の日本社会は敗戦以来の国難の時代に入ったといえよう．

　国際社会もまた混乱の時代を迎えている．21世紀を迎え，新たな世紀の幕開けに誰もが何かしらの希望と期待をもったのも束の間，まずはアメリカで2001年9月11日に同時多発テロ事件が起こり，それから10年を待たずして「100年に1度の経済危機」ともいわれるサブプライムローン問題が発生した．それから3年間が経過するも，金融危機からの脱却が困難なアメリカ経済に加えて，EU（欧州連合）でもギリシャ国債問題をきっかけとして各国の財政基盤に対する不信感が強まり，それが統一通貨ユーロの価値を不安定化し始めている．こうした世界経済を覆う信用不安の拡大は，国難の渦中にある日本経済にとってもドルやユーロに対する急激な円高の進行というかたちで，輸出産業をはじめとして深刻な影響を及ぼし始めている．

　まさにこうした内憂外患の状況下で，本書『岐路にたつ日本経済・日本企業』は刊行されることになった．本書は，中央大学企業研究所の研究チームであった「グローバリゼーションと日本経済」（主査　德重昌志）と「21世紀型企業経営とビジネスモデルに関する研究」（主査　日髙克平）における研究成果を

纏めたものである．この両チームは，主たる研究対象を現代グローバリゼーションの分析に置いていたことから，研究期間中には合同研究会を開催することもあった．また，複数の研究員が両方のチームに所属していたことも共同執筆という形式での成果発表を促した．

発足当初の各チームの研究方針は次のようであった．まず，「グローバリゼーションと日本経済」では，「1990年代以降のグローバリゼーションの進展は，日本経済に多大な影響を与えてきた．既に，わが国の多国籍企業の海外生産比率は34％に達している．しかも最近の特徴は，安価な労働力を利用するという目的だけで生産拠点を海外に移転するのではなく，中国などの巨大な市場での優位性を確保するために，研究・開発拠点をも現地に移転する傾向が強まってきていることである．この研究では，グローバリゼーションを進展させるこのような多国籍企業の動向が，日本経済にいかなる影響を与えているのか，多角的な視点から総合的に分析する」と述べられている．

他方，「21世紀型企業経営とビジネスモデルに関する研究」では，「現代企業に劇的な変化を与えた影響要因は，IT（情報通信技術）とNPO（非営利組織）である．ITは，企業経営や管理組織を根本的に変えるほどの影響力を持つと同時に，NPOやNGO（非政府組織）などの社会活動にとってもコミュニケーションの基盤となっている．また，ITによって強化されたNPOやNGOの社会実践や発言内容が企業行動に多大な影響を与え，企業行動を規制する時代になった．持続可能な経済・社会論が様々な学問分野で研究されるなかで，大量生産・消費型企業モデルの限界が指摘されるとともに，21世紀型企業モデルの模索が始まっている．持続可能性を確保するため，環境問題のみならず，新たな雇用のあり方，収益性と公共性との行動的調和，途上国経済を犠牲にしない公正な貿易システムなど，個別企業行動と世界経済システムとの共生をどのようにして確立するかが問われており，社会的企業家の活動としてフェアトレード，マイクロファイナンスなどの新たなビジネスモデルが既に世界的に注目されている．この研究では，IT，NPO，企業の三要因が生み出す新たな事業機会の分析を通して，21世紀型企業経営やビジネスモデルのあり方を提示し

たい」とある.

　もとより，本書を構成する各執筆者の学術的専門分野や分析視角，研究方法などは様々である．若手研究者による分析もあれば，ベテランの研究者による鋭い洞察も含まれている．グローバリゼーションの断面を執筆陣が思い思いの方法で分析していることが，本書の最大の特徴である．

　グローバリゼーションという用語はもはやごく普通に誰もが使用するが，ひとたび学術的に分析しようとすると，複雑でたいへんに手を焼く用語であり概念である．しかしながら，それが社会的合意であるかのように世間が認識し，"グローバル化しているかどうか"，"グローバル化という鏡に映し出してみて効率的かどうか"といったように，その善し悪しがグローバル化という基準で判断されることが様々な社会の歪みを生んでいることこそが問題なのである．一国の経済も，産業や企業の評価も，あるいは個々人の評価ですら，それらのものが"どの程度までグローバル化しているか"で判断される時代になった．そのようなグローバル化の渦中にあって，さらには持続可能な社会の構想が叫ばれるなかで，われわれは日本社会や日本文化に固有のもの，優れたものを守りつつも，新たな時代への柔軟な適応が求められているのである．本書がそのように複雑かつ難解な研究対象に対して，どこまで学術的に分析できているのかについては，読者の評価を待つしかない．加えて，われわれ執筆陣の研究はまだその途上にあり，したがって今回の研究成果も暫定的なものでしかないことを正直に告白しなければならない．

　ともあれ，日本社会，日本経済，日本企業は，それぞれが新たな体制変革に迫られていることは間違いない．企業についていえば，高度成長期に培われた拡大成長戦略というビジネスのシナリオだけではもはや事業の存続すら危ぶまれる時代に入ったということである．急速な時代の変化と経営環境の変化に機敏に対応しつつ，中長期的な戦略構想をいまこそ打ち立てなければならない．本書のタイトルにはそのような期待が込められているのである．

　長期間に及ぶ研究活動において，本書の執筆者以外にも，本研究所の研究員であるか否かを問わず数多くの研究者や大学院生，さらには実務家の方々が研

究会に参加し，それらの報告から知的刺激を大いに受けた．そこから得た知見が少なからず本書の各章の中に反映されている．本書の刊行にあたり，各位に感謝の意を表したい．

　また最後に，執筆者を代表して，本書の刊行にあたり格別のお力添えをいただいた中央大学企業研究所の木立真直所長，研究所合同事務室長の新橋雅敏事務室長，企業研究所担当の宮川美智子さん，中央大学出版部の小島担当課長，編集担当の菱山尚子さんに心より御礼を申し上げたい．

2012 年 3 月

執筆者を代表して

徳 重 昌 志
日 髙 克 平

目　次

序　文

第1章　東日本大震災・「メルトダウン」事故と日本国家独占資本主義
　　　　──併せて建部正義氏の拙論批判に応う──

　　　　　　　　　　　　　　　　　　　　　　　一　井　　昭

　　はじめに……………………………………………………………　1
　1．主要先進国の比重低下傾向
　　　──東日本大震災・「メルトダウン」事故と財政危機──……　2
　2．近年における発展途上国の台頭
　　　──中国が牽引するG20・BRICS・国際通貨改革問題──……　7
　3．建部正義氏の拙論批判に対する反論 ……………………………　9
　4．国家独占資本主義論の新たな課題
　　　──ポール・テイラーのコンソシエーショナリズム──………　15
　　おわりに……………………………………………………………　18

第2章　グローバル化の進展と日本の国際関係
　　　　──東アジア共同体形成の課題──

　　　　　　　　　　　　　　　　　　　　　　　岩　田　勝　雄

　　はじめに──多国籍企業の展開とグローバル化………………　23
　1．世界貿易の現状と東アジア……………………………………　27

2．日本の国際経済関係の展開………………………………… 31
　　3．東アジアへの投資と経済発展……………………………… 38
　　おわりに――東アジア生産システムと共同体の課題………… 45

第3章　金融のグローバル化と経済社会の変化
山　田　博　文

　　はじめに…………………………………………………………… 53
　　1．金融のグローバル化と外国資本の対日進出……………… 53
　　2．金融ビジネスの変化とリスク社会………………………… 62
　　3．アメリカ・ドルへの従属と増大するリスク……………… 69
　　おわりに…………………………………………………………… 75

第4章　岐路に立つ対中進出と産業集積
　　　　　――広東省の場合――
小　林　世　治

　　はじめに――チャイナ・リスクと産業集積…………………… 79
　　1．産業集積「遷移」の課題…………………………………… 81
　　2．珠江デルタにおける産業集積……………………………… 84
　　3．広東省の産業構造「高度化」政策………………………… 92
　　4．専業鎮と産業転移…………………………………………… 103
　　5．自動車工業集積と日系・中小企業………………………… 111
　　おわりに――日系・中小企業にとってチャンスか………… 116

第5章　韓国現代（ヒュンダイ）自動車社の競争力構築
　　　　　――製品・生産モジュール化によるキャッチアップ戦略――
孫　榮　振

　　はじめに…………………………………………………………… 125
　　1．現代自動車の生産方式における歴史的経路……………… 126

2．現代モビスを中心にする現代自動車社のモジュール化
　　　　戦略……………………………………………………………… 140
　　3．導出された論点…………………………………………………… 162
　　おわりに——現代自動車の製品・工程のモジュール化は
　　　　持続可能か……………………………………………………… 170

第6章　レクサスの市場戦略における「文化的要素」の活用

瀬　口　毅　士

　はじめに………………………………………………………………… 177
　1．グローバル競争における多国籍企業の市場戦略………………… 179
　2．日本市場におけるレクサスの導入………………………………… 186
　3．日本市場における「文化的要素」の活用………………………… 191
　4．レクサスの市場戦略における「文化的要素」の活用…………… 194
　　おわりに……………………………………………………………… 196

第7章　ソーシャル・ビジネスの可能性と課題

日　髙　克　平

　はじめに………………………………………………………………… 203
　1．企業への期待………………………………………………………… 204
　2．ビジネスモデルの変革期としての現代——大量生産・
　　　　大量消費・大量廃棄システムの限界………………………… 207
　3．ソーシャル・ビジネス……………………………………………… 210
　4．BOP市場におけるビジネスモデル………………………………… 213
　　おわりに——持続的成長のための事業再設計に向けて………… 219

第1章　東日本大震災・「メルトダウン」事故と日本国家独占資本主義
――併せて建部正義氏の拙論批判に応う――

はじめに

　第2次世界大戦後の世界経済の発展過程は，いわゆる「パクス・アメリカーナ」としての世界政治経済秩序の形成・確立期を主軸としながら展開されてきた．この間圧倒的な経済力を誇り，政治的軍事的な支配力を行使しえたのは，多国籍企業と多国籍銀行を具体的な形態とする米巨大独占体と米国家権力の強大さであった．もちろん，覇権交代期に限らず，「競合」する諸独占体，諸国家は絶えず存在する．米主導の下で，国連をはじめ，国際機関（IMF，GATTなど）の果たした役割も大きい．しかしながら，1970年代の金ドル交換停止と変動相場制の実施は，「パクス・アメリカーナ」の動揺期を鮮明に刻印するものであった[1]．この大転換がその後の「世界的金融危機」の土台を形成することになり，金融危機は今日もなお継続している[2]．

　さて，1970年代以降の世界経済の構造転換は，実体経済面における先進資本主義国の相対的な停滞を持続させるとともに，他面では注目すべきことに発展途上国，とりわけ中国，インド，ブラジルなどの経済的な比重を高めることになった[3]．前者は国民経済の枠組みを理論的にはそれぞれ国家独占資本主義論として把握することができる．G7の主要な構成国でもあった．それに対して後者は，G20を牽引する新たな挑戦者の位置にある．そこで，G7とG20の対立・抗争・協調の関連をいかに把握すべきかが重要な今日的課題の1つに浮上せざるをえないであろう．本章では，1.主要先進国の比重の低下傾向，2.

近年における発展途上国の台頭，4．国家独占資本主義論の新たな課題の順で論述を進めたい．なお，第4節に先立つ第3節では，建部正義氏が拙論の国家独占資本主義論を取り上げて批判されているが，一部誤解の部分もあるので反論させていただくこととし，第4節ではこれまでは言及するにとどまっていたポール・テイラーの所説の紹介を補足することにした．また，本章の標題のなかで，「日本国家独占資本主義」という用語を使用しているが，それは今回の原発事故が当然にも巨大独占資本「東京電力」と歴代政権の融合・癒着した日本国家資本主義の体制が生み出した点を強調するためであり，端的にはいみじくも菅首相（当時）が原発災害についての国会答弁や記者会見の席上で常套句のように繰り返し「賠償責任は第一義的には東電にあり，国も国策として原子力発電を推進してきた責任がある」と述べていた点にその実体が示されている．政府は2011年12月21日，東京電力を実質国有化することでついに調整を始めた．

1．主要先進国の比重低下傾向
——東日本大震災・「メルトダウン」事故と財政危機——

　主要先進国の世界経済に占める比重は総体としては低下傾向を続けている．それは金ドル交換の停止，変動相場制移行の実施以降新たな現代資本主義の土台形成をなしてきたにもかかわらず，基軸通貨ドルの不安定性やなによりも実体経済の低成長から，世界金融危機・世界恐慌の「出口」をみいだせていないことにある．その事例は枚挙にいとまはないが，なかでも国家独占資本資本主義の総力を駆使しながら国民経済の再建を果たすために東日本大震災以前でも勤労所得改善→個人消費需要・失業対策に向かうことなく，国債増発・法人税切り下げ競争→為替切り下げ競争に依拠した独占体のコスト切り下げ競争にますます政府の政策がシフトしてきていることにある．東日本大震災の影響が統計数値でも明確に出始めた（4月末現在）．完全失業率が4.6％と前月と同じだとはいえ，大震災発生以降，6月までに解雇や雇い止めで職を失う非正社員は

12 カ月ぶりに増加，うち半数近くが震災の影響だとされている．経済産業省発表による3月の鉱工業生産指数の速報値は，リーマン・ショック後の景気低迷による2009年2月の8.6％減の過去最大の落ち込みを上回る15％減というすざましさである．また総務省が発表した3月の家計調査によると，1世帯当たりの消費支出は実質で前年同月比8.5％減となり，過去最大の落ち込みだ[4]．

東日本大震災の与えている経済的な影響は，狭く日本の貿易統計に限っても，3月11日以降の輸出産業の部品を供給する中小企業を含む東北地方沿岸部の津波災害，いわゆるサプライチェーンの崩壊（世界の自動車メーカーにも打撃を与えている）がもたらしている影響だけでも2011年3月貿易統計輸出額5兆8,660億円（2.2％減）輸入額5兆6,695億円（11.9％増）差引額1,965億円（前年同月比78.9％減）となっており，輸出の品目別では自動車27.8％減，自動車部品4.9％減，半導体などの電子部品6.9％減に及んでいる．原子力発電事故の影響を除外した東日本大震災の被害額だけでも25兆円を下回らないという政府筋の評価は早くから出ている．日本銀行は4月28日の金融政策決定会合で，2011年度の実質国内総生産（GDP）の経済成長率の見通しを1月時点の前年度比プラス1.6％から0.6％へと大幅に引き下げた[5]．国民生活に与える影響はまだ集計すら完全ではないが，震災県を除いても生活保護世帯は高止まり傾向にあり，加えて今年度国家公務員給与の1割削減が閣議決定され，復興財源として検討中の「震災国債」の発行や税負担増の方針など管政権は国民生活の安定に反する甚大な影響を及ぼす方向を歩みつつある．

国民国家が独占資本主義の危機を国債増発によって当面の財政危機を乗り切ろうとする問題を取り上げてみよう．

近年では，主としてEU加盟のアイルランド，ギリシャ，ポルトガル等の財政危機が問題視されてきたが，日本の財政危機はどう考えるべきか．岩波一寛論文は，財政法第4条（国債不発行の原則）と第5条（日銀引き受けによる国債発行の禁止）が，日本国憲法制定の下での健全財政主義に由来したものだと説き起こし，その後の健全財政主義からの離反を日本の特異性として種々の歴史的要因によって説明した点で注目すべきだと思われるが，ここでは最新の各国比

表 1-1　国債発行規模と中央政府財政赤字規模比較

国　別	項目　　年	国債発行額の対GDP比率（％）	中央政府財政赤字対GDP比率（％）
日本	2006	5.4	3.4
	2007	4.9	2.6
	2008	6.7	4.9
アメリカ	2006	1.9	1.9
	2007	1.2	2.2
	2008	3.2	5.5
イギリス	2006	2.4	2.9
	2007	2.7	2.6
	2008	6.4	2.6
ドイツ	2006	1.2	1.5
	2007	0.6	0.8
	2008	0.5	—
フランス	2006	2.4	2.0
	2007	2.0	2.2
	2008	2.9	—

（資料）　OECD *Economic Outlook* 86
（出所）　岩浪一寛「日本財政の特異性について」『日本の科学者』第46巻第3号（2011年3月），7ページ

較分析を紹介するにとどめる[6]．

　表1-1は，国債発行額対GDP比率と中央政府財政赤字比率の最近の各国別比較である．「他の先進諸国では，両比率がほぼ同率であるのに対し，日本だけはかなりの差がある．しかも中央政府赤字率のほうが小さくなっているのである．／その原因の一つは，特別会計の収支黒字が，一般会計の収支赤字を相殺していると考えられることである．そしてその相殺額は，かなり大きな額であることもわかる．／最近の民主党内閣による特別会計の事業仕分けを見てもわかるように，特別会計の剰余金はその性格から見て，本来の経常的財政剰余とはいえないものが多い．例えば，特別会計剰余が最大の国債整理基金特会で見ると，単年度の国債償還費としての一般会計からの経常繰り入れを特会内で

留保し，10年目ごとに実質償還している．したがってその間は，単年度主義で整理される特会では，剰余金が発生する．しかしこれは本来，一般会計赤字を相殺できる筋合いものではない」と岩波氏は述べている．

表 1-2 は，日本国債に対する米格付け会社のスタンダード＆プアーズ（S&P）

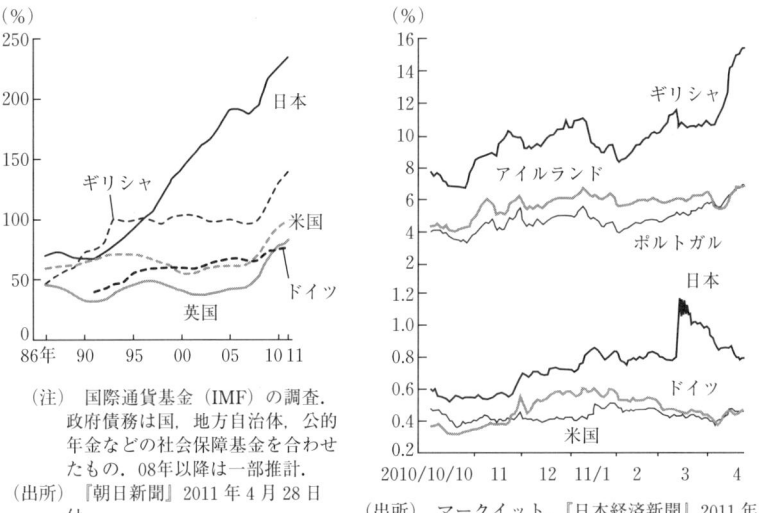

図 1-1 主要国の政府債務の対 GDP 比率（左図）と信用リスク（右図）

（注）国際通貨基金（IMF）の調査．政府債務は国，地方自治体，公的年金などの社会保障基金を合わせたもの．08年以降は一部推計．
（出所）『朝日新聞』2011年4月28日付

（出所）マークイット，『日本経済新聞』2011年4月28日付

表 1-2 主要国の国債格付け

S&P		ムーディーズ	
AAA	米国（見通し下げ），英国，ドイツ，フランス	Aaa	米国，英国，ドイツ，フランス
AA+	ベルギー（見通し下げ）	Aa1	ベルギー
AA	スペイン（見通し下げ）	Aa2	日本（見通し下げ），スペイン（同），イタリア
AA−	日本（見通し下げ），中国	Aa3	中国（見通し上げ）
A+	イタリア	A1	韓国

（出所）『朝日新聞』2011年4月28日付

が4月27日に発表した格付けの見通しである．「安定的」から「ネガティブ」（弱含み）に引き下げた．東日本大震災の復旧・復興に，巨額の財政支出（20-50兆円）を見込んでいる[7]．

さて，世界最大の財政赤字国，米オバマ大統領は2011年4月13日，米ジョージ・ワシントン大学で演説し，今後12年で米財政赤字4兆ドル（330兆円）を削減すると表明した．国防費の削減や高額所得者への増税などをして，大規模な財政赤字削減に取り組む．具体的には，今後12年で，①国防費のさらなる節約や社会保障費の削減など大幅な歳出削減で2兆ドル，②債務の利払い費の節減で1兆ドル，③富裕層の所得税減税の廃止で1兆ドルを削るとした[8]．

他方，3月11日，マグニチュード9.0の東日本大震災と10メートル超の大津波に続くチェルノブイリと同規模のレヴェル「7」の福島第1原発の炉心融溶事故は，史上最悪の「自然」災害であるだけではなく，歴代日本政府の原発「安全神話」を打ち砕いた「人災」でもある．被災と事実経過の全容は国会での論戦や連日の報道によって明らかになりつつあるとはいえ，いまだに解明の途上にある．復旧・復興の道筋は見通せない深刻な事態が継続している．この震災と事故を受けて世界の脱原発や反原発の動向に注目が集まっている．特に，いちはやくドイツ州議会選挙で脱原発派が躍進（バーデン・ビュルテンベルク州で原発の早期廃止を求める90年連合緑の党が得票率を倍加させ第2党に，第3党の社会民主党との連立政権が成立し，5月12日緑の党のウィンフリート・クレッチュマン氏が州首相に就任した．ラインラントファルツ州でも得票率を3倍に（3月27日））した．さらに，独でチェルノブイリ原発事故25周年の前日（4月25日）に，原発所在地をはじめとするドイツの各地で，全17基の原発の廃炉や核兵器廃絶を求めるデモが行われ，10万人以上が参加した．ドイツでは福島原発事故後，メルケル政権は原発稼働延長計画を凍結，当面廃炉にする原発の数と最終的に全廃を実現する期日を示す法案を6月17日までに提出する準備をすすめている．こうした動向は，独のみならず，米・伊など原発復活の無期限凍結を宣言するなど広く欧米各地に拡大している．日本でもついに，菅直人首相は5月10日，先の浜岡原発停止要請に続き，「エネルギー基本計画」（現在54基の

原発を 2030 年までに 14 基以上増やし，発電時に二酸化炭素を出さない原子力などが総電力に占める割合を約 70%にする）を「いったん白紙に戻して議論する」と表明した．再生可能エネルギーを基幹エネルギーの 1 つとし，原発の新増設計画を認めない可能性もあり，今後の国民世論の声が事態を左右する重要な鍵となるだろう．

今回の東日本大震災と福島原発事故の災禍は，復興構想会議（議長・五百旗部真氏）が被災地視察を始めたが，そのさい福島県・佐藤雄平知事が「地震・津波・原発・風評」の四重苦に襲われていると語っているように憲法が保障する住民の生存権（第 25 条）が脅かされる事態が続いている．したがって，単なる経済統計では表現しえないが，その甚大な被災者数（警察庁まとめ，5 月 16 日現在では，死亡 15,069 人，行方不明 9,104 人，避難 115,964 人）によってもその深刻さが示されている．まさしく日本社会の形態とそのあり方が根底から問われているのである[9]．しかも，2011 年 12 月 16 日には，原子力災害対策本部（本部長・野田佳彦首相）は原発の事故収束に向けた工程表ステップ 2（冷温停止状態の達成）の終了を確認したと宣言したが，がれき処理に加えて，新たに「都市濃縮」（8,000 ベクレル／kg の基準値の 10 倍以上の高濃度の燃焼灰を一般ゴミ焼却場が生み出し，その最終処理と場所が指示されておらず，ドラム缶詰めが満杯状態）の問題が急浮上してきている．

2．近年における発展途上国の台頭
—— 中国が牽引する G20・BRICS・国際通貨改革問題 ——

1970 年代以降の世界 GDP 構成比率の激変は，世界経済の多極的な実体経済の変化を如実に反映するとともに，20 世紀後半の主要先進資本主義国の世界に占める比重の相対的な低下の開始に呼応するものでもあった．そして，世界経済構造の変化は，2008 金融恐慌・2009 世界恐慌の過程においても貫く世界的な長期傾向でもあるが，2009 年 9 月 G7 サミットに代わって G20 ピッツバーグ・サミットの実質的な重要性が確認されたことに象徴されている．後者

には，G8構成国ロシアに加えて，発展途上諸国の中心国であるメキシコ，中国，インド，ブラジル，南アフリカ，インドネシア，サウジアラビア，アルゼンチン，タイ，エチオピア，シンガポールが加わり，韓国，オーストラリアに，EU加盟国でもあるスウェーデン，スペイン，オランダと未加盟国トルコが参加した．しかしながら，より均衡ある成長パターンへの移行のための政策協調や金融規制改革の自己評価についての礼賛は共同声明ほどの成果はあがっていない．そのなかで，IMF機構改革の問題では徐々にその動向がはっきりした姿を現しつつあるように思われる．例えば，2009年3月15日の中国人民銀行総裁・周小川の「国際通貨システムに関する考察」でのドル基軸通貨見直し論と当面SDR活用論が波紋を呼んだ．2011年からはEU議長国フランスのサルコジ大統領のイニシアティーブが強まり，この通貨改革問題が国際シンポジウムの場で討議が深められつつあるように思われる．

　最近では，胡錦濤（Hu Jintao）中国国家主席が2011年1月18日からの訪米を前に，米ウォールストリート・ジャーナル紙とワシントン・ポスト紙の書面インタビューに応じた内容が注目される[10]．

　このなかで，注目されるのは当然経済問題への言及である．つまり胡主席は，ドルを基軸通貨とする現在の国際通貨体制を「過去の産物」(the product of the past) と断じ，新たな通貨体制を構築する必要性を示唆した．しかしそれ以上にはこの問題に踏み込まず，当面米国の金融政策について「世界の流動性や資本の流れに大きな影響を与える．米ドルの流動性は，合理的かつ安定的な水準に保たれるべきだ」と述べて，米連邦準備制度理事会（FRB）が昨年11月に実施した大規模な追加緩和に不満を示した．他方，中国・人民元（RMB）の将来については，きわめて慎重で「人民元を国際的な通貨にするのは，かなり長い過程 (a fairly long process) となる」とした．さらに，人民元の切り上げが，中国のインフレ対策になると米国側が主張していることに対して，「中国は金利調整などでインフレ対策としてパッケージ・プランに」，併せて「通貨バスケットに関連する市場の需給に基づく管理された変動為替体制を採っているとしたうえで，インフレは為替相場政策を決める主要な要因にはほとんどなりえ

ない」と否定したのである．

　しかし，第3回BRICS5首脳会談（南アフリカが2010年末に加盟）が2011年4月14日中国海南省三亜で開かれ，国際問題での「武力不行使」など新興国の立場を強く反映した「三亜宣言」を採択した．議長は中国の胡錦濤国家主席が務め，ロシアのメドベージェフ大統領，インドのシン首相，ブラジルのルセフ大統領，南アフリカのズマ大統領が出席した．国際通貨体制の問題については「国際金融危機で，今の国際通貨と金融の欠陥および不十分さがあらわになった」として，「安定した，信頼できる通貨体制をつくりあげることを支持する」と述べている．そして，4月14・15日ワシントンで開催されたG20財務省・中央銀行総裁会議での共同声明は，東日本大震災・福島第1原発事故の打撃を受けた後の初の国際会議であったことから大きなテーマとなり，「日本経済の回復力を確信する」と明記され，「日本の人々との連帯意識を共有」するとの文言が盛り込まれたが，他方では世界経済の不均衡是正のために経済規模の大きい7カ国を監視対象とすることも決定した．また「国際通貨改革の方向性」で謳われることになった「SDR対象通貨の拡大策の方向」も含まれている．今後の進展は未知数である．しかも，2011年11月以降，ユーロ危機が頻発し，ギリシャをはじめイタリア・スペインなどの政権交代を引き起こした．ここでは詳細は述べる余裕がないが，国家財政や金融機関の資金需要面での応急措置だけでは解決には程遠いことは確かであろう．他方，12月2日，中南米・カリブ海地域33カ国の首脳による新たな組織「中南米カリブ海諸国共同体（CELAC）」が発足した．これは，米国主導の「米州機構（OAS）」に対抗した組織で，米国とカナダを排除し，この地域の諸国の自決権を促し，経済・政治・社会の結束を図る目的を持つ．だが，これら2009年来の一連の動向は，不可逆の歴史的動向を反映していると読み取ることもできるかもしれないだろう．

3．建部正義氏の拙論批判に対する反論

　建部正義氏は，経済理論学会第57回大会（東京大学）の第19分科会「2008

年世界恐慌とマルクス経済理論」(司会：一井)の第2報告「国際金融危機＝世界大恐慌とマルクス経済理論」で，筆者の国家独占資本主義論にほぼ肯定的に言及されたのをはじめ，政治経済研究所編の『政経研究』第94号掲載の論文「国家独占資本主義の現段階とその行方」ではやや詳細に拙論を紹介されるとともに，氏の推論的解釈に基づく拙論に対する若干の批判的論点を軸に持論を展開されるところとなっている．筆者は建部氏が拙論を取り上げられた労に謝意を表するものである．しかし，氏の推論的解釈は拙論とは明確に異なるものを意味しており，筆者としては到底納得しうるものではない．そこで，ここに関連箇所を明示して誤解を解いておくことにしたいと考える．国家独占資本主義論を現代資本主義を解明する基礎的理論枠組みと考える点では建部氏と筆者の見解は共通しており，切磋琢磨の学問的立場が今後さらに発展することを願っている．

さて，前掲の論文「国家独占資本主義の現段階とその行方」の関連箇所を示すことから始めよう．

一井氏については，「むしろ，現代資本主義についての，つぎのような『国民国家』の厳存を前提にしたうえでの理論的な重層関係の把握が必要であろう．すなわち，基底(段階認識)としての国家独占資本主義論を土台に据え，戦時国家独占資本主義期，戦後のケインズ的国家独占資本主義期，ついで新自由主義的国家独占資本主義期の3期に区分するとともに(『蓄積レジーム』と『福祉レジーム』の結合様式の相違)，さらに現実的な世界経済秩序に関する戦後『パクス・アメリカーナ』の変遷を明確にすべきだ」という指摘がそれである(4ページ)．／こうして，本稿の課題は，小松氏および一井氏の業績にも刺激されつつ，国家独占資本主義の現局面についての認識をいっそう深めると同時に，国家独占資本主義の今後の行方にかんして筆者〔ここでは建部氏〕なりの若干の展望を試みるという側面に求められるであろう(4ページ)，とされる．

そのうえで，論文の第4節「新自由主義型国家独占資本主義をめぐって

――小松・一井理論の検討――」では，第2・3節でケインズとフリードマンの理論に即しつつ整理が試みられた「ケインズ型国家独占資本主義と新自由主義型国家独占資本主義との共通性と異質性」という同じ問題を小松氏と一井氏はどのように解明しているかの検討に移られる．拙論部分に限定した建部氏の論述を以下に抜き書きしておこう．まず拙稿「グローバル化と国民国家」からのつぎのような長い引用である．重要なので煩を厭わず再掲しておきたい．

　国家独占資本主義の概念については，従来から多くの見解が一国内の資本主義の構造解明に適用されてきた．もちろん，この場合の「国家」とは，いわゆるネーション［・］ステイトを指し，領域的国家を意味しており，安全保障［の権限］や徴税権を根拠とした財政政策を最も重要な基本的指標としてきた．しかし，1970年代中葉を画期とする「現代資本主義の変質」（井村喜代子氏の表現を借りれば，「国際的協調体制のもとでの国家の大規模かつ恒常的な介入」）を含めて，これまでみてきた世界的連関をもつ現代資本主義の構造を理解するためには国家独占資本主義概念はますます威力を発揮すべきものと考える．一方ではIT技術革新や金融活動を拡散しつつ，他方では社会保障縮小や格差拡大を世界的に推進しつつ，自国独占資本の利潤を最大限保証しようとする国家の経済構造へのビルトインが恒常化しているというのが最も大きな理由である．だとすれば，北原勇氏や小松善雄氏のような見解は十分に考慮に値すると言わなければならない．／もちろん，国家独占資本主義論の内部構成には，……蓄積レジームと福祉レジームの組合せの変容が先進資本主義諸国の経済政策の歴史的展開過程のなかでの種差を生み出すことは十分に考慮しなければならないだろう．例えば，「パクス・アメリカーナ」の形成・確立期，相対的安定期には，アメリカ経済そのものが単に「ケインズ主義的福祉型国民国家」であったのみならず，冷戦体制下の軍拡競争を推進する莫大な国家支出を恒常化したのであり，新自由主義的経済政策に転換する「パクス・アメリカ

ーナ」の動揺期以降も……巨額の軍事支出もビルトインされたままである．／国家独占資本主義論を支える最も重要な指標の1つは……国民経済内部に占める政府支出（中央政府と地方政府）の増大傾向であろう．

建部氏はこの引用に続けて，一井見解を以下の5点に要約している．

「第1に，国家独占資本主義論を支える最も重要な指標の1つは，国民経済内部に占める政府支出の増大傾向である．第2に，基底（段階認識）としての国家独占資本主義論を土台に据えたうえで，国家独占資本主義を，戦時国家独占資本主義期，戦後のケインズ主義的［国家］独占資本主義期，ついで，新自由主義的国家独占資本主義期の3期に区分することが可能である．第3に，国家独占資本主義の歴史的種差を生み出すものは，『蓄積レジーム』と『福祉レジーム』との結合様式の相違である．第4に，アメリカに即していうならば『パクス・アメリカーナ』の形成・確立期，相対的安定期がケインズ主義的国家独占資本主義期，『パクス・アメリカーナ』の動揺期が新自由主義的国家独占資本主義期に，それぞれ，相当する」（13ページ）．ここまでは全く異存がない．問題箇所は，つぎの点にある．「最後に，この点はかならずしも明示されているわけではないが，1970年代中葉を画期とする『現代資本主義の変質』を含めて，世界的連関をもつ現代資本主義の構造を理解するためには，国家独占資本主義の概念を，1国内のそれから，『世界大の』それに拡張する必要がある」（13ページ）．

筆者はこの部分を読んで愕然とした．拙論ではこのような見解を一貫して否定していたからである．もちろん，「世界大の」国家独占資本主義として，EUの人類史的可能性を示唆しつつも，しかし「この点の見通しは当面のところきわめて不透明である」と否定的であったのが北原勇氏の見解であった．たしかに筆者は北原氏の見解と小松氏の見解はともに十分考慮に値すると述べている．比較的短期的な現状分析の領域と比較的長期の理論体系としての世界経済

システムの領域には峻別困難な微妙な重複領域があり，また戦後の世界経済システムは「政府間関係」(Intergovernmental Conference) やブレトンウッズ体制を支えた国際機関の役割を軽視できないと考えているからである．しかし，これらのことは，国家独占資本主義における「国家」の領域的範囲を拡張することではない．建部氏は「世界大の」国家独占資本主義の可能性を一井見解が現実に想定しているとみなしたうえで，このような推定一井見解を否定し，後の行論では筆者が明示した国家の定義を事実上継承しながら「ネーション・ステイト」，「領域的国家」の枠組みを超えるという意味での，「世界大の」国家独占資本主義は，今後とも登場することはありえないというのが，建部正義氏の結論である（15 ページ）とされ，第 5 節「国家独占資本主義の行方」では，建部氏がアメリカン・リベラリズムの伝統に立たれたのかどうか不明であるが，「選択肢が非常に狭められたなかで，ケインズ型国家独占資本主義と新自由主義型国家独占資本主義とのあいだを振り子のように往き来するというのが，現時点で推定が可能な，ありうべき現代資本主義の近未来像である」(16 ページ）と結ばれるのである．まさしく，建部氏の見解と拙論の分岐点に「世界大の」国家独占資本主義論を認めるかどうかという恣意的な設問が敷かれたことの結果でもある．

　ここでは，拙論著において建部氏も認められるように筆者が「国民国家」の現存を繰り返し述べていたこと，また近い将来像についても少なくとも当面は「世界大の」国家独占資本主義を否認していたことを明示しておきたい．

　① 拙論「グローバル化と国民国家」（一井昭・渡辺俊彦編著『現代資本主義と国民国家の変容』中央大学出版部，2009 年）の本文のなかで，「国民国家」の厳存を再三主張したのに加えてエレン・メイクシンズ・ウッドの「国民国家」論を肯定的に論じ（53 ページ），また注 2 では中谷義和氏の見解を引用した．「グローバル・ガヴァナンスのシステム再編が繰り返されざるをえないことになるとしても，その基盤となりうる国民国家がグローバル化のなかで解体するという状況にはないといえる」(62 ページ）．

　② 拙論「経済のグローバル化と国際機構」の注 3 では，最上敏樹『国際機

構論』［第 2 版］東京大学出版会，2006 年，182 ページでの紹介に依拠して，EU を超国家性とは別の概念「コンソシエーショナリズム（主権協調主義）」で分析するポール・テイラーなどの見解に触れた（篠田武司・西口清勝・松下冽編『グローバル化とリージョナリズム』御茶の水書房，2009 年，80-81 ページ参照）．

③　拙著『ポリティカル・エコノミー：『資本論』から現代へ』（桜井書店，2009 年）の第Ⅲ部「国家独占資本主義の理論」はこれらの集大成ともいえるが，そこでは「このパクス・コンソルティスへの過渡期はすでに部分的には始まっている．例えば，先進国サミットの開催，プラザ合意，G5 から G7（さらには G20）への拡大という流れによって，あるいはコンソシエーショナル（「主権協調主義的」）な国際機構の発展にそれは認められよう．しかしながら，領有的な伝統的国民国家（Nation-State）体系は厳然と存在を続けており，各国はその国家権力（State-Power）を全面的には委譲しようとはしていない」（118-119 ページ）と述べている．

以上で，反論を終える．建部氏による拙論紹介の第 5 点には慎重かつ微妙な表現を交えながら，筆者の見解を肝心の「国民国家」の厳存視点を無理矢理に「世界大の」国家独占資本主義論に向かうと推論されており，そのことを建部氏は後の持論の展開の軸点に据えられている．したがって，このような推論と建部氏の論理の展開の仕方は，拙論についての正確な紹介とは到底いえず，反論せざるをえなかった．むしろ，生産的な論争のためには，国内的な要因を重視した論理の明確化を基礎とし，併せて国際的な要因との関連を国家論としていかに整合的に形成するのかという課題が残されているように思われる．ことは「振り子」のように 2 タイプの国家独占資本主義が繰り返されると単に予測するだけでは何ら理論的には説得力を持ちえないと考えるが，どうであろうか．

「パクス・アメリカーナ」はアメリカの世界経済制覇＝支配体制であり，この体制がいずれ力を失う「パクス・コンソルティス」へと転換する時代が必ず訪れるという将来展望は筆者のなかに強い．この将来展望はまだ現実世界では実現していない．そればかりか，一国国家独占資本主義も崩壊する兆しは現在

のところ見通せない．
　いま一歩，この世界経済の現状分析の領域と世界体制のコアをなす国家独占資本主義の領域をさらに考察する難題に立ち向かうためには，つぎに述べようとするポール・テイラーの見解をやや立ち入って紹介することは，有益であろうと思われる．

4．国家独占資本主義論の新たな課題
――ポール・テイラーのコンソシエーショナリズム――

　先に触れたように，現代国家論は現実に機能している「国民国家の厳存」を重視しながら展開しなければならない．その前提のうえで，「国民国家」間の国際関係＝ある時期には米主導の「パクス・アメリカーナ」体制が強弱の相違はあるものの，部分的には国際的連関の現実関係が形成されてきたこととの関連をどのように理論的に解明すべきか，いわば「国家」論の拡充の必要を筆者は模索している．このような観点から最上氏の『国際機構論』から学ぶべき点があると考えている．その１つは，国家独占資本主義論の枠組みを一国体制として維持しながらも，EUの拡大と深化過程を射程に収めつつ，国家主権の一部が統合されてきたかにみえる外交・軍事機能を例示的にはユーゴースラヴィア内戦（主としてボスニア・ヘルツェゴビナ内紛）へのNATO軍の関与や飛躍を覚悟していえば最近の４月27日リビアのカダフィ政権の地上目標への空爆を含むすべての軍事作戦の指揮権を米英仏軍からNATO軍（英仏伊中心）に指揮権を委譲したが，これらの性格を過程的にどう認識するかという重要な問題をも説明する必要があろう．
　最上氏はこれらの説明を有効に解明する概念を連邦主義ないし超国家主義的に理解することを批判ないし別の視角から論じたものとして，ポール・テイラーの「コンソシエーショナリズム（主権協調主義）」に注目している[11]．そこで，以下，この概念の持つ意義を私は，国家独占資本主義論をあるいは補充することができる新たな課題として若干の検討を加えたいと考える．

ポール・テイラーは前掲書『現代世界における国際組織』の第4章「欧州統合の限界：コンソシエーション［consociation］と共生［symbiosis］の概念」のなかで，まず，1990年代初頭の欧州共同体において，政治・通貨同盟をめぐって生じた国家主権擁護派（スペインやポルトガルなど多数の加盟国）と「連邦主義」推進派（最も顕著には英国）の対立を「パラドックス」として摘出する．そのうえで，この「パラドックス」については理解するのが困難であり，議論は当初は深まらなかった．この議論を展開するには，2つのテーマ，すなわち一方での国家の存続と塹壕の建築，他方での欧州共同体における国際組織の領域への拡大である．後者の発展は前者の弱体化に必ず導くのか．ポール・テイラーは，結論として，これを否定し，特に，リージョナル・レベルでの進展の意義を含めて両者の相互の強化を強調する．このような議論は，1980年代と1990年代初頭のEU統合が共生的な性格を持ったことから展開されてきた．「比較統治論」の合法的な調整のグランド・セオリーの代表は，連邦主義や連盟主義であったが，分有される分析概念を考慮すれば，いまやコンソシエーショナリズムを加えるべきである．

　Arend Lijphartの業績は，オランダやスイスにおける「囲い込まれた少数派」にとっての民主主義の機能を理解する点で独創的な貢献をした（後にはこの理論は，北アイルランドやイスラエルのような社会の問題解決に適用されて展開された）．そのうえで，Lijphartによるコンソシエーションの4つの特徴付けが紹介され，そのなかで，political arrangementsに焦点が当てられ，「コンソシエーションの中心問題は，現実のあるいは潜在的な相互の緊張状態における安定性の維持である」と小括される．ついで，Ian Lustickによる「コンソシエーショナルな調整におけるエリートの行動」について，コンソシエーショナル・システムにおける資源配分決定の基準が2セグメントのエリートによる共通項であり，何が2セグメント間のリンケージの形式であるか，サブ・ユニットのエリート間の交渉の意義，市民サービスや公的教育システムなどのコンソシエーショナル・レジームと支配システムとの関係など7論点が詳細に論じられる．さらに，Lijphartによる「エリートたちの役割と行動を維持するための諸条件」を

要約したうえで，コンソシエーショナリズムの有効性を1990年代初期におけるサッチャー政権の社会憲章導入時の国内状況やさらにはマーストリヒト条約締結時の「政府間会議」（Intergovernmental Conference, IGC）の頻発からEUは「政府間主義の」機構であることの例証を示している．

　以上のようなポール・テイラーのEU統合分析は，興味深い．もっとも，国家独占資本主義における「国民国家」の厳存を前提としての「国家機構」内部の構造分析に係わってのことである．

　最上敏樹氏は，EUの「国際機関としての特異性」一例として，つぎのように記述している．

　「ECは超国家主義ではなく，国家の主権的意思の存続を前提とし，その和合を達成しようとする「コンソシエーショナリズム（consociationalism）」だという分析である（イギリスのポール・テイラーなど）．特定の機関が国家の意思を超越して自律的に意思決定を行うのではない，コンソシエーショナル（主権協調主義的）な体制という意味である．他方でそれは，かろうじて分裂を回避するだけの「妥協」の様式なのではなく，より積極的に構成国間の一体性を高める方向に向かってもいる．明らかにただの主権協調を超える要素を内包しているのである．……／だから，EUは純粋に超国家的なのではないと言うとすれば，それは《超国家的な政府ができていない》という意味においてである．あえて言うならなら，その意味においてのみである．つまり，欧州議会や司法裁判所といった国家代表ではない人員が構成する機関や，もはや伝統的な国際法の一種とは呼べないEU法などに即してEUを見るなら，《超国家的な政府ができたかどうか》とは別の基準でEUの超国家性の伸張を語ることも可能だからである．ただ，それならば，さまざまな種類の中心が存在する多中心的な（polycentric）機構として描写するほうが，事態を無理なく説明できるように思われる．／超国家性概念よりもコンソシエーショナリズム概念のほうが説明能力が高いのではないか．」[12]

おわりに

　アメリカ一極体制の崩壊の始まり，あるいは広く先進資本主義国グループの世界経済に占める地位の低下の始まりが現に進行する事態が生起している．しかし，アメリカの覇権は一挙に崩壊する可能性は必ずしも予見できない．当然のことながら，国家独占資本主義論の有効性やその現実的な基盤もこれまで概観してきた世界経済の今後の長期的な趨勢によって左右されることは十分考慮しておいた方が良いであろう．「パクス・コンソルティス」への長い道のりも同様であろう．

　中谷義和氏は，最近の論文「『国家』への視座」の第4節「グローバル化と国家」のなかで，問題領域の重なるサーベイを展開されている[13]．もっとも，中谷氏は現代資本主義，とりわけ先進資本主義国家を国家独占資本主義と規定されているのではないが，国民国家の厳存とその「国内規制と国際調整」の中枢的位置付けは，先のポール・テイラーの見解にも認められた重要なポイントであるように思われる．最後に，中谷論文から2つの引用を掲げて，この論稿を締めくくることにしよう．

　「『国家』とはひとつの『社会空間』であるが，他の『社会空間』を前提とすることで成立し得る実体であり，したがって，自閉的・自己完結的存在ではなく，国際的経済社会関係の分節的連関とグローバルな分業体制のなかにある．『国際体系』において国民型経済社会をミクロ・レベルとすると，マクロ・レベルでは『国連』諸機関や政府間国際機関と国際的非政府組織（IMF，WB，WTO）を，また，メゾ・レベルでは地域間協力機構（EU，NAFTA，MERCOSURなど）を挙げ得るであろう．この概念的区別のいずれにおいても『国家』は相対的に自律的位置にあり，国内規制と国際調整の中枢に位置しているだけでなく，国際諸機関に参加することで合意導出の戦略的・イデオロギー的役割をも果たしている」（1019-1020ページ）．

　「ブレーメン大学の『トランステイト研究センター』（TranState Research

Center）は，（ⅰ）主権的領域国家，（ⅱ）立憲国家，（ⅲ）民主的国民国家，（ⅳ）社会介入主義国家が伝統的国民国家のモデルであるとされてきたとし，主としてEUを念頭に置いて，その『変容』について検討している．……だが，先のブレーメン大学の研究グループは，『政治のグローバル化』と『グローバル化の政治』のなかで『調整』と『操作』機能の部分的上下移譲が起こっていても，平和と身体の安全，自由とその法的保護，民主的自己決定，経済成長と社会福祉といった『規範的財貨』の供与に関する『政治責任』は，なお，国家に帰属しているとする」（1020ページ）．

1) 筆者は，戦後の「パクス・アメリカーナ」の比較的短期の局面展開と長期的な国家独占資本主義の三段階，すなわち戦時国独資，戦後ケインズ主義国独資および新自由主義国独資との対応関係を明示した．しかし，同時に「パクス・アメリカーナ」の動揺期は「パクス・コンソルティス」（いまだ具体的内容はつまびらかではなく，流動的であるが）への過渡期である限りで主要先進国家がそれぞれの国民経済を総括する国家主権を背景に覇権を競い合う国家独占資本主義のシステムをあるいは変革する可能性を内包する矛盾を抱えたものである．拙著『ポリティカル・エコノミー』，桜井書店，2009年，第Ⅲ部参照．
2) 井村喜代子『世界的金融危機の構図』，勁草書房，2010年参照．最近の事態継続については，同氏「世界的金融危機は続いている」，『経済』，2011年3月号参照．世界不況継続の視点から，さらにIMF（ストロスカーン専務理事）や世界銀行（ゼーリック総裁）の講演内容を紹介しつつ，これら国際機関のこれまでとは異なる立場で貢献する可能性に言及した高田太久吉論文「世界不況は終わったのか」（『前衛』，2011年4月号）がある．
3) 基礎経済科学研究所編『世界経済危機とマルクス経済学』，大月書店，2011年所収の後藤康夫論文（「21世紀型危機からネット新世界への主体・歴史・理論」）は副題に「資本主義の『解体と止揚』の始まり」という大胆な表題を与えている．
4) 2011年4月28日付『日本経済新聞』夕刊．
5) 2011年4月29日付『朝日新聞』．
6) 岩波一寛「日本財政の特異性について」，『日本の科学者』，2011年3月号．
7) 2011年4月28日付『朝日新聞』，同日付『日本経済新聞』．
8) 2011年4月14日付『朝日新聞』夕刊．
9) 2011年4月30日には，衆院本会議でようやく緊急の第1次補正予算案が全会一致で可決された．しかし，翌日の参院予算委員会での民主党・森裕子議員は昨年6

月にも福島第1原子力発電所2号機で電源喪失による約30分間に原子炉水位2メートルの低下事故のあったことを東電・清水社長に認めさせている．原子力安全・保安院は詳細を回答できずじまいだった．また，日本共産党の紙智子議員は4月28日発表の原子力賠償紛争審査会の「第1次指針」が示した損害賠償の対象に「風評被害」が入っていないことを鋭く追求し，菅首相をはじめ関係閣僚の「第2次指針」には入れるとの回答を引き出したばかりである．さらには，この日，新たに郡山市の下水汚泥から1kg当たり2万6,400ベクレルの放射性セシウムが検出された（これとは別に，固形の「溶融スラグ」からは同33万4,000ベクレル／kgも検出され，セメント会社に再利用を停止し，計900トンの行方を調査しているという恐るべき事実も報じられた．事故前は246ベクレル／kg）．このように，いまなお，原子炉容器内部はむろんのこと，原子炉建屋や配管等からの放射性物質を含む汚水漏れの有無や箇所の特定化すら不明ないし隠蔽されたまま（5月12日，東京電力は福島第1原発1号機で大量の燃料が溶融し，圧力容器の底部にたまる「メルトダウン（全炉心溶融）」事故が起きていたことを認めた．ほかに，3月14日に水素爆発を起こした3号機の原子炉建屋について，その前日から高放射線量のデータを把握していたにもかかわらず，公表していなかった問題も明らかになっている）なのである．なお，関連する報道も次々となされている（5月11日付各紙）．例えば，「下水汚泥の放射性物質濃度の基準値がなく」「人体への影響は不明」なのだが，宇都宮市の下水道資源化工場で5月2日に栃木県が採取した汚泥の焼却灰から1kg当たり3万2,000ベクレルの放射性セシウムが検出されている．ここでは，放射能汚染を中心に，2010年，基本文献を掲げておこう．吉井英勝『原発抜き・地域再生の温暖化対策へ』，野口邦和『放射能事件ファイル』，1998年，同『放射能のはなし』，2011年，室崎・都司・立石・野口・吉井『震災復興の論点』，2011年（いずれも，新日本出版社），野口邦和監修『原発・放射能図解データ』大月書店，2011年．舘野淳『廃炉時代が始まった』リーダーズノート株式会社，2011年．

10) このインタビューは両紙が2010年末に送った質問から7問を選んで応えたものである．『朝日新聞』2011年1月17日付（夕刊）．詳細は以下を参照．*Q&A With Hu Jintao, The Wall Street Journal,* 17 Jan. 2011. *Highlights of the Interview With Hu Jintao, The Washington Post,* 18 Jan. 2011.

11) Paul Taylor, *International Organization in the Modern World : The Regional and the Global Process,* Pinter Publishers, 1993.

12) 最上敏樹『国際機構論』[第2版]，東京大学出版会，2006年，182-183ページ参照．

13) グローバル化と国家の関連を扱った最新の労作に，中谷義和「『国家』への視座」『立命館法学』，第333・334号，2011年3月がある．

（追録）

　経済理論学会第59回大会は2011年9月16日と17日，立教大学で開催された．同大会第2日には特別部会「東日本大震災と福島第一原発事故を考える」が催され，約180名の参加のもと，盛会であった．そのさい，事前に会員から寄せられた『意見・提言集』も配布された．私も以下の拙文を寄せ，それに収録されていたので，ここに追録として紹介させていただくことにした．

東日本大震災と福島第1原発事故に関する意見・提言（一井　昭）

　2011年3月11日に日本を襲った東日本大震災と巨大津波とそれに伴う福島の原発事故から5カ月を経過しようとしている．さきに経済理論学会の幹事会は声明を発信して，適切な呼びかけをおこなった．私もことの重要さに共鳴して，私見の一端を述べさせていただくことにした．とはいえ，紙数は限定されており，放射能・放射線量の被害範囲やその評価も複綜化しており，復旧・復興計画も遅々として進んでいない面が多い．加えて，世界経済・日本経済の新局面が展開している．そこで，以下では，若干の問題に絞って意見を述べることにしたい．

　一．放射能・放射線量の被害範囲とその把握の仕方
　7月27日の衆議院厚生労働委員会の参考人の児玉龍彦東京大学アイソトープ総合センター長は，これまでの「専門家」の原発被害の予測と異なる知見を披露し，視聴者に大きな衝撃を与え続けている．そのうち注目されるのは，原発事故で漏出した熱量は広島原爆の29.6個分に相当し，総量が多い場合には粒子の放出で測定すべきであり，例えば稲わらの線量測定で対応が遅れたこと，内部被爆はホールボデイスキャンでやっても全く意味がなく体内の集積点をみなければならないこと（すでに福島の母親の母乳から2～13ベクレル7名検出），土壌汚染の除染を本気でおこなうには民間の技術も駆使してイタイイタイ病でのカドミウム汚染の除染から学ぶべきことなど，を訴えた．私たちは，その時点での最も正しい「専門家」の知見を知り，学問領域を超えた連携の姿勢を確立すべきであろう．

　二．世界経済・日本経済の正しい把握と新局面への対応策の検討
　私はこれまで，戦後の「パクス・アメリカーナ」の変遷を通じて，「パクス・コンソルティスへの過渡期」を経験していると述べ，先進国の一国・国家独占資本主義は強力であるが，金・ドル交換制停止以降の国際通貨システムの脆弱性を指摘してきた．8月

8日G7の「市場安定化」の緊急声明にもかかわらず，世界的なドル安・株安の傾向は収まっていない．基軸通貨ドル体制は存亡の危機に瀕している．しかし，新興国グループもそれぞれに矛盾を抱えており，その帰趨を含めた本学会の討論が期待される．

　三，東日本大震災の復旧・復興計画策定の重要性
　このようななかで，8月9日，「特例公債法案」の3党幹事長合意がなされた．日本の政治状況は，住民軽視の主要政党間の妥協の様相が強く不安定だが，大震災の被災者の救済を何よりも重要視した復旧・復興計画策定の緊急性は変化していない．さらに，原発に依存しない社会に向かっての社会経済的プログラムをめぐる議論も本学会の独自な専門的研究課題として共有されねばならないと痛感している．

〔2011年8月10日〕

第2章　グローバル化の進展と日本の国際関係
――東アジア共同体形成の課題――

はじめに――多国籍企業の展開とグローバル化

　1980年代後半からの多国籍企業による世界市場への浸透は，生産，流通，消費などの経済システムのみならず，「覇権」システムの再編を促したのであった．多国籍企業は，グローバル化推進の主体であり，WTOシステムをはじめとした貿易，投資システム整備の主体となっている．また多国籍企業の世界大での活動は，投資の対象となっていないサハラ以南のアフリカ，中東，一部の南アジア地域などと，先進国，東アジア地域との生産力の格差を拡げてきた．多国籍企業による世界的生産配置は，情報・通信などの新鋭産業も含めて製品の世界的な標準化を行い，さらに部品供給システムなどの国際分業も推進していった．多国籍企業による世界市場進出は，諸国民経済の市場開放を促し，資本主義的市場整備を進展していく過程であった．多国籍企業による世界市場浸透は，現代的グローバル化現象なのである．

　第2次世界大戦後の世界システムは，アメリカの「覇権」の浸透であった．アメリカの「覇権」システムは，アメリカ・ドルを国際通貨として流通させることによって支えられた．しかし，今日のアメリカ・ドルは，2008年のリーマンショック（金融危機）によって，唯一の国際通貨として流通し，機能できるような状況ではなくなった．アメリカは貿易収支の慢性的な赤字国であり，資本収支の黒字によって国際収支の均衡が保たれていた．さらにアメリカは，ドルを短期資本の形態で世界各国に流動させ，国際通貨の機能を強化させる政策を追求してきた．日本，中国などのアジア諸国・地域は，アメリカとの貿易

収支の黒字部分を，アメリカの中期債権などを購入することによって，結果としてアメリカ・ドルの破綻を回避させてきたのである．アメリカ・ドルの国際通貨としての流通は，東アジア諸国・地域における経済発展，貿易拡大，ドル外貨準備の増大などのメカニズムが働く限り可能であった．したがって東アジア諸国・地域は，アメリカからあるいはドルから自立することになれば，アメリカ・ドル支配が瞬時のうちに崩壊する可能性を持っている．

アメリカは「覇権」システムおよび国内の生産・消費構造を維持するために，各国に自由貿易システムの導入を強要する政策を追い求めている．繁栄期のアメリカ生産構造は，自動車をはじめとした耐久消費財および情報・通信産業，軍事産業などを基幹産業としてきた．アメリカの生産・消費構造は，大量生産・大量消費・大量廃棄であり，その象徴が自動車であり，石油であった．2003年のイラク戦争は，アメリカの石油確保を目的とした．アメリカ国内での石油生産は，すでに限界に達し，ラテン・アメリカ諸国からの輸入も，ベネズエラなどの「民族左派」政権の誕生によって安定できなくなった．増大する石油消費をまかなうためには，中東の石油確保がアメリカの課題になった．アメリカは，中東地域での支配権を確保するために，イスラエル政権の全面的支持を打ち出し，アラブ諸国のアメリカ批判，あるいは自立的な政治体制の構築を抑える政策を追求した．イラクを制覇することは，将来イランを含めて中東アラブ地域を支配できるかどうかの試金石ともなった．したがってアメリカのアラブ政策は，「単独行動主義」をとらざるをえない苦悩として現れているのである．

アメリカの「単独行動主義」に対して，EUは政治的・経済的あるいは軍事的な統合をより強化しようとした．イギリスはアメリカとのアングロサクソン同盟を築き，大陸諸国と異なった行動様式をとった．しかし大陸ヨーロッパは，イギリスを除けば総体として共同政策を追求してきた．ヨーロッパの共同政策は，「EU憲法」の制定に示されるように，「国民国家」単位の政治・法律，経済システムから，より「連合国家」へのシステム構築をめざしている．いわばEUは，アメリカ「覇権」システムに対抗した新しい「覇権」システムの構

築であり，ヨーロッパ的なグローバル化の進展であった．

　今日の国際関係は，アメリカによる「覇権」システムの維持，EU に代表されるような地域統合の進展，WTO による貿易・投資システムの統一化，さらに多国籍企業による世界的な生産・流通・消費システム配置が同時的に進行しており，いずれもグローバル化現象と捉えることができる．グローバル化現象は，商品経済化・資本主義システムが世界経済総体で生じている側面，アメリカを中心とした「覇権」システムの浸透の側面，地域経済統合などによる貿易・投資システム変化の側面，および多国籍企業による寡占体制確立の側面などとして生じており，いずれの側面から捉えるかによって分析内容が異なるのである．

　こうしたグローバル化が進展する中で日本経済は，1980 年代から貿易，投資，技術移転などの対外関係を強化する政策が進展した．日本は「バブル経済」が崩れ，長期不況が続く中で新たな国際関係の形成が必要になってきた．「バブル経済」による土地，株価の異常な高騰によって一部企業は莫大な利益を得ることになった．しかしその後の土地価格，株価の急落は，企業業績の悪化とともに銀行による大量の不良債権の保持につながった．また「バブル経済」以降の日本経済は，不況の長期化とともに素材産業と新鋭産業，海外進出企業と国内市場依存型企業の格差拡大だけでなく，失業率の増大，不安定就業者の増大，所得格差の増大などの諸問題が累積することになった．特に雇用の側面では低賃金労働力の不足による外国人労働者の就業，非正規労働者の拡大，若年層における未就業者の増大も社会問題化した．日本における不況の長期化は，経済構造の転換を図る必要性が生じることであった．それは産業の高度化すなわち新鋭・技術集約型産業への転換であり，コストの低下を図ることであり，「過剰労働力」の処理であり，さらに海外進出を含めた国際関係の強化であった．

　日本経済は，不況の長期化するなかでも 2007 年までは貿易，投資，外国為替相場などの国際関係が比較的良好であった．貿易収支は，恒常的に黒字であり，外国為替相場も極端なドル安が生じなかった．外貨準備は 1 兆ドルを越

え,「安定的」な対外関係を維持しているようにみえた. 日本の貿易収支の黒字化は, 結果としてアメリカ・ドルシステムを支えることになり, アメリカ「覇権」の維持および円外国為替相場の安定に寄与したのであった. さらに対外政策は, WTOシステムの一層の推進を図っていこうとした. 日本の市場開放政策の追求は, WTOシステムに沿ったものであり, 今日のTPP参加交渉問題も同様である.

東アジアにおける国際分業関係の変化および中国の経済発展は, ASEAN諸国・地域と中国, 韓国との間での経済協力の必要性が生じてきた. 東アジア地域での貿易・国際分業の進展は, アジア諸国間のFTA, EPA締結を促進することになった. 日本はマレーシア, シンガポールとFTAを締結し, フィリピンとEPA, 他のASEAN諸国あるいは韓国とのFTA締結交渉も行ってきた. 日本の対外関係は, アメリカ追随から東アジアに座標軸を移さなければならないような政策転換である. これまでの日本の対外関係は, アメリカの意向に沿いながらアジアへの浸透力を徐々に拡大していく道を辿ってきた. しかし最近における中国の経済発展あるいは政治的な地位の高まり, およびASEAN諸国・地域の経済発展は, 東アジアでの日本の「盟主」化を拒む状況の形成となった. 東アジアは, ASEAN, 中国を中心にしたシステムが確立される可能性があったのである. したがって日本の対外政策は, 第2次世界大戦前と同様にアジアを基軸とせざるをえない状況に迫られた. ただし第2次世界大戦前と異なっているのは, 東アジアにおけるアメリカの「覇権」システムが強化されていること, および中国の政治・経済力が拡大していること, ASEAN諸国・地域の「自立化」が強まっていることであった. 東アジアは, 他国が軍事力で支配し, あるいは単なる生産基地, 販売市場として位置付けるような共同体形成への道を意味するのではなかった.

今日東アジアにおける日本の地位は, 経済的にも政治的にも相対的に低下する傾向にある. 日本が政治的・経済的基軸を東アジアに移すことは, アメリカの「覇権」システムの低下と日本の生産力の長期停滞のなかで生じている側面がある. アメリカはNAFTAをはじめFTAA (Free Trade America Areas) の形成

によって安定市場の確保を目指している．EUは27カ国の共同市場形成によって地域主義を徹底させる政策を追求している．東アジアとりわけ中国，日本，韓国のみが地域経済統合から取り残されようとしている．そこで日本あるいはASEAN諸国・地域は，アメリカ，EUに対抗する地域共同市場の形成の必要性が生まれたのである．アメリカは世界経済における「覇権」システムを維持するために，東アジアでの自立性を持った経済共同体の確立を認めることができない．またEUも東アジアの「自立化」を望んでいるわけではない．東アジアにおける経済共同体の形成は，アメリカ，EUの圧力・干渉を排除しながら推進しなければならない．そうなると日本は東アジアに基軸を完全に移すのか，それともアメリカとの関係を強化しながら東アジアの比重も大きくするのかの選択が生じる．日本の対外政策は，東アジアに基軸を移すのであれば，構造的な転換を必要とする．今日の日本の対外関係は，1980年代と異なり，貿易・国際分業あるいは人の移動も東アジアを中心として動いている．それは日本の「脱欧米入亜」への政策転換の必要性である．したがってTPP協定の意義は，再びアメリカの「覇権」を強化することであり，中国の台頭を阻止する目的を持っているのである．しかし今日の日本政府は，アジアよりもアメリカを重視する政策を採用しようとしている．

1. 世界貿易の現状と東アジア

世界貿易は21世紀に入ってからも拡大傾向を続けてきた．1994年EU15カ国は，アメリカ，中国を含む東アジア，日本への輸出が約3,000億ドルであり，アメリカはEU15カ国，東アジア，日本への輸出が約2,400億ドルであった．東アジアはEU15カ国，アメリカ，日本への輸出が約3,700億ドルであり，日本はEU15カ国，アメリカ，東アジアへの輸出が3,450億ドルに達していた．10年後の2004年になるとEU15カ国のアメリカ，東アジア，日本への輸出が5,300億ドルで1.8倍となり，アメリカの輸出はEU15カ国，東アジア，日本へは3,600億ドルと1.5倍になった．東アジアの輸出はEU15カ国，アメリカ，

日本への輸出が8,600億ドルと2.3倍になった．日本はEU15カ国，アメリカ，東アジアへの輸出が5,050億ドルで約1.5倍であった．世界貿易はEU，東アジアの2つの地域とアメリカ，日本を中心にして行われたが，EUと中国を含む東アジアが貿易拡大に寄与したのである．特に東アジア地域での貿易拡大は，中国に依存する比率が高かった．東アジア貿易に占める中国の比率は50％に達している．したがって21世紀の世界貿易拡大の主要因は，中国の貿易拡大にあった[1]．しかし2008年の「金融危機」は世界貿易の拡大を中断することになった．アメリカ経済の後退は，日本のアメリカ，EU諸国の輸出減少となり，また2009年以降の日本貿易は輸出減少が顕著になった．

「金融危機」以前の貿易は，EU，アメリカ，東アジア，日本の諸国・地域間を基軸に行われた．アメリカは機械機器，電気機器，精密機械の輸出比率が高く，これらの部門が東アジア輸出の70％，日本輸出の40％を占めていた．アメリカの輸入品は，電気機器，機械機器を中心としており，東アジアから玩具・雑貨類，日本から自動車の比重が高かった．EUの輸出品は，機械機器，電気機器，自動車，精密機械が主であり，アメリカへ医療機器などの輸出比率が高かった．EUの輸入品は，機械機器，自動車，電気機器であり，アメリカから航空機，東アジアから織物衣料などの輸入比率が高い．東アジアは電気機器，機械機器，鉱物性燃料などが主たる輸出品である．中国は電気機器，機械機器，織物衣料などが主要輸出品であった．日本は自動車，自動車部品，電気機器，機械機器，精密機械などが主たる輸出品であり，輸入においても同種商品であった．東アジアからの日本の輸入は，鉱物性燃料，織物衣料などの占める比率が高かった．

世界貿易の拡大は，EU域内，アメリカ，中国を含む東アジア，日本が主要な担い手になっていた．それぞれの国・地域間の貿易は，電気機器，機械機器，精密機械，自動車であり，いわば国際分業が同種商品間で行われていることに特徴があった．すなわち電気機器，機械機器，精密機械，自動車という20世紀資本主義の経済発展を象徴する産業は，国内の生産力発展を促すことであり，同時に世界貿易に参加する条件であった．東アジアは1980年代にな

って急速な経済発展を遂げてきたが，世界貿易・国際分業システムに組み込まれたことがその背景にあった．中国は1979年の「開放政策」以降，外資を導入し，資本主義的国際分業システムを採用していった．中国の開放政策は，多国籍企業による世界的生産配置，流通システムの網の目形成の一環であり，それが貿易拡大となって現れたのである．

　日本と東アジアとの貿易は，日本から中間財，資本財を輸出し，東アジアで完成品を生産する国際分業関係が形成された．自動車生産は，「部品から完成品までの一貫生産方式を採用する方式と日本・アジア間で部品を相互に供給する方式の両方が採用されていた」[2]．ところが21世紀になると自動車生産は，現地での一貫生産方式に移行していった．トヨタ，ホンダなどの自動車企業はタイでの生産あるいは中国での生産を部品から技術開発まで現地で行う方針を出した[3]．これまでの日本を頂点として中間財・資本財の輸入および技術導入によって生産を確保してきたアジアが，日本からの輸入に依存しないシステムを形成する方向が示されたのである．それは中間財・資本財を含めて東アジア，中国で相互に供給する国際分業関係形成の結果である．しかし東アジア，中国の国際分業は，それぞれの国民経済の独自的な生産システムを基軸にして形成されたのではない．東アジア・中国の国際分業は，日本，アメリカ，ヨーロッパなどの多国籍企業の生産配置にあり，東アジア，中国間の貿易によって完成品生産が可能になった．したがって東アジア，中国間の国際分業の進展は，日本からの中間財・資本財輸出を相対的に減少させたのである．

　「バブル」経済以降の日本は，輸出の拡大によって生産力の大幅な低下を免れてきた．東アジア，中国の生産力発展が日本の生産力維持に寄与したのである．しかし東アジア，中国の生産力発展，相互の国際分業関係の発展は，日本の中間財・資本財依存から抜け出ることを意味していた．そして完成品の市場としての日本の位置は，より大きくなる可能性があった．

　東アジア，中国はEU，アメリカ，日本の市場に依存し，さらに直接投資，技術導入によって生産力発展が行われてきた．東アジア，中国の主要輸出品である電気機器，機械機器などは，先進国および韓国，台湾などによる直接投

資，技術導入によって生産を拡大したのであった．東アジア，中国は，部品，完成品の生産基地として位置付けられ，先進国あるいは多国籍企業の世界的生産システムの一環を担うことになった．東アジア，中国は，一時期先進国の下請的な生産地であった．したがって東アジア，中国は，自立的な経済の確立あるいは「世界の工場」として存在するのではない．自動車に象徴されるように日本と東アジア，中国の貿易，国際分業関係の変化は，東アジア，中国の自立的経済建設を促すことでもなかった．それは日本あるいはアメリカ，ヨーロッパの国際分業関係が変わることであり，同時に多国籍企業による世界的な生産配置が変わることであった．

東アジア，中国の生産力拡大は，EU，アメリカ，日本への輸出の増大が寄与した．先進国市場への輸出は，電気機器，機械機器，織物・衣料，雑貨などの耐久消費財から一般消費財まで広範囲にわたっていた．先進国市場への輸出拡大が困難になれば，東アジア，中国の生産力発展の可能性は著しく低下することになる．1997年に生じた「アジア通貨危機」は東アジアの金融面での脆弱性が明らかになり，さらに2008年「金融危機」によってアジアの経済基盤が安定していないことが明らかになった．それは貿易の面でアジアが，アメリカ，EU，日本市場に過度に依存しているがために，先進国の景気後退の局面になれば輸出減少が生じたからである．輸出の低下は東アジア，中国の生産力発展を後退させることになる．ただし自動車産業にみられるように完成品までの一貫生産が軌道に乗れば，東アジア，中国間の国際分業が拡大し，相互市場として先進国の景気に作用されない状況をつくり出す可能性を持っている．したがって東アジアは，先進国市場依存からアジア，アフリカ，ラテンアメリカ市場の拡大を志向することが必要であるが，こうした地域も例外なく「金融危機」の影響を受け，景気後退が著しい．

2．日本の国際経済関係の展開

(1) 日本の貿易

　今日の国際通貨システムは，アメリカ・ドルの地位後退およびEU通貨圏の形成から複数基軸システムが確立しようとしている．しかし現在の東アジアは，EUROおよびドルに替わる国際通貨が誕生していないだけでなく，日本・円の位置も低下傾向にある．こうしたなかで2011年は，アメリカ・ドル，EUROの国際通貨としての地位が後退し，日本・円との関係ではいずれもドル安・EURO安を招くことになった．特にアメリカ・ドルとの外国為替相場は1ドル＝75円台となり，日本の輸出環境を著しく悪化させるとともに，海外生産の拡大を加速させることにつながっている．

　そこで国際通貨不安が広がるなかで東アジア通貨として「ACU」の創設の必要性が課題になっている．「ACU」は，東アジア経済共同体の中心に位置付けることによって，EURO，ドルから自立した経済圏の創設が可能である．「ACU」は東アジア通貨を基準としたバスケット方式を採用する計画である．「ACU」の中心通貨として日本・円の位置が相対的に高くなれば，日本の東アジア共同体における位置を強めることにつながる．そこで「ACU」の創設までに日本・円は，取引通貨，決済通貨および準備金としての機能を高めていくことが必要になる．しかし現実は東アジア各国をして日本・円からの乖離が進行しつつある．東アジア各国は貿易収支の大幅な黒字化が続いており，外貨準備金も増大傾向にある．東アジア各国の外貨準備は，最近EUROの占める比率が高くなっており，アメリカ・ドルの比重が低下するだけでなく日本・円も低下している．

　東アジアにおける日本・円の比重の低下は，円の「国際化」が現実に困難になっていることを意味する．東アジアの貿易に占める円建取引は，東アジアを中心に行われており，さらに日系企業間の貿易取引に採用されている方式である．日本貿易は東アジア域内では日系企業間の取引が拡大の方向にあった．日系企業間貿易は，為替リスクを回避するために円建て取引を採用している．し

たがって東アジア各国が日本・円の取引を拡大しているのではない．円建て取引の結果，日系企業は為替リスクの軽減となり，国際価格の設定も安定している．しかし円建て貿易の拡大は，円の「国際化」に寄与せず，日系企業間の取引に限定するというローカル・カレンシーへの道である．

　日系企業は東アジアでの生産展開を拡大する傾向にあるが，ASEAN，中国での収益率がアメリカ企業に比べて小さいとされている．『通商白書』によれば，その原因は，第1に進出形態の差（日系企業はグリーンフィールド投資が多い），第2に進出時期の差（日系企業はアメリカ企業に比べ5年以上遅れている），第3に進出業種の差（アメリカ企業は証券，保険など多種類にわたって進出し，地場企業にも積極的に融資する．しかし日系企業は例えば銀行の進出は日系企業を中心とした融資であり，市場の広がりがない），第4に経営方式の差（日系企業のトップは日本人，アメリカは現地の人々の採用）である，としている．こうした状況から日系企業は，アメリカ企業に比べて収益率が劣ることになる[4]．

　東アジアにおける日系企業の現状は，これまでの生産，経営方式を転換する企業も出るようになった．パナソニックは日本企業のなかで最も多国籍企業化を推進している企業である．このパナソニックは2005年の売上高が連結で約8兆8,000億円，営業利益4,143億円であり，うち国内で3,741億円，海外が402億円（うちアメリカ168億円，ヨーロッパ45億円）であった．パナソニックは国内と海外の生産額がほぼ同一であるが，利益のほとんどを国内で得たことになる．海外生産は利益率が低いことから，今後5年間で海外の生産拠点170を半減する計画であり，さらに今次の「金融危機」を経て海外生産の減少だけでなく，プラズマテレビなどの国内生産の減少も余儀なくされている[5]．

　自動車企業は，2008年上期まで東アジアでの生産を拡大する計画であった．東アジアに進出する日本企業は，産業分野によって異なる経営戦略を採ったのである．一般に日系企業は東アジアでの収益率が低いとされている[6]．そのなかで自動車企業は，東アジアでの海外生産を拡大する計画を建てた．ホンダ，スズキは中国，インドでの自動車生産量を増大することによって，進出市場での販売のみならず外国市場向け輸出を計画したのである．それは東アジアを生

産拠点として位置付ける政策であった[7].「金融危機」および急激なドル安現象は,日本企業の海外戦略の変更を余儀なくしている.

東アジアにおける生産力発展は,ヨーロッパ系,アメリカ系企業および日系企業の進出によって競争が激化した.激烈な競争の下で日系企業は,東アジア向け直接投資を収益率の高い産業部門あるいは地域に集約していく必要性が生じた.これまで日系企業の東アジア,中国向け直接投資は,市場の拡大とコスト削減を目的とした量的な拡大に重点が置かれていた.しかし日系企業は,質的な転換を図らなければ欧米企業あるいは中国企業と競争できない状況に追い込まれたのである.

(2) 日本の投資と労働力移動

日本企業による海外生産の拡大あるいはODAの拡大などにより国際間の人的移動(移民,労働力移動)が急速に増大した.国際間の労働力移動は,永住者,永住者などの家族呼び寄せ,一時的な契約労働,いわゆる不法就労者,資本・商品などの移動にともなってのもの,さらに難民などに分類される[8].国際的な労働力移動は,自発的な移住と非自発的(強制された)移住に分類することができる.永住者,その家族あるいは契約労働などは自発的な移住の形態である(ただし契約労働は,低賃金国から相対的高賃金国への移住であり,「自発的」でありながら経済的格差に基づく半ば「強制的」な移住である).資本・商品などの国際的な増大すなわち貿易,直接投資の増大は,人的移動をともなう.こうした人的移動は労働者の自発に基づいたものでなく,企業による強制の側面が強い.また最近では情報・通信産業の発展による技術者不足からインド,中国,韓国などの技術者のアメリカへの国際的な移動も増大している.高度技術者の移動は,自発的であるが実態は労賃格差に基づいている.一般に国際的労働力移動は,高賃金を得る者,高度技術者などは自発性が高く,賃金が低下すればするほど非自発的(強制的)移住の性格が強くなる.また難民は非自発的移住の典型であるが,より低賃金労働者への道でもある.

日本の労働力移動は出国,入国とも増大傾向にある.日本人の長期滞在者

(3カ月以上の外国滞在であり永住者ではない）は，1990年の37万4,000人から2009年，75万8,000人となっている．長期滞在者のうち企業より派遣されたものは（家族を含めて），50％以上を占めている．長期滞在者はアジア，アメリカに集中し，併せて80％強となっている．最近は中国への長期滞在者が増大している．日本企業の直接投資が東アジア・中国およびアメリカに集中している状況が人的移動にも反映している．さらに西ヨーロッパ地域を含めた3地域で95％を占めている．日本人の国際的な労働力移動は，特定の国・地域に限定されているのである[9]．

　日本への外国からの入国は，2007年は915万人であり，2009年は758万人と減少した[10]．日本での外国人就業者は，留学・就学生を除くと約60万人であり，そのうち約10万人が高度技術者に分類されている．また長期滞在者のなかで留学生・就学生の一部は長期アルバイトなどの形態で就労しており実質上の労働力移動である．さらに短期滞在者のうち30万人から40万人はいわゆる「不法就労」者としての存在である．日本での外国人労働者は，就労ビザを有している者，不法就労者，留学生・就学生を含めると約80万人から90万人が就労していることになる[11]．

　研修生・実習生は，日本のODAの技術協力資金の一環としてのものであり，事実上の単純労働力の受け入れである．名目上研修生は日本での技術習得を目的として東アジア，南アメリカなどから受け入れている．しかし実態は低賃金労働力確保のための政策であり，実習生も同様な位置づけである．研修生・実習生は，中小製造企業，水産加工，養豚，養鶏，林業，農業など多岐にわたって採用されている．いずれも低賃金労働力不足を補う労働力として日本の労働市場の一端を占めるようになった．研修生・実習生の一部は，日本人労働者と競合することにもなり，若年労働力の失業率増加の一因にもなっている．さらに研修生・実習生は，日本の労働現場のなかに組み込まれており，より大量の追加労働力の必要性も一部で生じている．

　近年日本の出生率の低下にともなって，人口の絶対的減少が社会問題化している．人口の絶対的減少は，労働力人口の減少だけでなく，国内の消費市場の

縮小を招く．そこで外国人労働力の導入政策は，労働力人口の減少を補うだけでなく，人口規模の維持により市場規模も維持可能になる．日本は1980年代，低賃金労働力あるいはいわゆる「3K職場」での労働力不足を補うために日系ブラジル人，日系ペルー人の単純労働力の流入を認めた．その後ODAを軸とした研修生・実習生制度を拡充することによって「合法的」な低賃金労働力導入政策を確立したのであった．労働力不足の解消のために単純労働力流入政策を拡大しようとしているのである．特に高齢化社会の進行とともに看護労働力の不足が顕著になり，アジア地域からの導入が行われるようになった．

　労働力移動は資本主義的生産力の発展とともに，貿易・投資の世界的なネットワークが形成されるとともに，さらに資本主義発展の格差，賃金格差の広がりによって増大する傾向を持っている．日本の労働力移動は，かつてアメリカ，ハワイ，南米への移民という形態で永住権を取得を目的にした形態と，朝鮮，満州，南サハリン，台湾の旧植民地への移住の2つの形態が特徴的であった．今日の労働力移動はかつての形態と大きく異なり，資本・商品・技術の移転にともなうことを主としている．日本企業の海外展開に基づく海外移住は，日本で支払われている高賃金が保証されるのであり，決して現地の賃金水準が適用されるのではない．日本に流入する外国人労働者は，本国の賃金水準で支払われるのでなく，日本の賃金体系が適用される．したがって高賃金国から高賃金国へあるいは低賃金国へ，および低賃金国から高賃金国への移動の多くは，企業による強制的な移住である．

　企業による貿易・投資などの国際的展開の拡大は，労働力移動の機会を増大させる．グローバル化の進展は，企業活動の多国籍化を進展することであり，労働者も必然的に巻き込まれていくことである．国際的な労働力移動が増大し，大量の外国人労働者が流入するなかで，国内では大量の失業者，フリーター，ニートと呼ばれる不安定就業者が存在し，さらには高齢者の就業機会も減っている．こうした労働市場の変化が進行しているなかで低賃金労働力部門を外国人労働者で補う政策が浸透しようとしている．日本とフィリピンは2006年EPA（Economic Partnership Agreement）を調印した．EPAによって日本はフ

ィリピン人の看護師，介護福祉士を受け入れることが決まった．今日フィリピンは約 800 万人の労働者が外国での就業を余儀なくされている．フィリピン人の多くは中東，東アジアなどで建設，興行，メイドなどを含めたサービス部門，いわば「単純労働者」として就業している．外国で働くフィリピン労働者の本国への送金は，国際収支の均衡化に大きく貢献している．フィリピン人の日本での看護師労働は，一部技能労働としての位置付けとなり，フィリピン国内に比べて相対的に高賃金取得が可能になる．また技能労働者として長期滞在が可能になれば定住への道も拓けることになる．日本への移住は，フィリピンにとって過剰労働力対策の一環でもある．日本は外国人看護師に関してすでにインドネシアからの「研修生」受け入れを行っている．今後中国，ベトナムなどからの受け入れが予定されている．

　新古典派経済学における労働力移動論は，移住が自由に行われる状況が形成されれば，人口資源配分が最適となり，賃金も高い水準に固定される，とする．さらに労働力移動が自由になれば，国民経済的には教育，社会保障，医療などの社会的なコストの削減に寄与する．また移住者は必ず本国に帰るのであるから，年金などの社会保障費も節約できることになる．仮に景気が後退すれば，外国人労働者は本国に送還できるし，逆に景気が上昇すれば移住を促進することによって労働力不足を解消することが可能になり，外国人労働者が景気のクッションの役割を担うことになる．さらに外国人労働者は賃金を得ることによって需要を拡大する可能性を持っている．したがって労働力の国際的移動の自由が確立すれば，諸国間における賃金水準の平準化だけでなく生産力水準の平準化（均衡化）を達成する可能性を持つことになる，と主張する．

　しかし新古典派経済学が主張するように，現実の労働力移動は各国賃金の平準化傾向をもたらしているのかといえば，決してそうではない．むしろ各国間の賃金水準格差は拡大の方向にある．各国間の賃金格差が大きいことによって，労働力移動が促進しているのである．また外国人労働者は景気のクッション役としての位置付けを与えられているが，現実は本国へ帰っても就労の機会がないだけでなく，低賃金労働に甘んじなければならない．したがって外国人

労働者は，解雇されても事実上本国に帰る選択肢がないのである．むしろ外国人労働者は移住先の就業構造に組み込まれることによって，定住が促進され，さらには家族の呼び寄せも行われる．近年ヨーロッパの多くの国でみられる状況は，異なった文化，宗教，伝統，生活習慣を持つ外国人労働者居住地区が形成される傾向にある．フランスなどでは，外国人労働者の「同化」政策を実施しているが，一部のマグレブ，アフリカ系住民が差別と選別政策である，と反発している．さらに国民戦線，ネオナチなどの右派勢力が外国人排除の運動を展開し，外国人あるいは移民労働者を「国民」の一員として受け入れない事態も生じている．

　日系ブラジル人，ペルー人は，特別措置として日本での単純就労が認められた．自動車，電気などの日本の主力産業は，慢性的な低賃金労働力不足を補うために外国人労働力の受け入れを行ってきた．しかし1990年代からの不況の長期化および2008年の「金融危機」は，自動車，電気などの産業の生産縮小となり，過剰労働力の解雇が生じている．解雇は不安定就業者の非正規労働者だけでなく，外国人労働者も対象になり，大量の失業者を生んでいる．ブラジル人，ペルー人などの外国人労働者は，本国へ帰ることもできない．本国へ戻っても新たな職をみつけることは限りなく不可能である．また家族も日本で生活しているのであれば，帰国の困難は倍加する．「金融危機」は，正規および非正規労働者の失業を拡大しているが，同時に外国人労働者の失業も増大しているのである．

　日本は，かつて植民地であった朝鮮あるいは中国からの労働者を強制連行という形態で移住させ，低賃金，長時間労働で働かせた歴史がある．今日韓国・朝鮮人，中国人労働者の一部は，第2次世界大戦後日本国内での定住を余儀なくされ，特別永住者として生活している．しかし60年以上を経過した今日でも韓国・朝鮮，中国人定住者は，職業を含めて種々な差別を受けている．また納税の義務はあるが選挙権が与えられていないなど，「市民」的権利も保障されていない．こうした定住者の人たちの状況改善もなく，外国人労働者の導入政策を拡大することは，労働力不足，高齢化社会あるいは人口減の一時的解消

につながる政策となっているが，現実は賃金水準の上昇を妨げる効果を持っている．

東アジア経済共同体の形成は，労働力移動の側面でも自由化を推進することになる．しかしEUと異なって東アジアは，生産力格差が大きく，また労賃格差も大きい．EUは統合化の過程のなかで生産力，および賃金格差が縮小していった．労働力移動の自由は協定の中で保障されているが，高度技術者，管理職などが中心である．東アジア経済共同体は，EU並みの労働移動の自由が保障されるならば，中国，インド，インドシナなどの人口大国からの大量の移動となる可能性が高い．受け入れ先は日本，韓国など一部にすぎず，労働市場の大混乱を招くことになる．したがって労働力移動の自由化は，東アジア経済共同体形成において最も困難な政策となる可能性がある．

3．東アジアへの投資と経済発展

東アジアは地域内貿易・国際分業の拡大および日本，アメリカ，EU市場への依存という二極構造が形成されている．日本企業は1980年代から東アジア地域への進出を拡大するとともに，日本政府もインフラストラクチュア整備を基軸としたODAを拡充してきた．日本企業の東アジア進出は，1970年代，80年代はじめの労働集約型産業から電気・電子産業さらには自動車産業などの技術・資本集約型産業にまで拡がっている．東アジア地域はマレーシア，タイ，フィリピン，インドネシアに続いてベトナム，カンボジアなどでも日本企業の受け入れを加速している．

アジアの国・地域は，従来の「民族主義的・自立的」国民経済形成を事実上棚上げにし，先進資本主義諸国との経済関係を深める政策に転換している．しかし東アジア諸国・地域が日本との経済関係を深めることは，アメリカの「覇権」システムを補完することであり，同時に自立化への道を辿るという二面性を持っていた．アメリカはアジアの「自立」を弱めるためにドルの流通を含めて東アジア地域への介入を強めたのであった．アメリカはAPECへの積極的

な参加，あるいはASEAN諸国会議への参加，TPP交渉など従来と異なる政策を展開しているのである．さらにアメリカの政策は，ASEANなどの東アジア地域・諸国の自立化・共同化を促進しながら，日本の主導権発揮を抑制し，「覇権」システムを維持する内容であった．またアメリカの政策は，アジアにおける中国の政治力，経済力そして軍事力での「覇権」確保を阻止する目的を持っていた．したがって東アジア経済共同体形成にあたって日本と中国の主導権をめぐる争いが続けば続くほど，アメリカは東アジアへの介入の機会が大きくなる構図である．東アジア経済共同体は，短期的には中国，日本あるいはASEANのいずれかが主導権を発揮しなければ構想のみが先行し，確立が困難になる可能性もある．東アジア経済共同体構想に関しては，初期にはASEANが主導権を握っていた．しかし最近では中国による外交攻勢が拡大し，日本の政策と競合するようになっている．中国と日本の対立が深刻になればなるほどアメリカの介入が行われる余地を与えることになる．またEUもアジアへの介入を強めようとしている．東アジアは21世紀の最大の市場となる可能性を持っているからである．

　アメリカに続いてアジアへの進出を拡大しているのがEUである．EU諸国は世界各国への対外直接投資を拡大しているが，依然としてEU域内の比重が大きい．1990-1995年のEU域内直接投資は約500億ドルであったが，2000-2003年約3,600億ドルと7倍強の増加となった．EUの投資国はイギリス，ドイツ企業が主体であるが，オランダ企業の投資額も大きい．さらに近年は情報・通信産業企業による直接投資額が増大傾向にある．EU企業は日本への投資も同期間5倍に達し，アメリカへは同期間227億ドルから863億ドルと4倍強の増加となった．中国への直接投資も拡大しており，同期間2倍の増加となった．EU企業の域外投資は，情報，通信，流通部門などの比重が大きい．EU企業の域内投資は，自動車，電気機器，機械機器などの製造業部門が大きい．EU企業は域内で安定市場を確保してから域外投資を拡大していく政策をとったのである．しかしEUは，ギリシャ，アイスランド，スペイン，ポルトガル，イタリアなどでの財政悪化によって，国債発行の困難あるいは国債保有

の銀行の倒産などEUROの維持すら困難な事態を迎え，安定市場形成への道が危ぶまれている．

　日本企業の直接投資は1980年代に入って本格的に行われるようになる．1980年代の直接投資は，アメリカ，香港，インドネシア，西ヨーロッパなど一部の国・地域に限られていた．1990年代になって直接投資はアメリカ，西ヨーロッパ，東アジアに集中するようになる．直接投資は1970年代，80年代が鉄鋼，石油化学，アルミニウムなどの素材産業，および繊維・衣類などに代表される労働集約型産業が主流であった．1980年代後半からは電気機器，機械機器，自動車などの技術集約型産業の海外展開が拡大するとともに，銀行などの金融，不動産，ホテル，映画・音楽産業などの海外進出が拡大していく．1980年代から本格的に始まった日本企業の海外進出は，多国籍企業化への道であった．しかし海外進出が不可能な企業は，やがて国内でも衰退の道に進むことになった．日本企業は海外展開企業と衰退化への道を辿る企業という二極化が進行したのである．

　日本企業の海外進出の拡大は，日本企業による海外生産額の増大をもたらした．1995年に日本企業の海外生産額は，輸出額を超えるようになった．また日本企業による海外生産の増大は，貿易構造の転換ともなった．かつての日本貿易は，素材・原料を輸入し，製品を輸出する「加工」貿易型経済構造といわれた．しかし今日の貿易の特徴は，製品を輸出し，製品を輸入する，いわば「水平型」国際分業への転換であり，電子・電気産業が最も典型的な貿易形態を示している．これまでの日本企業による東アジア地域での海外生産の特徴は，日本から中間財・資本財の提供を受け，現地で部品加工，完成品を生産する方式であった．部品の一部は東アジア間で流通し，日本へも輸出した．生産された完成品は，アメリカ，ヨーロッパ，日本へ輸出する国際分業構造であった．したがって完成品の輸入国であるアメリカ，ヨーロッパは，東アジアへの経済的介入を図ろうとしたのである．それは自国産業の保護であり，自国製品の価格安定と輸出市場の確保および安価な製品輸入を可能にするシステムの追求である．

日本の直接投資は1990-1995年と2000-2003年の2つの期間を比べると，EUへの投資額が3.5倍に増大している．アメリカへは2分の1に激減し，ASEAN4へも3分の2に減少している．日本企業の投資額は，同期間20％増にとどまった．アメリカ企業，EU企業に比べると日本企業の世界市場での位置は相対的に低下していることになる．EU企業，アメリカ企業は直接投資の拡大によって域内あるいは域外貿易の拡大につながった．日本貿易は，1980年代後半からの直接投資拡大によって増大したのであるが，2000年から直接投資の停滞によって貿易の拡大幅も小さくなった．2000年以降貿易総額の上昇は，ドル安の進行によるドル建て輸出価格の引き上げと，自動車，精密機器，電子・電気機器部品など付加価値の高い製品の輸出比率に特化する傾向があったからである．

　EU，アメリカの発展途上諸国での直接投資は，ASEAN，NIES，中国に集中する傾向がある．ASEAN，NIES，中国はEU，アメリカ，日本企業による多国籍企業展開によって生産力発展が急速に進んだ．さらに東アジア諸国・地域は，多国籍企業の進出によって輸出産業が発展し，貿易の拡大とともに東アジア相互間の国際分業も進展したのであった．

　東アジアは今日の貿易の主要商品である機械機器，電気・電子製品・部品，精密機械などの一大生産拠点となっている．東アジアはこれらの産業の部品あるいは完成品の生産により，先進国市場へ進出したのであった．とりわけASEAN諸国は先進国から中間財，資本財を輸入し，部品，半製品を生産する．ASEANの生産システムは，タイ，マレーシアなどでの国際分業関係を形成し，生産された部品，半製品が中国に輸出し，加工されていく．したがって中国の経済発展は，先進国多国籍企業の直接投資の受け入れだけでなく，東アジア国際分業の広がりが要因になっている．

　日本は，1980年代からのASEANでの現地生産の展開が東アジアでの部品・半製品生産を促し，さらに中国を含めた国際分業が進展する契機となった．1980年代および90年代の東アジアは，日本を頂点とする生産システム，国際分業が形成されたのであった．東アジアの生産力発展は，国内の所得水準の向

上にも寄与している．特に韓国，台湾，タイ，マレーシアでは所得増大が顕著であり，中国も同様であった．

　最近の東アジアは，自動車をはじめとした耐久消費財市場としても位置付けられる状況になった．東アジアは所得増大の結果，単なる部品・消費財の下請的生産基地から，消費財需要市場としての位置付けである．自動車産業にみられるように東アジアは急速に生産が増大し，一部が輸出産業として発展した．とりわけ中国の自動車産業の発展は目覚ましく，2010年の販売量約1,700万台となり，アメリカ，日本を抜いて世界最大の市場となった．中国での自動車生産は，当初は国内市場目当てであったが，最近アメリカをはじめ発展途上諸国向け輸出が増大している．さらに海外現地生産も行われるようになった．ただし中国の自動車産業は，アメリカ，ドイツ，フランス，イタリア，韓国および日本などの生産システム，技術に依存しており，独自の技術あるいは生産システムを確立していない．したがって中国の自動車生産増大は，欧米，日本の多国籍自動車企業の中国での市場獲得競争の一局面と捉えることができるが，中国企業の海外進出が拡大すれば，こうした国際的寡占体制の再編も促されることになろう．

　タイでの自動車生産は，日本企業を中心として拡大の傾向にあった．特にトヨタは，タイを東アジアでの生産拠点として位置付けた．タイでの自動車生産は，国内消費を目的としているが，一部はASEAN地域内への輸出も行われている．ASEANはAFTAの締結によって域内関税率の引き下げが行われた．トヨタの経営は，地域経済統合の利点を利用する形態である．またホンダはタイでの自動車生産を部品供給も含めて生産比率を高めていく方向を打ち出した．ホンダのタイでの生産システムは，部品生産を含めた一貫生産方式を採用予定であり，「工程を分割せず海外で一貫生産を行う[12]」形態を採ることであった．ホンダの生産システムは，ASEAN国際分業システムが崩れていくことになる．それはASEAN，中国を含めた国際分業・貿易システムの根幹に関わる問題である．しかし東アジアでの自動車生産は，アメリカ，ヨーロッパ市場へ輸出する形態を採用していない．東アジアでの生産は，東アジア域内あるいはアフリ

カヘ一部輸出を行っているが，基本的に生産国での消費を目的としている．自動車をめぐるタイでの生産あるいは中国での生産は，これまでのASEAN，中国の国際分業システムの進展とは異なった方式であり，東アジア域内貿易の拡大ではなく，減少という状況もつくり出す．

中国，タイにおける日本企業の自動車生産システムの展開は，進出国で工程の一貫生産を追求する．自動車産業以外の電気・電子部門，機械機器，精密機械などは，東アジア国際分業を推進する，という二極化が進むことになる．東アジアでの国際分業の進展は，やがて日本からの中間財・資本財の輸出を減少するだけでなく，日本は完成品の輸入市場としての意義が大きくなる．日本に限らずアメリカ，ヨーロッパも東アジアからの機械機器，電気・電子製品，精密機械などの輸入市場となり，国内の同一産業は生産の低下を余儀なくされる事態が生じる可能性がある．

東アジアの国際分業システムは，NIESからASEAN，中国への中間財輸出，中国，ASEAN間の部品，中間財輸入，NIES，ASEAN，中国からEU，アメリカ，日本への完成品，最終消費財輸出といった構造が崩れていく事態も生じることになる．ASEAN，中国は，これまで先進国企業による直接投資あるいは技術導入，さらに輸出市場として位置付けられた．しかし自動車産業の展開にみられるように東アジアでの一貫生産あるいは他の耐久消費財生産は，東アジア間国際分業が進展すれば，先進国からの中間財・資本財輸入が減少していくことを示している．むしろ東アジアは機械機器，電気機器などの世界的な生産拠点としての位置付けが増大し，先進国は単なる輸入市場として位置するにすぎない状況の形成もありうることになる．

東アジアの経済発展の結果，国際分業関係の再編が進行しているが，EU，アメリカは，それぞれ地域内市場を強化することによって国内生産力を維持する政策を展開している．しかし日本は東アジアへの直接投資，完成品・最終消費財輸入国として，東アジア経済関係を維持していくことが「持続的発展」のための政策となろうとしている．日本はアジア経済関係を強化しなければならない要因は，安定した市場を持っていないこと，円の国際化が進展していない

こと，国内の生産力発展・経済成長の限界が生じていること，さらに中国を含めた東アジア諸国の経済発展が急速に進んだことである．アメリカは「金融危機」以前，膨大な貿易収支の赤字を出してもドルが基軸通貨として機能し，さらにドルがアメリカに還流するシステムが続くならば「覇権」を維持することが可能であった．しかしアメリカは，「金融危機」によってこうしたシステムが崩れたのである．

EUは東アジアあるいは南アジアから安価な消費財を輸入しても，域内分業システムが機能していれば国内経済の破綻規模が小さい．EUは「過剰」ドルをアメリカ市場で運用してきた．そこでEUもアメリカの「金融危機」に巻き込まれ，生産システムの攪乱が生じている．日本はアメリカ，EUのような地域内市場あるいは「覇権」システムを持っていない．したがって日本は，東アジアとの経済関係を強めなければならない必然性があった．2008年の「金融危機」を契機とした世界的不況は，日本がより東アジアとの経済関係を強化する状況をつくり出しているのである．

日本の輸出入の貿易依存度はEU諸国に比べれば小さい．しかし自動車，電気・電子，精密機械，機械機器などの基幹産業はすべて直接投資を行っているか，あるいは輸出産業として海外市場に依存している．日本の製造業企業の76％は海外生産を行っている．自動車部品を含めた自動車産業において海外生産を行っている企業は，90％を超えている．日本は「バブル」経済以降不況が長期化したが，大幅な景気後退を避け，比較的安定的な経済状況であったのは，日本企業による直接投資の拡大と輸出システムの構築，および東アジア諸国の経済発展の結果である．東アジアの経済発展の結果，日本からの輸出が増大しただけでなく，東アジアからの安価な消費財輸入は国内物価の安定あるいは一部引き下げ効果があった．また東アジアからの安価な部品輸入は，企業の生産コストの低下をもたらしたのである．東アジにおける国際分業関係，貿易システムが変われば，日本は東アジア対外政策を転換しなければならない．

日本の基幹産業は依然として東アジア依存が大きい．これまで輸出市場としてのASEAN，NIES，中国は，日本企業の生産維持のためにも重要であった．

東アジアでの生産システムが自動車にみられるような部品供給から完成品までの一貫システムが導入され，さらに東アジア間国際分業が進展すれば，日本企業は単なる技術提供あるいは基幹生産設備提供にすぎなくなる可能性がある．そうなると東アジアでの国際分業の進展あるいは生産力発展は，日本企業の入り込む余地が小さくなり，影響力も減少する．そこで日本を中心とした東アジア経済共同体の形成が必要になったのである．日本企業は，国内での生産システムを維持することよりも，東アジアでの生産システムを拡大した方が，存続できる可能性が高い．日本企業にとって東アジアでの生産は，国内生産よりも収益率が高くない．しかし企業は必ずしも最大利潤を求めることが目的ではなく，なによりも企業の存続が重要である．日本国内にとどまっていればやがて外国からの輸入攻勢によって企業の存続自体も危ぶまれることになる．そこで日本企業は，東アジアを中心にして海外進出を拡大しなければならない必然性がある．東アジアで経済共同体が形成され，地域市場が安定化すれば，日本企業の生産・流通の場が確保される．さらに東アジア経済共同体は，中国の主導権さえ排除できれば日本の主導で推進することが可能になる．東アジア経済共同体の推進は日本企業にとっての生き残り戦略であり，同時に日本企業によるグローバル化戦略でもある．

おわりに——東アジア生産システムと共同体の課題

東アジアは急速な経済発展が続いているが，その特徴の第1に，中国の長期的な経済成長が実現したことである．中国は電子・電気，機械機器をはじめとして先端産業部門から住宅・オフィスなどの建物，道路，鉄道などの内需拡大が進展している．それは鉄鋼，石油化学などの素材産業，繊維・衣料，雑貨などの消費財産業まで広範囲にわたる生産力発展である．これらの産業の多くは輸出産業としても成長した．中国は経済発展の過程のなかで，銀行の不良債権の増大，財政の悪化，地域間格差の拡大，失業者の増大，農業問題，環境汚染の悪化，官僚・共産党幹部の腐敗などの諸問題が累積化している．第2に，韓

国における産業構造は「アジア通貨危機」を契機にして転換の方向であった。韓国は1980年代から進行した自主技術開発，資金の自己調達，あらゆる産業の導入などの政策が，通貨危機によって崩れ，再び対外関係重視あるいは輸出依存型経済構造への転換を余儀なくされた．第3に，ASEAN4は，「アジア通貨危機」以降アメリカ，日本への資金，技術，市場依存が強まったのと同時に，域内での貿易・国際分業が拡大するという2つの側面が生じた．特に域内貿易・国際分業の拡がりは，ASEAN共同市場形成の原動力ともなった．2015年を目途にしたASEAN経済統合は，サービス分野，人の移動，農産物の共同輸出システム，共通通貨の発行などであり，まさにEUに匹敵するような内容である．

　中国，NIES，ASEAN4は，生産力発展が続くなかで対外依存度が高まる傾向が強くなった．特にこれらの諸国・地域にとって完成品市場としてのアメリカ，日本，EUの存在は大きかった．また資金調達，技術導入などでも先進国依存は強まった．こうした先進国依存が強まるなかで，東アジア地域内の貿易，国際分業が拡大したのである．地域内貿易・国際分業の典型は電子・電気産業であり，域内貿易を含めて世界市場の約50％を占めた．電子・電気製品は東アジア国際分業によってつくられた完成品が先進国市場で消費される構造であった．電子・電気製品は当然のことながら先進国製品よりも安価で取引されている．東アジアの生産力発展あるいは国際分業システムの維持は，電子・電気製品をはじめとして消費財が先進国で大量に消費されるならば可能である．反面先進国市場が縮小するか，あるいは東アジアに代わる生産地域（例えばラテン・アメリカ）が出現すれば，東アジア貿易システムが崩れ，生産体制そのものも維持できない状況が生じる．先進国への資本，技術さらには市場依存は，東アジア経済の不安定性を示している．したがって東アジア諸国・地域は，相互の資金調達，技術開発，市場拡大の必要性があり，東アジア経済共同体の必要性も大きくなるのである．

　東アジアは急速な経済発展の結果，EU，アメリカ，日本への完成品，消費財の生産地としての地位を確立した．20世紀後半から情報・通信産業の飛躍

的な発展があり，携帯電話，パソコン，デジタルカメラ，大型カラーテレビなどの生産が拡大した．これらの製品の多くはアメリカ，ヨーロッパあるいは日本で開発が行われたのであるが，アジアが生産の大量を担った．携帯電話は中国35％，韓国26％，日本6.2％などアジア全体で78.3％（2005年）の生産が行われた．パソコンは中国83.5％，台湾5.3％，韓国3％，日本2.6％であり，アジア96.9％のシェアである．半導体は日本18.4％，台湾14.3％，韓国12.8％などでアジア全体で66.6％である[13]．

　情報・通信産業は新規産業であるだけでなく，技術進歩の著しい分野である．最も技術が進展している産業部門がアジアに集中しているのである．かつて資本主義は，国内産業の技術進歩によって陳腐化する産業部門が生じた．この陳腐化した産業部門が外国への技術供与となり，遅れた国民経済も経済発展の道を進むことが可能であった．こうした考え方はヴァーノンの「プロダクトサイクル」論[14]として一時期脚光をあびた．しかし今日の世界的な生産形態は最も技術進歩の著しい，さらに大量生産，消費が期待される情報・通信，電子・電気部門がアジアで行われているのである．情報・通信，電子・電気部門の技術はヨーロッパ，アメリカ，日本で開発された．20世紀型資本主義であれば先進国間で技術移転が行われ，それぞれの先進国での生産力発展に寄与してきた．パソコンはアメリカで開発され，日本で小型化し大量生産システムも開発された．大型コンピューターは今日でもアメリカ，日本の企業による寡占状態が続いているが，パソコンは性能の向上だけでなく安価な製品が消費の主流になっている．そこでアジアの生産システムを利用した安価なパソコンが流通の大量を占めている．第2次世界大戦後のパソコン，コンピューター生産は，アメリカ資本主義優位の象徴のようにみられた．しかし今日の世界的な生産配置は異なっている．さらにアメリカ資本主義あるいは多国籍企業の象徴的な存在であったIBMのパソコン生産部門が，中国企業である聯想（レノボ）によって買収される事態が生じた．20世紀資本主義においては予想もできない事態の出現である．こうしてアメリカは情報・通信産業部門のCPU生産とソフト部門で優位性を発揮しているにすぎなくなった．情報・通信産業はアジア

の生産拠点なくしては存立しえない産業分野となったのである．

　日系企業のアジアにおける情報・通信部門での海外生産，直接投資は，アメリカ企業と同じような道を辿っている．日系企業がアメリカ企業と異なっている点は，国内でも生産量を一定確保していることである．デジタルカメラ，液晶テレビ，プラズマテレビなどの生産は韓国，台湾企業との競争関係があり，日本企業も国内での生産体制を維持している．液晶テレビは韓国企業が最大の生産量を確保している．液晶テレビ，プラズマテレビなどの部門では日本の後発企業が韓国あるいは台湾企業と提携・共同生産システムを構築している．しかし日本の先発企業は，より付加価値の高いあるいは生産性の向上をめざして国内の生産設備の拡大を図った．情報・通信，電気産業部門でのアメリカ企業と日本企業との経営戦略の相違である．

　日本企業はアジアを含めて海外生産比率を高める傾向にあった．しかし海外生産比率が増大している企業は，「金融危機」の影響下，企業業績が悪化する事態が生じている．パナソニックは海外生産拠点を半減する計画であるが，キヤノンは国内での生産を縮小する計画を出している．キヤノンは中国で展開しているデジタルカメラなどの生産部門を国内での生産に切り替える方針であったが，世界的不況によって計画の変更となった．パナソニック，キヤノンに限らず日本企業は，海外生産の拡大を志向する産業，国内生産と海外生産を一定の比率で行おうとする企業，海外生産を行わず国内生産のみに特化する企業，海外からの輸入品の攻勢にさらされ国内生産の縮小を余儀なくされる企業，外国資本との資本提携・技術提携あるいは買収によって，企業の存続を図ろうとする企業に分化していく傾向が顕著になった．しかし今次の「金融危機」は，すべての日本企業の経営戦略見直しを求めている．

　日本企業は，東アジアとの経済関係によって上のような企業経営の過程を辿ってきた．他方で東アジア経済共同体への期待も大きくなっている．日本企業は中国を含め東アジアへの直接投資は欧米企業に比べ停滞状況にある．日本企業は欧米企業に比べアジアでの収益率が低いことによるが，これまで基本的に国内での生産システムを維持することから抜け出せなかったからである．こう

したなかでアジア経済共同体の形成が日程に昇ってきた．東アジア経済共同体形成は，日本企業のASEAN，中国での海外生産の増大の機会となる．しかし日本企業にとってASEAN，中国の生産コストはほとんど変わらなくなっている．特に労働集約型産業においては中国がこれまで圧倒的に優位であった．海外進出した日本企業は，中国の安価な労働力を利用することによって競争力を維持してきた．ところが最近は中国でも安価な労働力を確保することが困難になってきた．中国では大学を含めて高等教育の進学率が驚異的に伸びていること，一部の地域での労賃の上昇などが生じていることなどからである．日本企業は広東省，福健省などの沿海地域を中心に進出した．これらの地域での安価な労働力不足あるいはエネルギーコストの上昇，外資系企業に対する租税優遇措置の一部廃止などで中国進出の優位点が減少しているのである．

　日本企業のアジアでの生産展開は，産業あるいは企業によって異なっているのであるが，アメリカ企業に比べ収益率が低い．日本企業はアジアで生産するよりも日本国内で生産し輸出する方が利益は大きい．企業にとって収益率が低下してもアジア生産に固執するのは何よりも将来的に市場が拡大する可能性があるからである．日本企業は，中国，インドなどアジアでの生産を確保すれば，やがてそれぞれの市場シェアの増大が見込まれる．企業の直接投資の目的は必ずしも最大限利潤を求めることでなく，市場の確保，あるいはコストの低下であり，資源などの開発輸入にある．東アジア経済共同体は，日本企業の広域的な生産システムの形成を可能にし，同時に市場確保を可能にする．中国での生産拡大に軸足を移してきた日本企業は，最近の中国の経済状況あるいは労働力問題などからコストの上昇に直面している．中国の経済成長が停滞し，さらに労賃上昇，コスト上昇などの事態が発生すれば，日本企業の中国に偏重した生産体制は，大打撃をうけることになる．そこで日本は，中国を基軸としながらもASEANあるいはインド，バングラデシュ，パキスタンなどアジア全体の広域的な生産システムを形成することが課題となる．

　「金融危機」下で東アジアをめぐる市場拡大政策は激化する方向にある．そこで日本の政策は，東アジア経済共同体を形成することが必要になる．東アジ

ア共同体形成は，日本企業の東アジアでの地位を確保し，同時に欧米企業に対して差別化を図ることが可能になるからである．東アジア経済共同体は日本企業にとって貿易，投資の安定市場を確保するだけでなく，円の安定化による為替相場変動のリスクの回避も可能になる．

アメリカ・ドル，EURO,「ACU」の3極通貨圏が形成されることになれば，東アジアはアメリカに対抗できるだけでなく，EUの進出に対しても主導権を発揮できることになる．またASEAN，中国，韓国が対等の立場で参加することになれば，東アジアでの日本の「覇権・盟主化」を阻止することも可能になる．したがって日本は東アジアでの地位をいかにして向上できるかの政策として，円の国際化の推進あるいは直接投資の拡大を図ろうとするのである．東アジア経済共同体は，アジア諸国・地域の相対的な自立性を高める可能性を持っているとともに，アメリカ，ヨーロッパ企業の安定した投資先，市場としての意義も大きくする．さらに共同体が形成されれば日本企業にとっても安定した市場が確保される．また東アジアの経済発展は，WTO ルールの徹底が図られる可能性もあり，日本の市場開放政策とも対応する．アメリカの「覇権」システムの維持拡大は，貿易，投資における自由化であり，アメリカ企業によるグローバル化の進展であった．日本企業もアメリカに追随しながらグローバル化を推進してきた．日本の対外政策の基軸は，WTO ルールに基づきながら市場開放を推進することであり，日本企業の海外進出を促すことであった．しかしEU あるいは NAFTA に現れた地域主義の台頭は，一面で WTO ルールの徹底を図る必要性が増しているのであり，他面で貿易，投資の安定市場を確保しなければならないという二重基準が浸透する．日本は東アジア経済共同体形成への参加は，世界貿易・投資の二重基準を認めることであり，二様の対外政策を追求していくことである．

1970年代，80年代および90年代の ASEAN，NIES，中国は，日本の ODA，直接投資，貿易あるいは技術移転に依存しながら経済発展が行われてきた．しかし中国に象徴されるように東アジアの急速な経済発展は，特定の先進国経済に依存する状況から世界的な，グローバルシステムを利用する状況へ変化する

傾向がある．中国は，すべての先進国の市場だけでなく世界的な規模で資本，技術を利用しようとするし，貿易・投資のグローバル化システムに適応した体制を確立しようとする．ASEAN 諸国も 1997 年の「アジア通貨危機」を通じて，アメリカ依存の金融システムの脆弱性が明らかになり，独自の金融システムの構築を模索した．ASEAN，アジア NIES，中国は，経済発展の過程のなかで先進国依存から「自立化」の道を歩むべき段階に達している．アジアの「自立化」の道は，アメリカ，日本，EU の市場，資本，技術を利用しながら，アジア地域での相互依存，相互協力体制の構築である．それは当然のことながら日本あるいは中国が「盟主」になることではなく，さらにアメリカの干渉を受けることでもない．アジア諸国は，対等，平等，互恵，平和，相互協力の原則を貫くことによって「自立的」な経済統合への展望が開けるのである．

1) 統計数字は，いずれも『通商白書』，『世界の統計』（総務省・統計局）によっている．
2) 『通商白書 2006 年版』，58 ページ．
3) 同上書，256 ページ．
4) 同上書，149-150 ページ．
5) 『日本経済新聞』，2006 年 8 月 15 日．
6) 『通商白書 2006 年版』，159 ページ．
7) 『日本経済新聞』，2006 年 9 月 8 日．
8) Stalker, P. (2001) *The No-Nonsense Guide to International Migration*, New International Publications Ltd. U. K.
9) 『海外在留邦人数調査統計』，2010 年版，外務省領事局政策課編．
10) 『出入国管理統計』，法務省出入国管理局編．
11) 同上書．
12) 『通商白書 2006 年版』，76 ページ．
13) 同上書，62 ページ．
14) ヴァーノン『多国籍企業の新展開―追いつめられた国家主権』，邦訳 霍見芳浩，ダイヤモンド社，1973 年参照．

第3章　金融のグローバル化と経済社会の変化

はじめに

　現代日本の経済社会に大きな変化をもたらしているのは，ヒト・モノ・マネーが国境を越えて自由に移動するグローバル化した経済の動向である．なかでも，マネーの自由移動は，各国経済に決定的な影響を与えている，といえる．

　ここでは，金融のグローバル化が現代日本の経済社会にどのような影響をもたらしたのかについて，1．現代の金融グローバル化の特徴と金融システムの変化，2．わが国の金融・証券市場やビジネスの変化，3．アメリカ・ドルへの従属で発生する日本のリスク，といった問題領域に焦点を当て，考察する．

1．金融のグローバル化と外国資本の対日進出

(1) アメリカ系金融機関と寡占化する国際金融・証券市場

　現代の金融ビジネスは，ニューヨーク・東京・ロンドンなど，国際金融センターといわれる地球上の主要拠点をコンピュータのグローバルなネットワークで連結し，24時間無休でグローバルに展開されている．そこでは，外国為替相場，各種金利，証券価格の瞬時の変動にビジネスチャンスをみいだし，巨額の売買取引が繰り返される．時々刻々，巨万の売買差益が実現するか，場合によっては，破綻に直結するような損失を抱えこむビジネス世界が広がっている．

　戦後，アメリカ・ドルが基軸通貨の地位を獲得して以降，ニューヨークは，グローバルな経済取引の最終的な支払決済の地となっただけでなく，世界のマ

ネーフローの拠点となり,アメリカ1国で,世界の資本輸入額の71.5％（2003年)[1]を独り占めし,マネーの調達と運用の国際金融センターとなってきた.

特に,旧ソ連体制の崩壊した1990年代以降,市場経済システムが,世界を席巻するにつれて,アメリカ型システムは,一種のグローバル・スタンダードとして各国に輸出され,アメリカ系の多国籍的な金融機関が,世界各国の主要な金融・証券市場において,市場占拠率を高めてきた.

現代の国際金融・証券市場の特徴は,わずかに5-10社の巨大金融機関によって市場が独占されてきていることであり,しかも,その少数の金融独占体のほとんどがアメリカ系の金融機関であることであろう.

OECDや各種の調査機関が指摘するように[2],各国の国内市場以外で発行された株式や債券についてのグローバルな証券ビジネスの集中度はきわめて高い（表3-1）.国際株式の市場占拠率（2008年現在）は,上位5社で,40.1％であり,上位10社となると,58.2％にも達している.同様に,国際債券の市場占拠率では,上位5社で,41.6％であり,上位10社となると,64.4％にも達している.国際的に発行される株式や債券のほぼ60％台が,JPモルガン・チェース,ゴールドマン・サックス,バンク・オブ・アメリカ（メリル・リンチ）,モルガン・スタンレー,シティグループ,ドイツ銀行,UBSといったわずか10社の巨大金融機関によって独占的に引き受けられている.

しかも,市場を独占する上位10社,なかでも上位5社の金融機関の内訳は,アメリカ系の投資銀行であり,イギリスの『フィナンシャル・タイムズ』[3]紙によれば,国際発行株式の4割（1998年末で38.5％）が,アメリカの大手投資銀行5社（ゴールドマン・サックス,モルガン・スタンレー,メリル・リンチ,J・P・モルガン,ソロモン・スミス・バーニー・インターナショナル―以上当時の金融機関名）によって,独占的に引き受けられていた.

株価と証券ビジネス,高利回りと市場原理主義を最優先するアメリカ型資本主義経済システムは,ハイリスク・ハイリターン型の金融取引が選好され,経済社会を不安定化し,競争のなかで経済格差を助長するシステムでもあった.それは,2008年9月の「リーマン・ショック」に象徴される,100年に1度の

第3章 金融のグローバル化と経済社会の変化 55

表3-1 各市場における取り扱いランキング（2008年，金額ベース）

株式

08年順位	企業名	金額(億㌦)	件数	シェア(％)	07年順位
1	JPモルガン・チェース	596	163	9.5	2
2	ゴールドマン・サックス	570	127	9.1	5
3	モルガン・スタンレー	497	136	7.9	6
4	バンク・オブ・アメリカ（メリルリンチ）	473	174	7.5	1
5	UBS	381	160	6.1	3
6	シティグループ	381	140	6.1	4
7	クレディ・スイス	306	117	4.9	7
8	ドイツ銀行	205	105	3.3	8
9	バークレイズ	129	47	2.1	9
10	野村ホールディングス	104	41	1.7	11
…	…	…	…	…	…
24	大和証券SMBC	30	22	0.5	38
86	みずほフィナンシャルグループ	3	19	0.1	56
	市場全体	6,301	2,328		

債券

08年順位	企業名	金額(億㌦)	件数	シェア(％)	07年順位
1	JPモルガン・チェース	4,013	1,104	9.4	3
2	バンク・オブ・アメリカ（メリルリンチ）	4,010	1,275	9.4	1
3	バークレイズ	3,960	1,043	9.3	2
4	ドイツ銀行	3,027	788	7.1	5
5	シティグループ	2,733	898	6.4	4
6	RBS	2,166	686	5.1	6
7	クレディ・スイス	1,928	610	4.5	9
8	ゴールドマン・サックス	1,925	495	4.5	8
9	モルガン・スタンレー	1,860	554	4.4	7
10	UBS	1,842	761	4.3	10
…	…	…	…	…	…
17	野村ホールディングス	521	217	1.2	22
18	大和証券SMBC	486	281	1.1	23
22	みずほフィナンシャルグループ	392	328	0.9	25
23	三菱UFJフィナンシャルグループ	357	202	0.8	27
	市場全体	42,801	12,062	—	—

（注）株式の対象は，普通株，新規株式公開，転換社債の3種の引き受け業務。債券は社債やエージェンシー債，資産担保証券（AHS）などの引き受け。野村ホールディングスによるリーマン・ブラザーズ買収など同年中に合併や統合があったものは，親会社にカウントしている。

（出所）『エコノミスト』2009年6月23日，28ページ

世界金融・経済恐慌の発生によって歴史的に証明された[4].

(2) 日本版金融ビッグバンと「金融番犬」の不在

戦後，対米従属的な関係を維持してきた日本の政府と経済界は，1980年代以降，アメリカの「金融開国」要求を受け入れ，金融の自由化・国際化に踏みだし，1990年代になると，金融経済システムの大改革（いわゆる金融ビッグバン）を実施し，株価と証券ビジネス，高利回りと市場原理主義を最優先するアメリカ型モデルを導入した．

日本版金融ビッグバンの主要な特徴と問題点は以下のようである．

第1は，外国為替管理法の規制を緩和・撤廃し，内外の資本移動を自由化したことである．これによって，多国籍企業のビジネスフィールドはグローバルに拡大し，収益基盤を海外に依存するようになった．多国籍企業は，海外に自由に資本を投資し，グローバルにビジネス拠点を拡大できるだけでなく，外国為替相場の変動を利用したグローバルな金融投機も可能になった．

だが，国内企業の海外進出は，国内産業や雇用の空洞化を促進し，外需依存型の脆弱な経済構造に帰結した．そのため，円とドルとの為替相場の変動によって日本経済自体が振り回されるようになった．またグローバルな金融投機の広がりは，経済社会を不安定化した．

第2は，金融持ち株会社が解禁され，銀行業・証券業・保険業などを複合的に営むことのできる巨大な金融コングロマリットを登場させ，例えば三菱UFJFG，みずほFG，三井住友FGといった3大金融グループが誕生したことである．だが，巨大な金融コングロマリットは，複雑すぎてリスクを十分管理できない経営，異なる金融業務を営むことによる利益相反，他の産業に対する支配強化[5]，といった問題を発生させた．

第3は，伝統的な銀行業務よりも，証券ビジネスを活発化させ，証券化関連金融商品の開発を助長し，インターネット証券，ストックオプションなどの証券デリバティブ，各種投資信託，資産担保証券，などのビジネスが拡大したことである．だが，このようなハイリスク・ハイリターン型の金融商品の取引が

盛んになるにつれて，金融の不安定性も増幅し，企業や個人投資家の破産も増加してきた．

このように，日本版金融ビッグバンの特徴は，金融・証券に関連した諸規制をグローバルに緩和・撤廃し，株価と証券ビジネス，高利回りと市場原理主義を最優先するアメリカ型モデルをわが国に短期間に根付かせようとする大改革であった．

だが，外国為替相場，各種金利，証券価格の変動をビジネスチャンスとするハイリスク・ハイリターン型の金融取引は，一方において，市場を支配する大口の投資家や金融機関などのごく少数の勝者に高い確率で巨万の富を集中し，他方において，小口の大衆投資家などの多数の敗者に巨額の損失と破綻を強要する．その結果，経済社会は，不安定化し，競争のなかで経済格差が助長され，社会的なあつれきを増大させてきた．

経済社会の不安定性を抑制し，格差の拡大を防ぐためには，守られるべき市場のルールとそれを担保する強力な「金融番犬（financial watch dog）」[6]が不可欠

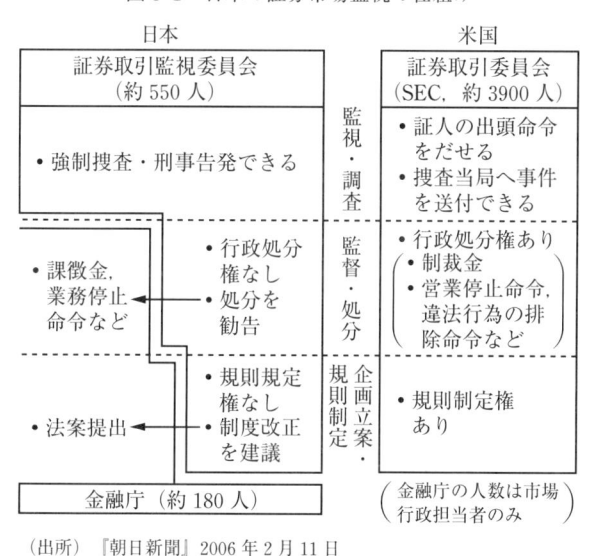

図 3-1　日米の証券市場監視の仕組み

	日本		米国
	証券取引監視委員会（約 550 人）	監視・調査	証券取引委員会（SEC, 約 3900 人）
	・強制捜査・刑事告発できる		・証人の出頭命令をだせる ・捜査当局へ事件を送付できる
・課徴金，業務停止命令など	・行政処分権なし ・処分を勧告	監督・処分	・行政処分権あり ・制裁金 ・営業停止命令，違法行為の排除命令など
・法案提出	・規則規定権なし ・制度改正を建議	規則制定企画立案	・規則制定権あり
金融庁（約 180 人）			（金融庁の人数は市場行政担当者のみ）

（出所）『朝日新聞』2006 年 2 月 11 日

であるが，日本版金融ビッグバンは，この点で，画竜点睛を欠く「改革」であった．特に証券取引を監督する体制の整備は，日米で比較すると，人員でも，権限でも比較できないほど日本の体制は貧弱である（図3-1）．

　日本の証券取引等監視委員会は，証券犯罪に直面しても，ペナルティを与える行政処分権がなく，再発防止のための規則制定権も持っていない．これでは，「金融番犬」として役立つかどうかは疑問であり，犯罪者は怖くないので，犯罪が再発する可能性を残してしまう．この貧弱な体制は，日本の証券取引の不透明性と不公平性，小口の大衆投資家の犠牲の大きさのバロメーターでもある．

(3) 激増する外国人投資家の持ち株比率

　わが国における金融ビッグバン改革が進展するにつれて，外国資本の対日進出も加速してきた．特に，金融機関が不良債権対策から保有株を市場で売却し，事業法人も時価会計の導入から財務上のリスクとなった保有株を売却するようになると，外国人投資家による日本株投資が活発化し，株式の買越額は過去最高のペースで進展し，2005年度に至って，外国人投資家の株式買越額は，10兆円を記録した．

　外国人投資家の日本株投資が活発化し，日本企業の大株主として登場することになり，日本株全体の保有構造も，変化してきた．投資部門別株式保有比率の推移（図3-2）をみると，1980年度から2010年度にかけて，従来の最大の株式保有者であった金融機関と事業法人の比率の合計が，64.4％から50.9％へ，個人投資家も，27.9％から20.3％へ，それぞれ激減してきているのに対して，外国人投資家の保有比率は，5.8％から26.7％へと激増している．

　いまや日本株の外国人投資家の持ち株比率は，金融機関につぐ第2位の大株主の地位を占めている．それだけ，日本の株式市場に対する外国人投資家の影響力が高まり，株主への高い配当を要求され，また資本の効率的利用など，高利回りと市場原理主義を最優先する企業経営が追求される．すなわち，株主への配当金，役員報酬，企業の内部留保金が増大する一方，従業員の給与・労働

第3章 金融のグローバル化と経済社会の変化 59

図3-2 投資部門別株式保有比率の推移

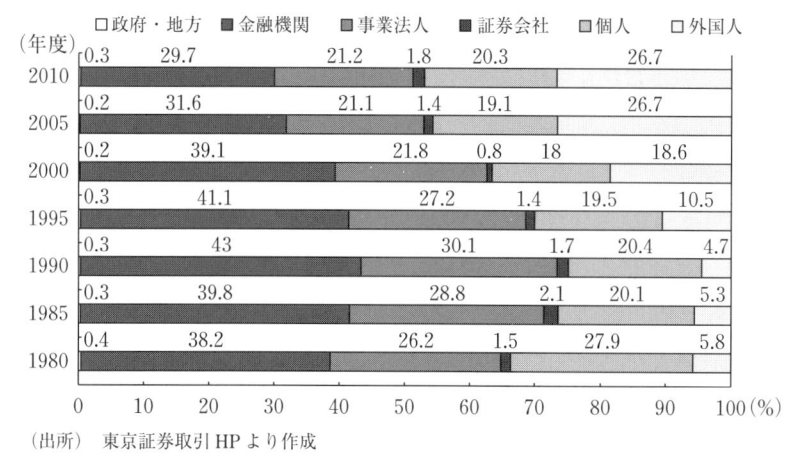

(年度)	政府・地方	金融機関	事業法人	証券会社	個人	外国人
2010	0.3	29.7	21.2	1.8	20.3	26.7
2005	0.2	31.6	21.1	1.4	19.1	26.7
2000	0.2	39.1	21.8	0.8	18	18.6
1995	0.3	41.1	27.2	1.4	19.5	10.5
1990	0.3	43	30.1	1.7	20.4	4.7
1985	0.3	39.8	28.8	2.1	20.1	5.3
1980	0.4	38.2	26.2	1.5	27.9	5.8

(出所) 東京証券取引HPより作成

分配率は減少し，連続してマイナスを記録してきた（図3-3）．そのうえ，日本政府は，対日進出した外国企業から新技術や経営手法を取り入れるとの名目で，2011年末までに，26兆円の対日直接投資残高が達成されるような目標を設定した[7]．

図3-3 上場企業の付加価値に占める人件費と配当金の比率

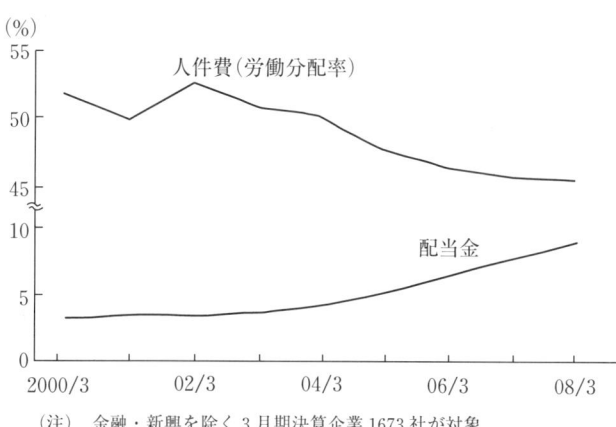

(注) 金融・新興を除く3月期決算企業1673社が対象．
(出所) 『日本経済新聞』2009年2月22日

外国人投資家の持ち株比率は，あらゆる産業・企業におよんでいるが，特にわが国を代表する大手銀行，証券会社，保険会社，ノンバンク，地方銀行に対する比率の高さは注目される．ほぼ36兆円に達する公的資金の援助を受けて，バブル崩壊後の不良債権処理をやり終えたわが国金融機関は，その30-40％の株式を外国人投資家によって保有されている．

　大手銀行における外国人投資家の持ち株比率をみると，国が49.55％の株式を保有しているりそなHDを除いて，わが国を代表する3大金融グループの三菱UFJ・FG（33.9％），みずほFG（29.9％），三井住友FG（39.4％）は，いずれも高い比率に達している．証券会社においても同様の傾向がみられ，かつての日本の4大証券会社の頂点にいた現・野村HDですら，外国人投資家によって43.6％の株式を保有されている．

　損保会社においても，業界トップの三菱系の東京海上日動火災保険を傘下に持つミレアHD株は，36.7％を外国人投資家によって保有されている．地方銀行でも，かつての都銀に匹敵する大手の横浜銀行でも，35.3％が外国人投資家によって保有された（表3-2）．

　日本株全体に対する外国人投資家の持ち株比率の平均値が26.7％であることと比較して，わが国を代表する大手金融機関の場合，その持ち株比率が30-40％に達している．金融機関は，年々の決算で，ほぼ連続して過去最高益を記録してきたが，このような業績の回復を受け，株主配当への増額期待が外国人投資家の持ち株比率を上昇させる直接的な動機であった．

　だが，わが国の金融機関は，わが国の最大株主でもあり，日本の企業経営全体に大きな影響力を持っているので，外国人投資家が，その金融機関の30-40％の株を保有する大株主になることは，単に金融機関に対する影響だけでなく，日本の企業経営全体に対しても大きな影響力を持つ．

　株価と証券ビジネス，高利回りと市場原理主義を最優先するアメリカ型モデルの浸透は，賃金よりも株主への配当金を優先し，企業間の競争を促進することで，企業間格差を拡大し，また終身雇用や年功序列といった日本的な雇用慣行を廃止し，雇用不安を増幅する[8]．さらに，事態が悪化したときの逃げ足の

表 3-2　主な金融機関の外国人持ち株比率

		2006 年 3 月(％)	2005 年 3 月(％)	増減率
大手銀行	三菱 UFJ・FG	33.9	30.3 ※	3.6
	みずほ FG	29.9	24.0	5.9
	三井住友 FG	39.4	23.8	15.6
	りそな HD	7.5	8.4	▲ 0.9
	住友信託	39.7	37.0	2.7
	三井トラスト HD	33.6	24.4	9.2
大手証券	野村 HD	43.6	37.9	5.7
	大和証券 G 本社	37.2	31.5	5.7
	日興コーディアル G	49.5	44.6	4.9
損保	ミレア HD	36.7	36.5	0.2
	損保ジャパン	39.7	36.6	3.1
	三井住友海上	40.1	38.8	1.3
	あいおい	24.5	21.5	3.0
	日本興亜	39.1	37.3	1.8
	ニッセイ同和	13.2	9.4	3.8
生保	T＆D・HD	26.9	22.6	4.3
ノンバンク	オリックス	59.3	57.3	2.0
	クレディセゾン	54.1	51.9	2.2
地方銀行	横浜	35.3	33.2	2.1
	福岡	30.7	21.1	9.6
	千葉	23.4	19.5	3.9
	ほくほく FG	12.5	10.2	2.3

（注）　増減率はポイント，▲は減少，FG はフィナンシャルグループ，HD はホールディングス，G はグループ．※は旧三菱東京 FG の比率．
（出所）　『日本経済新聞』2006 年 5 月 27 日

早さも外国人投資家の特徴であることから，外国人投資家の持ち株比率の上昇は，金融機関の経営の不安定要因にもなる．

2．金融ビジネスの変化とリスク社会

(1) ハイリスク・ハイリターン型ビジネスの台頭

周知のように，戦後日本の経済社会における金融ビジネスの中心には，銀行業が位置し，預金の受入と貸出，信用創造，支払決済といった伝統的な銀行業務が展開され，財やサービスの生産を担う企業とも密接な関係を持っていた．銀行業の収益構成も，預貸金利ザヤに基づく金利収入が主要な収益源泉であった．

だが，金融のグローバル化と外国資本の対日進出が進展し，金融ビッグバンが行われ，株価と証券ビジネス，高利回りと市場原理主義を最優先するアメリカ型モデルが浸透するにつれて，伝統的な銀行業よりも，外国為替相場，証券価格，各種金利など，相場の変動にビジネスチャンスをみいだす金融取引，すなわちハイリスク・ハイリターン型のビジネスが支配的なビジネスとなった．

金融機関だけでなく，事業法人や各種団体においても，こうした傾向が強くなり，デリバティブ取引などの失敗による巨額損失と破綻例が繰り返し報道されている．巨額損失の例（1990年代）として，埼玉県信用農業組合連合会・仕組み債券で800億円，ヤクルト本社・スワップ取引で1,057億円，旧大和銀行・米国債無断取引で1,100億円，鹿島石油・為替予約で1,525億円，住友商事・銅の先物取引で2,850億円，などがある[9]．

このような戦後日本の経済社会の変化については，メディアも積極的に取り上げてきた．NHKスペシャル『マネー革命』の最終回のテレビ番組では，取材の担当者自身が，以下のような感想を吐露していた．すなわち，「世界中の秀才たちがモニターの前に座って利ザヤ稼ぎに一喜一憂する姿は異常としか思えない．私には，それは他人が生み出した価値の上前をはねる行為に見えてしかたがない……あの情熱と，才能を，もっと物作りに注いだら，どんなに世の

役に立つことだろうか」[10]，と．

　グローバルに連結されたコンピュータのネットワークを利用して，時々刻々変化する相場を凝視し，スクリーンマーケットで利ザヤを稼ぎ出す行為は，世界になんら富をもたらすものではなく，最新鋭の情報通信技術と取引手法を駆使することで，既存の富の配分を自分に有利に変更しようとする金融寄生的行為にすぎない．したがって，「投機業者たちは相互に利得をうばいあうだけである．1人の損失が他人の利得なのだ．ひとのフンドシで相撲をとるのだ．(Les affaires, c'est l'argent des autres.)」[11]，との R. ヒルファデングの古典的な指摘は，正鵠を射る．これは，勝者の取り分と敗者の損失を合算するとゼロになる，ゼロ・サム・ゲームにほかならない．

　このようなマネーゲームの横行する経済社会であっても，大手金融機関，なかでも銀行の経済支配はあらゆる場面で貫徹していく．それは，銀行の収益基盤の変化，すなわち，預金―貸出業務を介した金利収入ではなく，各種の手数料収入，債券・為替売買差益，証券業務などの非金利収入の増大に示されている[12]．

(2) 金融・証券市場の膨張と変容

　金融のグローバル化が進展し，ビッグバンが実施され，銀行業から証券業へ，貯蓄から投資へ，といった経済環境とシステムの大転換が行われた結果，それに対応して，わが国の金融・証券市場も，近年，著しく変容してきた．

　「財政赤字大国」日本の国債市場は，世界最大[13]である．発行残高は，2011年度で GDP 比で2倍近くに膨張した．他方で，注目されるのは，金融商品としての国債売買高であり，国内の国債売買市場の規模（東京店頭市場と国債先物取引の売買高）が，1京4,000兆円（2007年度）にも達していることである（図3-4）．インカムゲイン目的で国債を長期に保有するのではなく，目前のキャピタルゲイン狙いから攻撃的な短期売買（bond trading）を繰り返すアメリカ型取引モデルが浸透してきている．

　国債市場がこのような天文学的な規模に達しているのは，国債の売買差益を

図 3-4 国債売買市場の規模

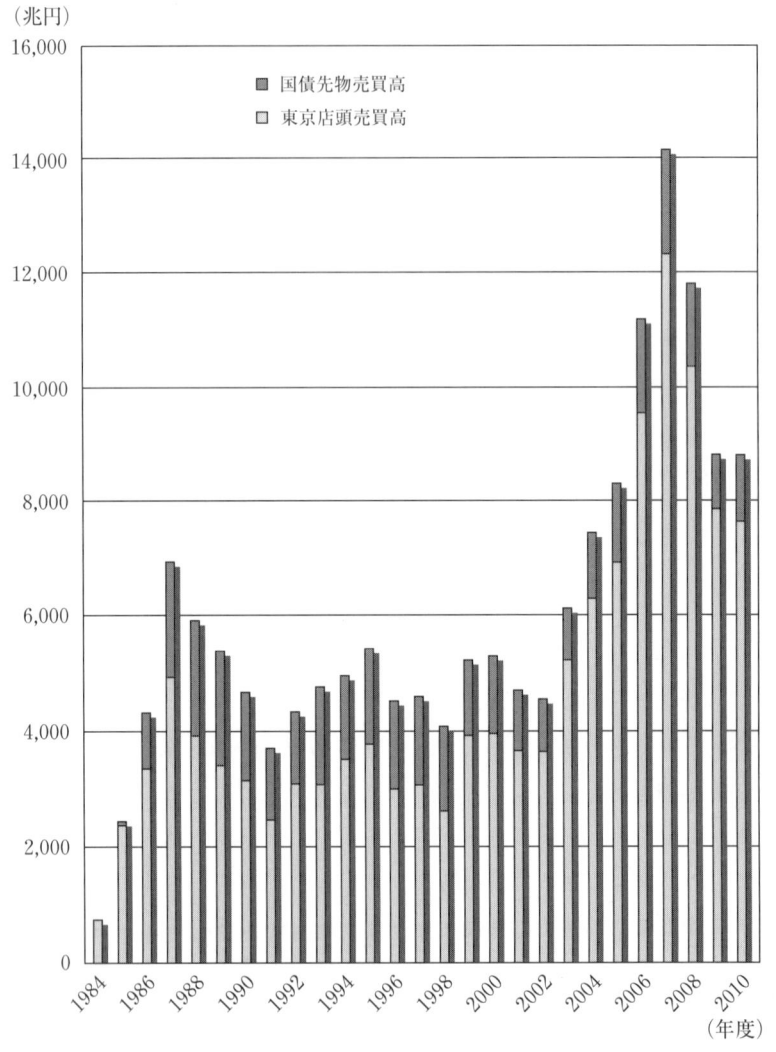

■ 国債先物売買高
□ 東京店頭売買高

（出所） 野村総合研究所『公社債要覧』1995年度版，日本銀行調査統計局『金融経済統計月報』各号より作成

追求するマネーゲームが展開されているからである．政府の発行する国債は，ローリスクであり，かつ単一の巨額の金融商品としてマーケットに存在しているので，金融投機にとって適合的な金融商品となる．内外の金融機関は，超低金利政策下において減退する金利収入を補い，高い利回りと金融収益を実現するために，巨額のマネーを国債市場に投入し，短期間の回転売買を繰り返すことで，売買差益を追求してきている．とりわけ，大手銀行などの債券ディーラーによる自己勘定の国債売買高は，市場規模の 6-7 割台に達している．

現代のハイリスク・ハイリターン型取引の典型的な事例であるデリバティブ取引も，金融のグローバル化とアメリカ型モデルの浸透にともなって急速に拡大してきたマーケットである（図 3-5）．日本銀行金融市場局の「デリバティブ取引に関する定例市場報告」によれば，わが国の主要デリバティブ・ディーラーである大手銀行・証券会社によるデリバティブ取引残高の想定元本ベース

図 3-5 金融デリバティブ 想定元本残高

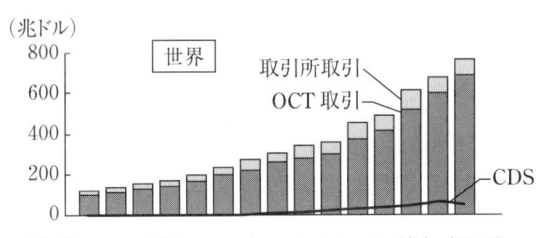

（出所） BIS，国際スワップ・デリバティブス協会（ISDA）

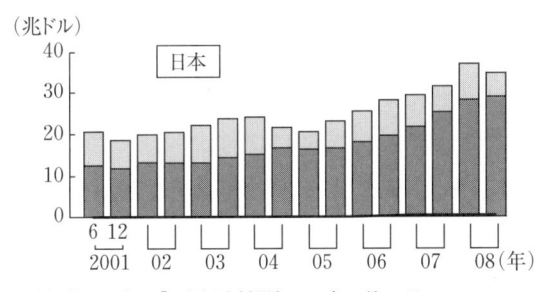

（出所） 日銀，『日本経済新聞』2009 年 5 月 18 日

（OTCと取引所取引の合計，2009年6月末現在）は，ドルと円との金利スワップや金利先物取引を中心に，35兆9,000億ドル（約3,200兆円）に達した[14]．

金融機関や買収ファンドによる企業の合併・買収（M&A）ビジネスが活発化しているのも，近年の特徴である．

グローバル化する経済にともなって，企業は，国内市場だけでなく，グローバルマーケットにおける市場占拠をめざし，内外の企業のM&Aにのりだす．金融機関も，企業のM&Aビジネスは，各種の資金調達，株式の取得，資産の売却，成功報酬の手数料，買収・再生に不可欠の資金融資など，有益なビジネスチャンスとなる．

グローバルなM&A市場の規模[15]は，2006年の上半期，1兆9,300億ドル（約200兆円）と過去最高に達した．国内企業のM&Aも，同時期に，過去最高を記録し，7兆8,800億円となった[16]．わが国でも，TOB（株式公開買付）を利用した敵対的な企業買収が実施されるようになり，M&Aが日常的な経営の道具として浸透し始めている．

だが，企業のM&Aは，資本による資本の収奪であり，それ自体新しい富を生産しない．しかも，M&Aを実現した企業のなかで，成功であったと考える経営者は少なく，わずかに1割止まりである，といった調査結果がある[17]．

インターネットを利用した株取引が活発化していることも，近年の特徴である（図3-6）．小口の株式投資家の取引は，その8割ほどがインターネットで行われているからである[18]．わが国においても，自宅で，1日に何度も株式を売買して，細かく利ザヤを稼ぐアメリカのデイトレーダー（day trader）のような株取引が浸透してきている．自宅のパソコンをネットで証券会社に接続すれば，会社から帰宅した後でも自室で手軽に株式の売買ができ，しかも証券会社のネット手数料は10分の1ほど安価に設定してあるので[19]，超短期の売買取引が行われ，株式市場における個人投資家のシェアを上げていく．

だが，こうした小口の個人投資家の多くは，株式投資のキャリアも浅く，2005年4月から5月にかけての調査では，1年未満の投資経験しか持たないものが29.4％とほぼ3割に達し，5年未満まで含めると，7割にもおよんでいる．

図 3-6　拡大するインターネット証券市場

インターネット証券の主な処分事例

証券会社名	システム障害の状況	処分内容
楽天	2008年11月に7時間受注停止．09年1月に5時間発注遅延	2009年4月から1カ月間の一部業務停止命令
マネックス	2008年4-10月に障害が9件発生	2009年4月から3カ月の一部業務停止命令
SBI	2008年4-09年8月に780件発生し，不適切処理	業務改善命令

ネット証券の口座数と株式売買代金の推移（兆円）

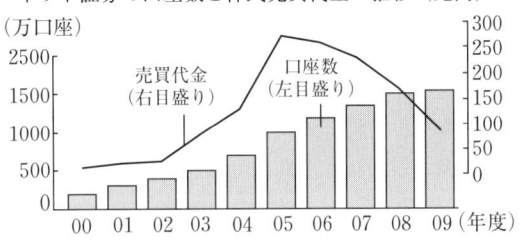

(注)　数字は年度末．09年度のみ9月末．日本証券業協会まとめ．
(出所)　『日本経済新聞』2009年5月18日

年齢層も，20歳代が2割，30歳代が4割と，若者が過半数以上を占めている[20]．そのため，投資の失敗例が後を絶たず，生活費も投資に振り向けるなど，未熟で，リスクの大きい株取引が行われている．

(3)　格差拡大するリスク社会

ロンドン・エコノミスト誌（The Economist Jun. 17-23 2006）は，アメリカ型資本主義経済と不平等の問題を特集し，併せてアメリカ型モデルを導入した結果，国内で不平等が拡大した国として日本を取り上げている[21]．

「日本の不平等　昇る太陽は，かなりの日本人を陰の中に置き去りにしてい

る」との見出しで,「ほとんど平等主義に近い国と説明されてきた国で，持つ者と持たざる者 (the haves and have-nots) との拡大する格差についての苦悩に満ちた論争が，今年，議会や新聞紙上，テレビ番組で，勢いを増している．主要な保守層や左翼が同様に非難しているのは，所得格差の原因が，未熟練労働者を脅かしてきたグローバリゼーションにあるだけでなく，首相の小泉純一郎と彼の自民党によって推進された構造改革と規制緩和である．数年来，評論家たちは，かつて保護してきた従業員を容易に解雇するか，安価な非正規雇用者に再任命している企業に，責任を課している．……貧しき者がますます貧しくなるにつれて，富む者は，一層富を集める．…….」[22]

そのように拡大する日本の不平等の象徴 (emblematic) として，同誌は，若くして巨万の富を手中にしたライブドアの堀江貴文と村上ファンドの村上世彰の事例を紹介しているが，この2人の人物に共通したのは，額に汗して働くのではなく，株価と証券ビジネス，高利回りと市場原理主義を最優先するアングロ‐アメリカン型のビジネススタイルであった．2人の会社の入居しているビル＝六本木ヒルズは一躍有名になったが，このビルの入居者は，最上階からしてアメリカ最大の投資銀行のゴールドマンサック社（2008年商業銀行へ転換），さらにライブドアに資金調達したリーマンブラザーズ社（2008年破綻）などであり，日本勢では楽天などが入居し，日本におけるアメリカの最先端の金融ビジネスの拠点・六本木ヒルズ資本主義ともいうべき様相を呈している．

ともあれ，日本の経済社会における格差の拡大は，近年，著しく進展している[23]．OECDの調査報告書でも，日本の相対的貧困率は，OECDの平均をはるかに上回り，トップのメキシコ，2位のアメリカにつぐ，3位となっている[24]．Gini係数も同様であり，OECDの平均を上回る[25]．2000年からの4年間，年間給与所得2,000万円超が1万8,000人増える一方で，300万円以下は，160万人も増えている．1年間の手取り収入からまったく貯蓄をしなかった家計は，1990年代後半から増加し，2002年には，約3割に達し，ストックベースで貯蓄のない家計も，約2割（単身世帯では約4割）の水準となっている．ち

なみに所得格差の激しいアメリカでも，まったく金融資産を持たない家計は，6.9％（2001年）とみなされている[26]．世界第2位（2010年から中国につぐ第3位）の経済大国日本において，その日暮らしの生計を強いられている家計が3割に達することは，きわめて深刻な事態といえる．

戦後最長の景気拡大期といわれた2002年2月から2007年10月にかけての「いざなみ景気」において，株主への配当金，大企業の内部留保などは，3倍化したが，従業員の給与はマイナスを記録し，所得格差は構造的に拡大してきた．戦後日本の所得の再分配構造は，前記のロンドン・エコノミスト誌（The Economist Jun. 17-23 2006）が指摘するように，「首相の小泉純一郎と彼の自民党によって推進された構造改革と規制緩和」によって，株主重視のアメリカ型モデルへ転換された結果である．

3．アメリカ・ドルへの従属と増大するリスク

(1) 為替相場に振り回される日本経済

金融グローバル化を主導する大国がアメリカであるために，ほかのどの国にも増して金融グローバル化の影響を深刻に受けるのは，日本である．というのも，戦後，日本は，国際関係から国内の政治・経済に至るまで，対米従属的な地位に置かれてきた国だからである．

たしかに，戦後，わが国は，対米輸出という外需依存によって，経済成長を続けてきた．だが，対米貿易黒字として積み上がった金額とほぼ同額のジャパンマネーを，対米融資や証券投資という形で，アメリカに環流させ，対米資本収支の赤字を記録してきた．わが国は，対米貿易で稼いだカネをアメリカに置いてきている，といってもいい．

この点について，アメリカの経済戦略研究所クライド・プレストウィッツ所長は，つぎのようにいう．すなわち，「レクサスはいいクルマだ．トヨタは米国人に売っていると思っているが，われわれは日本のクルマを日本人のカネで買っている．米国にとってこんなうれしいことはないが，こんなことがいつま

表 3-3 貿易取引通貨別比率（平成 23 年上半期）

日本からの輸出

（単位：％）

世界	通貨名	米ドル	円	ユーロ	オーストラリア・ドル	カナダ・ドル	その他
	比率	47.4	42.2	6.5	1.0	0.5	2.3
アメリカ合衆国	通貨名	米ドル	円	ユーロ	カナダ・ドル	英ポンド	その他
	比率	83.1	16.8	0.1	0.0	0.0	0.0
EU	通貨名	ユーロ	円	米ドル	英ポンド	スウェーデン・クローネ	その他
	比率	49.3	31.7	15.2	3.3	0.2	0.3
アジア	通貨名	円	米ドル	タイ・バーツ	韓国ウォン	ユーロ	その他
	比率	49.3	48.6	0.6	0.4	0.2	1.1

日本への輸入

（単位：％）

世界	通貨名	米ドル	円	ユーロ	スイス・フラン	英ポンド	その他
	比率	72.1	23.2	3.2	0.3	0.2	1.0
アメリカ合衆国	通貨名	米ドル	円	ユーロ	インド・ルピー	スイス・フラン	その他
	比率	77.5	21.9	0.4	0.1	0.1	0.0
EU	通貨名	円	ユーロ	米ドル	英ポンド	スイス・フラン	その他
	比率	57.8	28.5	10.6	1.9	0.5	0.7
アジア	通貨名	米ドル	円	タイ・バーツ	ユーロ	韓国ウォン	その他
	比率	71.6	26.8	0.5	0.3	0.2	0.6

（注）1. 比率は金額比率．
2. 貿易統計上データのうち、貿易取引通貨が判明するデータにより作成．
（出所）財務省．2011 年 7 月 21 日．報道発表

で可能なのか」[27]，と．この言葉は，戦後の日米関係を端的に表現している，といっていい．

たしかに，日米貿易関係は，日本の大幅黒字であり，その大半はふたたびアメリカに環流していっているが，対米貿易黒字で受け取ったマネーの多くはアメリカのドルである．というのも，日米貿易において使用される貿易通貨としての円の利用は著しく低水準であり，アメリカ・ドルの支配下にあるからである（表3-3）．対米輸出の円建て比率はわずかに16.8%にすぎず，アメリカに輸出しても，その受取代金の83.1%はアメリカ・ドルに他ならない．したがって，対米貿易黒字を積み増せば積み増すほどその受取代金としてアメリカ・ドルを受け取ることになるからである．

だが，ドルで受け取っても，ドルは日本国内で流通しないので，トヨタをはじめとした輸出業者は，外国為替市場で大量のドル売り・円買いを繰り返すことになるが，それがまた円高圧力となって日本経済に跳ね返ってくる．したがって，貿易黒字が増えれば増えるほど，円高圧力が高まり，その結果，円高不況を深刻化させ，産業・雇用の空洞化も進展する．

このような円・ドル相場の変動に振り回される日本経済の脆弱性は，アメリカとドルに従属した戦後のゆがんだ日米関係に起因する．

(2) ドル安で損失被る日本の対外資産

問題は，国内にとどまらない．というのも，対外資産大国日本の資産は，円建てではなく，ドル建てで保有されているので，円高＝ドル安になると，日本の対外資産も為替差損を抱えこむ運命にあるからである．

民間部門だけでなく，わが国の外貨準備高（図3-7）も，そのほとんどは，ドル建てで保有されている[28]．2011年10月末現在の外貨準備高は，1兆2,098億ドルに達するが，そのうちの92%にあたる1兆1,158億ドルは，証券，特にアメリカの財務省証券に運用されており，金準備額は，わずか4%の423億ドルにすぎない．

このように，日本の外貨準備高は，そのほとんどがドル建てとみなされるの

図3-7 わが国外貨準備の内訳
（単位：億ドル）

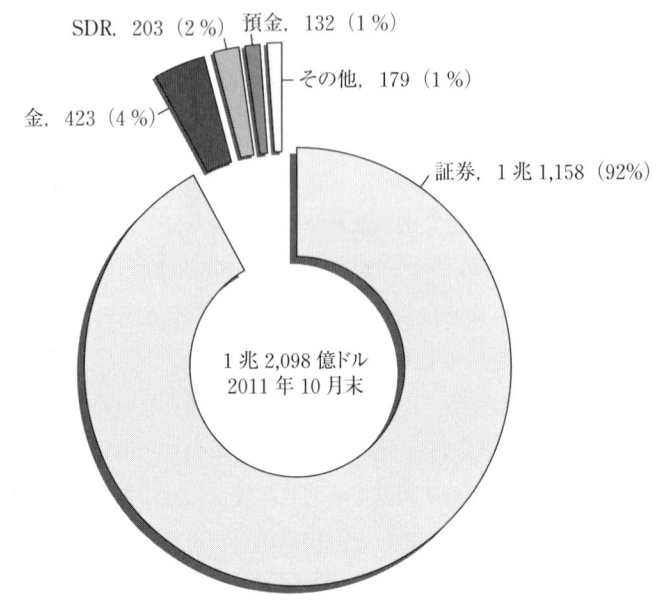

SDR, 203（2％）　預金, 132（1％）
その他, 179（1％）
金, 423（4％）
証券, 1兆1,158（92％）

1兆2,098億ドル
2011年10月末

（出所）財務省HPより作成

で，円・ドル相場が変動して，1円の円高＝ドル安になると，ほぼ1兆円の損失が発生し，10円の円高＝ドル安なら，ほぼ10兆円の損失に見舞われることになる．

多国籍企業の利益を擁護し，経済成長を最優先する政府・財務省は，円高とデフレ阻止目的で，日銀に大規模な為替介入を命じ，日銀は，2003-2004年にかけて，ほぼ35兆円の円売り・ドル買いの為替介入を繰り返し，膨大なドル資産を積み増しした．

この点について，元日銀総裁の速水優氏は，つぎのような警告を発している．

「政府が30兆円以上も昨年来使って，円安誘導をしている．つまり，ドルを買って円を売るというおろかなことが行われているのです．こういうこと

は本当に恥ずかしい．ほかの国もみんな，よく知っている人は，日本は何をやっているのだと言っています．……これだけ大きな赤字を持って，国債を発行していて，まだ政府短期証券の借り入れをやってはドルを買っている．そのドルが値下がりしたら，どうやってそれを埋めますか．だれが責任を持つのですか．埋めるのには血税しかないでしょう．そんなことがまかり通っているのです．」[29]

通貨当局者としての元日銀総裁の警告は，日本の対外資産の抱えたリスクを喝破している点で，正鵠を射るが，このような警告に沿った政策展開を在任中に実施して欲しかった，と考えるのは筆者だけではないであろう．

(3) ウォール街発の世界金融恐慌と日本の経済社会

以上検討してきたように，21世紀の初頭においていえることは，まず，現代の金融グローバル化は，国際金融・証券市場におけるアメリカの商業銀行や投資銀行の市場占拠率を高め，そのわずかトップ5ですら，国際証券市場において，4割近くのシェアを独占するまでになり，アメリカ主導で展開されてきたことである．

アメリカ型モデルは，株価と証券ビジネス，高利回りと市場原理主義を最優先するので，金融グローバル化を受け入れた国々では，外国為替相場，各種金利，証券価格の瞬時の変動にビジネスチャンスをみいだすハイリスク・ハイリターン型の取引が支配的な傾向になる．日本の金融・証券市場も，目前の利益を追求するマネーゲームが旺盛になり，市場規模が天文学的にまで拡大してきた．投資経験の未熟な若者がネットを利用したデイトレーダー（day trader）にはしり，株式の個人取引割合を引き上げる一方で，投資の破綻例も多発し，社会全体に経済格差が拡大してきている．

特に日本の場合，戦後，アメリカへの従属的な地位を維持し，アメリカとドルに従属した各種の経済運営の結果，現代日本の経済社会は，格差の拡大するリスク社会となり，円・ドル相場に振り回される脆弱な経済社会となっている．

2007年夏から2008年にかけ表面化した今回の世界大恐慌は，第2次世界大戦後のアメリカを頂点にした世界支配体制に大きな転換点が訪れたことを意味する．金融のグローバル化を主導してきたアメリカの巨大金融機関は，つぎつぎに破綻し，政府から公的な援助を受け，政府の管理下に置かれ，さらに，世界の金融・証券市場も歴史的な大暴落に直面し，世界経済も恐慌状態に落ち込んだからである．

こうした新しい時代の到来について特集を組んだイギリスの『フィナンシャル・タイムズ』紙は，「金融の未来」について，「新しい歴史がはじまり，アメリカの世界支配の日々は残り少なく，新興市場がいよいよ新しい秩序を決めていくだろう」[30]と予測をしている．

図3-8 塗り変わる世界の金融勢力図

順位	2006年 金融機関	国	時価総額(兆円)
1	シティグループ	米国	27.70
2	バンク・オブ・アメリカ	米国	24.97
3	HSBC	英国	22.45
4	三菱UFJフィナンシャル・グループ	日本	18.44
5	JPモルガン・チェース	米国	17.12
6	UBS	スイス	14.06
7	ウェルズ・ファーゴ	米国	12.62
8	中国建設銀行	中国	12.38
9	RBS	英国	12.26
10	みずほフィナンシャルグループ	日本	11.55
13	三井住友フィナンシャルグループ	日本	9.65
27	野村ホールディングス	日本	5.16
63	大和証券グループ本社	日本	2.10

順位	2009年 金融機関	国	時価総額(兆円)
1	中国工商銀行	中国	14.29
2	中国建設銀行	中国	12.59
3	JPモルガン・チェース	米国	9.86
4	HSBC	英国	9.62
5	中国銀行	中国	8.89
6	ウェルズ・ファーゴ	米国	5.96
7	バンコ・サンタンデール	スペイン	5.55
8	三菱UFJフィナンシャル・グループ	日本	5.54
9	ゴールドマン・サックス	米国	4.83
10	バンク・オブ・アメリカ	米国	4.31
22	三井住友フィナンシャルグループ	日本	2.69
37	みずほフィナンシャルグループ	日本	2.10
60	野村ホールディングス	日本	1.31
106	大和証券グループ本社	日本	0.60

（出所）『週刊ダイヤモンド』2009年7月4日，37ページ

実際，世界最大の金融機関は，これまでのアメリカの投資銀行や商業銀行に変わって，トップには中国商工銀行・中国建設銀行など中国の銀行が台頭してきた（図3-8）．これは，世界経済地図が世紀単位で変わりつつあることの兆候を示している．事実，中国経済は，いまや，「世界の工場」でもあり，また「世界の市場」でもあり，世界経済のあり方に大きな影響を与えている．今後，21世紀の中長期的な傾向は，中国，インドなどが世界を代表する経済大国に成長することを示している．それは，アメリカを頂点にした経済体制の終わりでもある．アジア経済圏に所属する日本は，21世紀の新しい将来展望を描く時代がやってきた，といえよう．

おわりに

日本の政府と経済界は，1980年代以降，アメリカの「金融開国」要求を受け入れ，金融の自由化・国際化に踏みだし，1990年代になると，金融経済システムの大改革（いわゆる「金融ビッグバン」）を実施した．日本の経済社会にとって，金融グローバル化とは，株価と証券ビジネス，高利回りと市場原理主義を最優先するアメリカ型モデルの導入を意味する．

その結果，まず，金融業においては，伝統的な銀行業よりも，外国為替相場，証券価格，各種金利など，相場の変動にビジネスチャンスを見いだす金融取引，すなわちハイリスク・ハイリターン型のビジネスが支配的なビジネスとなった．金融機関だけでなく，事業法人や各種団体においても，こうした傾向が強くなり，デリバティブ取引などの失敗による巨額損失と破綻例が繰り返されている．また，賃金よりも株主への配当金が優先し，企業間の競争を促進することで，企業間格差を拡大し，終身雇用や年功序列といった日本的な雇用慣行が廃止され，雇用不安が増幅された．

目前の利益を追求するマネーゲームが旺盛になり，その主要な舞台になった国債売買市場は1京円の天文学的規模にまで拡大してきた．投資経験の未熟な若者がネットを利用したデイトレーダーに走る例も多発している．

特に日本の場合，アメリカ主導の金融グローバル化の影響は深刻であり，アメリカとドルに従属した各種の経済運営が浸透し，現代日本の経済社会は，不安定化し，格差の拡大するリスク社会となり，円・ドル相場に振り回される脆弱な経済社会となっている．

1) Friederke Tiesenhausen Cave, "IMF warns of risk to global financial stability", *Financial Times*, Apr. 6 2005.
2) Organisation for Economic Co-operation and Development, "*G10 Report on Consolidation in the financial sector, January 2001*", p. 57, 2008 年のデータは，『エコノミスト』2009 年 6 月 23 日，28 ページ．
3) *Financial Times*, Dec. 31 1998.
4) 現下の世界金融・経済恐慌については内外で多くの研究がなされているが，さしあたって，ここでは，髙田太久吉『金融恐慌を読み解く―過剰な貨幣資本はどこから生まれるのか』（新日本出版社，2009 年 10 月），相沢幸悦『恐慌論入門―金融崩壊の真相を読みとく』（NHK ブックス，2009 年 3 月），広瀬隆『資本主義崩壊の首謀者たち』（集英社新書，2009 年 5 月）を挙げておく．
5) 公正取引委員会によると，取引先の金融機関からリスクの高い投資信託などの金融商品を購入するよう要請された企業も多く，いずれの企業も断れないでその要請に応じており，その後，三井住友銀行に排除勧告が出されるなど，独占禁止法上の問題が発生している（『日本経済新聞』，2006 年 6 月 22 日）．
6) 元アメリカ証券取引委員会（SEC）委員長のハーベイ・ピット（Harvey L. Pitt）は，「独立した証券監督機関に規制を制定する権限と，裏付けとなる予算を与えることは，日本における企業会計と情報公開の水準を高め，日本企業の生産性を引き揚げ，投資家を保護することにつながる．」（『日本経済新聞』，2006 年 2 月 22 日）と指摘する．
7) 『日本経済新聞』，2006 年 1 月 15 日．
8) 対日進出した外資系企業で働く従業員数は，1990 年から 2004 年にかけて 3 倍になり，104 万 7,000 人に達するが，日本法人の完全子会社化もすすみ，経営の主導権が本社に移行するにつれて，労使紛争が多発してきた（『朝日新聞』，2005 年 12 月 26 日）．
9) 相田洋・藤波重成『マネー革命　第 3 巻　リスクが地球を駆けめぐる』，日本放送出版協会，1999 年，13 ページ．
10) 相田洋・藤波重成，同上書，331-332 ページ．
11) Rudolf Hilferding, *Das Finanzkapital*, Wiener Volksbuchhandlung, 1927, s. 155, ヒ

ルファデング『金融資本論（上）』，大月書店，国民文庫，1964年，263ページ，「銀行は信用の授与または拒絶により投機の大きさにつよい影響をあたえることができる」（同上書，s. 174, 288ページ）だけでなく，為替や国債などの証券を自己売買し，自ら巨額の投機を展開して相場を動かす存在となる．
12) 三菱UFJ・FGは，純利益で国内最高の1兆264億円（2005年4-12月期）を達成するなど，6大銀行グループは，好業績を記録しているが，それは，金利収入の低下をリスク商品の投資信託の販売などによる手数料収入の増加に支えられていた（『日本経済新聞』，2006年2月16日）．
13) 国債発行高は，2003年現在，世界シェアの40％（アメリカ37％，EU15カ国19％），発行残高でも37％（アメリカ22％，EU15カ国35％）を占める — Ministry of Finance of Japan "Japanese Government Bonds-RECENT DEBT MANAGEMENT POLICY INITIATIVES-", *JGB US Tour 2006*, June 2006, p. 9, pp. 22-23.
14) 日本銀行金融市場局「デリバティブ取引に関する定例市場報告」の調査結果，2009年8月28日，日本銀行ホームページ．
15) Lina Saigol, James Politi, "M&A activity surging to record" *Financial Times*, Jun. 30 2006.
16) 国内企業による海外企業へのM&Aは，4兆4,500億円（全体の56％）となり，またTOB方式のM&Aも拡大し，約3兆円に達した（『日本経済新聞』，2006年8月10日）．
17) 監査法人トーマツコンサルティングによるアンケート調査（『日本経済新聞』，2006年2月8日）．
18) David Turner, "Small traders stand behind Tokyo market" *Financial Times*, Jan. 31 2006.
19) 約定代金100万円の場合の手数料は，イー・トレード証券が840円に対して，野村證券は9,660円である（『日本経済新聞』，2006年1月13日）．
20) 熊野英生「ネットトレーダーの実態 短期売買のテクに溺れる危うさ」，『エコノミスト』，2006年1月10日号，30-31ページ．
21) "Inequality and the American Dream" *The Economist* Jun. 17-23 2006, p. 11.
22) "The rising sun leaves some Japanese in the shade", Ibid., p. 31.
23) より詳しくは，湯浅誠『反貧困』，岩波新書，2008年4月，および拙稿「「貧困・格差大国」日本の現状と課題」，『税経新報』，No. 576，2010年4月，13-20ページなどを参照されたい．
24) OECD, *OECD Economic Surveys Japan*, July 2006, p. 27. ここでの相対的貧困率とは，可処分所得が中央値の半分に満たない人の割合を示す．
25) Förster, M. and M. Mira d'Ercole, "Income Distribution and Poverty in OECD Countries in the Second Half of the 1990s", *OECD Social Employment and Migration*

Working Papers, No. 22, Mar. 10 2005, p. 10.
26) 白石小百合「豊かさの中の分裂？：家計の資産格差が急拡大」『JCER 研究員リポート』No. 38，日本経済研究センター，2004 年 4 月，1-2 ページ．
27) 『朝日新聞』，2006 年 1 月 28 日．
28) 外貨準備の通貨別比率は，各国とも明らかにしていないが，日本の財務省は，わが国の外貨準備の運用先は，引き続き米国債を中心にする，と明言している（『朝日新聞』，2005 年 4 月 5 日）．
29) 速水優・眞野輝彦「グローバリゼーションと国際金融問題」，『聖学院大学総合研究所紀要』，No. 30，2004 年，40-41 ページ．

　Friederke Tiesenhausen Cave, "IMF warns of risk to global financial stability", *Financial Times*, Apr. 6 2005.
30) Martin Wolf, "The Future of Finance Part four: the global economy New dynamics", *Financial Times*, Nov. 9 2009.

第4章　岐路に立つ対中進出と産業集積
──広東省の場合──

はじめに──チャイナ・リスクと産業集積

　2008年「世界同時不況」の到来以前に，中国は海外からの企業進出先としては，すでに「転換点」に立つといわれて久しい．いわゆる「チャイナ・リスク」であるが，それは，総じて進出または事業継続・拡大を検討している外資系企業にとっての「投資環境」変化，ことにこれまで有利とされた中国の産業集積が抱えた問題，にみることができる．すなわち，進出先＝中国で形成された産業集積が，それほど投資誘因としては大きくなく，むしろその持続可能性＝サステナビリティについて，懸念されていることである[1]．前提となる「初発条件」を毀損していること，具体的にはインフラストラクチャや労働力供給の限界ないし変容という問題である．そして他方で，ますます市場の制度的整備を要請するに至っていることも，周知の事実である[2]．しかし現地の産業集積の態様，ことにその全体を俯瞰した研究は，意外に少ない．筆者はこれまで，中国のなかでも外資受け入れによって産業集積の形成著しい広東省を取り上げてきたが[3]，進出外資ことに中小企業をふくむ集積，ましてや現地に存在するその他各種の産業集積について，その実態を十分検討していない．本章が，そうした研究の空隙を埋める作業の，第一歩となることを期している．

　投資環境としての産業集積の意義は，かつて先進国の再開発地域において，外資の「根付き embedded」のための要件として，具体的には，産業リンケージやサポーティング・インダストリー──広く産業集積に包含される──が議論された[4]．しかし，現在のポーター「ダイヤモンド」モデルないし「クラス

ター」論では，大学や研究機関と結びついたイノベーション創出のいわばハイテク型に偏り，集積の様々なタイプを扱いにくくなっている[5]．また途上国の産業集積については，Schmitz (2004) のように地場資本による開発＝経済自立の立場から，すなわち進出外資によって形成ないし促進された集積とは区別された形で，その役割を論じる傾向が強い．外資受け入れによって急速に工業化し，今や「世界の工場」となった中国についても，上田 (2003) など少数の例をのぞいて，温州を代表とする地場企業の「自生的」な集積や，郷鎮企業や民営企業の独自な——主として内需に向かう——発展に焦点が当たってきたのである．

たしかに中国全体の経済発展も，従来の輸出主導から内需拡大つまり「世界の市場」の様相を強めてきているが，そうした構造転換は後述する受け入れ国政府による政策的「ビッグ・プッシュ」を得て，非常にドラスティックな様相を示している．それにともなって，これまでの外資を中心とした産業集積が，その他の産業集積もふくめて，現在どのような影響を受けているか問題となろう．本章では，これら進出先の様々な産業集積の現状と関わらせて，外資とくに日系中小企業が直面する課題を探るべく，今回も華南・広東省を取り上げるものである．外資による輸出主導の経済開発が進み，内需拡大に限らずつぎの発展段階に移る現代中国の構造転換を，地域経済において最も先鋭かつ深刻な形で示しているからである．構成は以下の通り．

1．産業集積「遷移」の課題
2．珠江デルタにおける産業集積
3．広東省の産業構造「高度化」政策
4．専業鎮と産業転移
5．自動車工業集積と日系・中小企業

1. 産業集積「遷移」の課題

(1) 産業集積のライフサイクル

　投資の決定・継続に関わる条件は，主体である進出企業と客体である進出先の投資環境から構成され，両方あいまって初めて実施される．産業集積は，個別企業ではないが主体であると同時に，近接立地する企業集団として外的環境でもある，という二重性格を持つ．したがって，特定地点に最初の「偶然集積」が形成されれば，以後「社会的集積」（ウェーバー）によって自己強化的に密集・拡大する．経済学者マーシャルはそれを「外部経済」によって説明したが，経済地理学の泰斗ウェーバーは，輸送費——今日では広義の「取引費用」に含められる——と「接触の利益」を重視した．いずれも特定の，つまり同一・関連産業の集積から出発し，「特化の経済」と呼ばれる．しかしその後，都市学者ジェイコブズを代表として，複数・異業種による「都市集積」に，同等の関心を向けるようになった．この点は後で再考するが，問題は集積自体が衰退・消滅する可能性である．たしかに，集積限界についてはウェーバーによって言及されたし，人口や社会・経済機能の都市集中の規模について都市経済学が扱っていたが，集積のライフサイクルことに衰退局面について，注目されることは少なかった[6]．

　日本において産業集積の衰退に関説されたのは，いずれも地域特化型の旧「産地」あるいは産業構造変化による衰退産業・地域の，「産業調整」問題である．しかし明確に産業集積が意識されたのは，グローバル化の進展による「産業空洞化」が，日本の基盤技術を支える都市型中小企業集積を襲った，1990年代である．より一般的に，衰退地域の再生に既存集積を活性化・活用する，というアプローチはそれ以降であって，どうしてもそれを維持すべきだとの含意は，「基盤技術」を担う分野に限られていた．そうした分野を除けば，マクロ経済的に合理的な新たな地域産業構造を担うそれに移行すること，つまり「遷移」が課題なのである．産業集積のサステナビリティは，直接にはライフサイクルの長さなり強靭性を指すが，この遷移の可能性にも関わるであろう．

その場合，マクロ経済的に「合理的」な産業構造とは何か，またそうであっても，当該地域経済にとって望ましい転換なりそのコストを担う仕組みは何か，これは産業政策そして——途上国の場合はようやく本格化し始めた——地域政策の課題である．そこでの既存集積そして所属企業の役割は何か，など主体に直接関わる課題もある．後者についてあらかじめ述べておくと，当該地域の新たな産業構造に適応すべく，自らの業態を変更するか他の適応地域に移転するかのいずれかである，と即断してしまいがちだが，地域に存在する集積は単一つまり特化型だけではないことに注意しなくてはならない[7]．ともあれ産業集積の遷移について，政策と企業の双方からアプローチしなければならないが，ここでは政策の影響力に焦点を当てたい．

　中国のような途上国でしかも「移行経済」にあっては，政府の主導的役割が依然強力で，進出外資の投資環境として非常に大きな要素である．途上国における産業集積にかんする従来の研究が，当然そうした政策要因にも配慮してきたことは容易に想像できるが，産業構造の転換とそれによる産業集積「遷移」の問題は，少なくとも中国の場合，21世紀に入って急速にクローズアップされてきた．なかでも，これまで改革開放の最前線にあった，広東省を中心とした華南が，2008年来——最悪のタイミングで！——こうした試練を迎え，その渦中に，日系・中小企業をふくむ進出外資が巻き込まれようとしているのである．

(2) 従来の分析枠組み

　中国の産業集積に関する研究は多いが，産業集積のライフサイクルを意識したものはそれほど多くない．ここでは理論的枠組みを明示した例として，丸川（2001）と加藤（2003）を挙げておこう．

　丸川（2001）はマーシャル「外部経済」論を援用して，①技術・需要情報の伝播，②多様な生産機能の組み合わせによる需要対応，③中間財生産の規模の経済，④専門的人材の確保，⑤取引費用の削減を，産業集積の存続に関わる要因とした．当該産業集積のライフサイクルは，これら5要因の盛衰によっ

て，発生・発展・再編・衰退の4段階を辿っていく．特に衰退に関しては，「外部経済が働かなくなったためか，あるいは外部経済が他の経済性（例えば規模の経済性）に及ばなくなったためだと考えられる」（31ページ）と述べている．他に「新興国の安い要素価格」を挙げているが，「規模の経済性」は大企業による内部化，そして立地分散の可能性が高まったことを指す．したがって，産業集積は典型的には中小企業による特化型であって，経済地理学を中心とする従来からのアプローチと共通である．しかし，ケース・スタディに取り上げられた紹興と温州は，この時期「再編」段階にあったとはいえ，「衰退」までに至ってはいない．

加藤（2003）は，産業集積を含みつつより広く地域発展に影響する4要因，すなわち (a) 初期条件, (b) 集中・集積メカニズム, (c) 地域政策そして (d) グローバル化を挙げている. (a)(b) が内在的な発展要因だとすれば, (c)(d) は外部から加速あるいは制約する要因である．しかし (a) については地理的位置のみが取り上げられ，自然条件を含むインフラストラクチャが，集積の進展によって機能限界に達する点は看過されている．また (c) に関して,「現代版『ビッグ・プッシュ』は，政府介入が産業集積の形成に一定の影響を及ぼす可能性を強く示唆している」（11ページ）と認めつつ，間接的な効果に留めている. (d) では国際的な産業集積の再編を，中国国内でのそれに適応可能であることを示唆しているが，具体的に扱っているのは，複数コアの形成が確認された1990年代の現実である．

(b) が産業集積に関係するが，他方における「分散力」の存在も認めてその相互作用から，地域発展のメカニズムを考察している（7-13ページ）．しかし産業集積そのものに関して，大塚・園部（2001）の内生的発展段階論に依拠するとき（127-128ページ），そこでは産業集積の衰退に視野は及ばない．なぜなら，それは農村工業化および産業集積の形成・発展が焦点にあって，「始発期」「数量的拡大期」「質的向上期」のみをモデル化しているからである．

(3) 都市化の与える影響

以上から，20世紀末の中国に関しては，自生的な産業集積の形成・発展に注目が集まり，あっても再編の段階にあるケースを取り上げていたことがわかる．しかし21世紀に入って，後でみる産業構造の再編が非常にドラスティックで，既存集積の「衰退」をともなう可能性を持つに至る．したがって「再編」を考える場合でも，現段階ではそれを主導する政策的なダイナミクスが，はなはだ大きいことを考慮しなければならない．さらに，如上の議論に欠けているのは，すでに述べた外資系集積を考察対象から除いた他に，都市化がより一層進み，珠江デルタのように大都市圏ないし都市システムを形成した場合の影響である．

この点では先進国が主たる対象であっても，都市経済学の研究成果から学ぶ必要がある．例えば亀山 (2006) のサーベイによれば，集積の経済には「地域特化の経済」と「都市化の経済」があって，冒頭で述べたように，前者が同一産業のマーシャル型，そして後者が異種産業のジェイコブズ型である．どちらの集積効果が顕著であったか，これまで実証研究が行われてきたが，むしろここでの問題は逆に負の側面，産業集積のいわゆる「ロックイン効果」によって，産業構造の転換を妨げる傾向である．その点では，後者が初期の軽工業集積の形成に限らず，地域経済の発展と相応するその多様性によって，前者よりも適応性の高いことが示唆されているように思われる[8]．都市化が持つ再編能力について，産業集積「遷移」の手がかりにできないか，というのが筆者のもう1つの問題提起である．

2．珠江デルタにおける産業集積

(1) 中小企業による複合型集積

それでは広東省の産業集積，ことに外資型集積は現在どのようになっているのか？　ここでは，その中心をなす珠江デルタ地域の産業集積を概観するが，「世界同時不況」以前の2006年あるいは2007年の経済統計から数値をとり，

「原型」を示すこととする．

広東省への外資系企業の進出は，2006年直接投資実績145億1,100万ドルのうち130億8,600万ドル，すなわち大半（90.2%）が以下で検討する珠江デルタ地域に集中し，この地域で代表させることができる．ここで「珠江デルタ」とは，広州・仏山を代表とする「中部」と，深圳・東莞・恵州（および肇慶[9]）の「東部」，そして珠海・中山・江門の「西部」からなる（図4-1）．面積では，省全体の23.2%を占めるにすぎない上記9市が，「常住人口」の49.8%と約半数，地区総生産では82.5%を占めているのである（『広東統計年鑑2007』，p.556）．

図4-1　広東省と珠江デルタ

その基本性格は外資依存の輸出基地である．同様に広東省全体について算出すると，2006年の輸出依存度は輸出が総生産に占める比率で91.9%，外資依存度は固定資産投資比で23.7%，「規模以上企業」（後述）の工業総生産比59.0%，輸出比64.2%，また雇用比では16.8%（うち非中華系「外商投資単位」が4.8%，中華系「港澳台投資単位」が12.0%）である．1995年の輸出依存度が79.7%，外資依存度が投資比19.5%，工業総生産比50.9%だった（同上2005年版から算出）のに比べると，いずれもその性格を強めていることがわかる．

もともと珠江デルタの急速な工業化は，香港との結び付きによる委託加工＝香港工業の「移転」から始まる[10]．それは1970年代後半からの中国の改革・開放に呼応して，国際競争力を失った香港の労働集約企業が「後背地」たる広東省に工場移転を進め，1985年のドル下落によって輸出需要が急増し，生産を拡大したことが出発点である（丸屋2000，137ページ）．ついで1990年代日本・台湾系の輸出向けOA・PC機器関連の企業進出があって，特に東莞における台湾企業の集積は著しい．その結果，進出外資のうち香港・台湾系企業が高い比重を占め，上海を中心とする長江デルタにおける，欧米日の大型外資を中心とし，また国内市場もにらんだ進出とは，対照的である．こうした中華系を中心とする中小規模外資の比重の高さから，それらが形成する産業集積は「外資型」であっても，「企業城下町」を形成する大企業型ではなく，「国際下請」基地として労働集約的で中小企業が多く存在する，といった特徴を持っている．もちろん台湾企業の大規模EMS（電子製造業受託）――例えば広東省第2の大企業である鴻富錦精密工業――も存在するが，特定の大企業を中心にしたケースは少なく，むしろ中小企業中心の産業集積に隣接する形で，後から工業園区などに大企業が進出してきた[11]，という方が正しい．

　逆に地場中小企業にかんして，公有企業や郷鎮企業など出自は異なるが，今日，大企業となった例も知られている．特に有名なのは，恵州のTCLを筆頭に，順徳（仏山）の科龍，美的，そして格蘭仕など家電メーカーである．これらは，自らの「企業城下町」集積を形成したというより，中小規模企業の集積の中から成長してきたのである．その結果，注目すべきはこの間，当初高かった委託加工の比重が，外資の現地生産そして地場企業の成長によって，低下しつつあることである．すでに1993年以来，委託加工による「来料加工」輸出を，外資自らが貿易主体となる（＝直接投資とくに独資による）「進料加工」が上回るようになった．また，その多くが地場の私営企業による「一般貿易」も，2005年ついに「来料加工」を上回った（『東方日報』2007年2月7日）．地場企業の中から独立した貿易主体に成長するものが登場したのである．

　したがって珠江デルタの産業集積を，経済特区など外資系企業を中心とした

「輸出加工区EPZ」ないしその拡張版[12]，とみるのは明らかに間違いである．しかし逆に，上述のような有力地場企業を中心とする集積と理解するのも，一面的であろう．さらに後でみるように，デルタ西部を典型として伝統産業（仏山の窯業など）の集積もあれば，広州を中心とする都市集積は製造業以外にも大きな集積をもたらしている．そうした複合性を持つに至ったのが今日の姿である．この点はつぎにみる外資系に限った産業集積でも同様である．

(2) 外資集積の「三層」モデル

珠江デルタの外資型集積が地域経済発展に及ぼしてきた影響について統計分析を行い，1990年代央から *Journal of Asian Economics* を中心に成果を発表してきた学者に，香港中文大学のTuanとNgがいる．ここではTuan & Ng (2004) によって，外資型集積の概念的枠組みを確認してみよう．

彼らは中国における外国からの直接投資（FDI）を3つの層に分けて考察する（図4-2）．1つは中心—周辺システム（CPS）である．「十分に多様化し広範囲にわたり相互関連した諸産業が発展し，生産および消費の外部性を創出しているような経済地域」(p. 681) のことで，ここでは香港と珠江デルタ諸都市が一体となった地域を指す．香港の労働集約工業が，「後背地」たる広東省南部とくに珠江デルタ東岸，深圳そして東莞に進出した，最初の集積形成の動因を示している．経過は異なるが同様な構造は，上海を中心とし江蘇・浙江の14都市を包括する，長江デルタにもみられる．2つ目は集積都市．これは「1つの都市内部で，製造部門とサービス部門で生じるシナジー効果による，産業間集積」(p. 682) のことで，CPS内の諸都市が都市経済化することによって，相互依存した製造・サービス部門が，外国からの投資に便宜を与えるとする．ただし具体的な例示はされていない．最後に産業内集積がある．「同一産業にある企業グループのなか，あるいは同じサプライチェーンにある産業グループの間で生じる集積の経済」(*ibid.*) に関係し，彼らは中小企業のネットワークを想定している．しかし，上記2つの集積と違ってミクロ・レベルの集積効果であって，後述する大企業による「城下町」型を排除するものではあるまい．

図 4-2 対中外国投資 (FDI) の進化

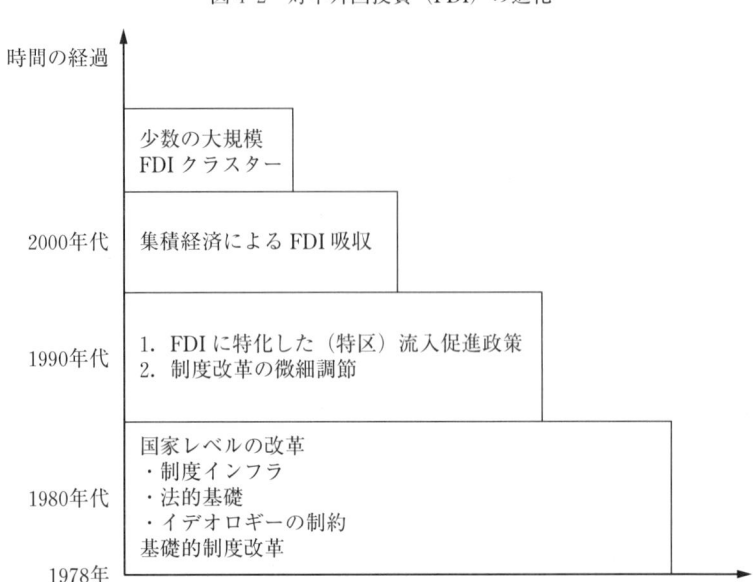

```
時間の経過
  ↑
  │        ┌──────────────┐
  │        │ 少数の大規模  │
  │        │ FDI クラスター│
  │        ├──────────────┴──┐
2000年代   │ 集積経済による FDI 吸収 │
  │        ├──────────────────┴──────┐
1990年代   │ 1. FDI に特化した (特区) 流入促進政策 │
  │        │ 2. 制度改革の微細調節              │
  │        ├────────────────────────────┴──┐
  │        │ 国家レベルの改革                │
  │        │ ・制度インフラ                  │
1980年代   │ ・法的基礎                      │
  │        │ ・イデオロギーの制約            │
  │        │ 基礎的制度改革                  │
1978年    └────────────────────────────────┘
                                          空間的広がり →
```

(出所) Tuan & Ng (2004), p. 675, Fig. 1

　興味深いのは上図のように，中国の改革・開放以来の FDI 受け入れが政策的に発展し，第 3 段階 (1992-2001 年) でやっと集積効果が現れ，21 世紀に入って大規模クラスターが形成され始めた，ということである．したがって外資集積の「三層」のうち，第 3 の同一産業に属する，つまり「特化の経済」はこれから本格的に形成されるという認識である．たしかに産業発展の初期には，雑多な中小企業が都市の発達とともに叢生し，上記の「産業間集積」を形成するが，その後，特定産業に属する大企業＝大規模生産の「産業内集積」，つまり都市から離れ「クラスター型」展開が可能となる，というプロセスを想起させる[13]．しかし「第 2 層」に関して，はたして中国少なくともこの華南・広東省において，都市化が外資を呼び寄せたのだろうか？

　もう 1 つ注意しなくてはならないのが，同じ外資でも「欧米系」と香港・台

湾など「中華系」との違いである．de Beule et al. (2005) によれば，分析対象の 1990 年代末，欧米系は代表的な集積型産業である服装産業など軽工業ではなく，化成品や電子完製品のような非集積型産業に多く属している．しかし多数派の中華系外資がそれら軽工業中心で，広東省全体では「集積」（本文ではクラスター）の様相を呈している．日系は両タイプの中間である．ところが中華系もソーシング，つまりサプライチェーンによる垂直リンケージという点では，集積なりクラスターの内実をともなっていないという (pp. 118-120)．Tuan と Fung-Yee Ng の段階認識と同じであるが，それはこうした外資企業の出自にもよるのであろう．

　外資ではなく内資，つまり「地場」中国企業を中心とする産業集積についても，簡単に概観しておく．一般には，現在検討している「珠江モデル」は外資中心の輸出型とされているが，中国全体では地場企業による内需型の集積が有名である[14]．農村（中小企業）工業化モデルとして，「蘇南モデル」に代表される都市化の影響を受けた郷鎮企業によるもの，そして「温州モデル」として知られる純粋（？）タイプがある．しかし後でみるように，広東省にも「蘇南モデル」に次ぐ地場集積が存在する．他方で大型国営企業ないしその後継企業による重化学工業展開と，新型集積の代表としてハイテク・スピンアウト（北京・中関村が典型）があることも忘れてはならない．日本の中国・産業集積研究が，農村工業化モデルに偏っていることはすでに指摘したところだが，ハイテク分野ではいわゆる「中関村モデル」に集中し，国営系の大規模プロジェクトについて十分検討されていないのが現状である．

(3) マークセンの「産業地区」モデル

　実際，珠江デルタには様々な類型の産業集積が存在し，地域全体として香港を中心とする CPS に包摂されると同時に，伝統的な集積が残り都市型集積の形成もみられるなど，複合的な都市圏のそれである．しかし，「複合型」それ自体を扱う以前に，それを構成する個々の産業集積について検討することが必要である．そのために，主導する大企業あるいは中小企業の関係と空間配置を

整理した，アン・マークセンの類別モデルを取り上げよう．中小企業が主体の産業集積について，マーシャル型の地域ネットワークを重視したやり方だけでは，これまでの産業集積タイプの多くが抜け落ちてしまうからである．より包括的なマークセン・モデルを用いることによって，珠江デルタ産業集積の全体像に迫ってみたい．

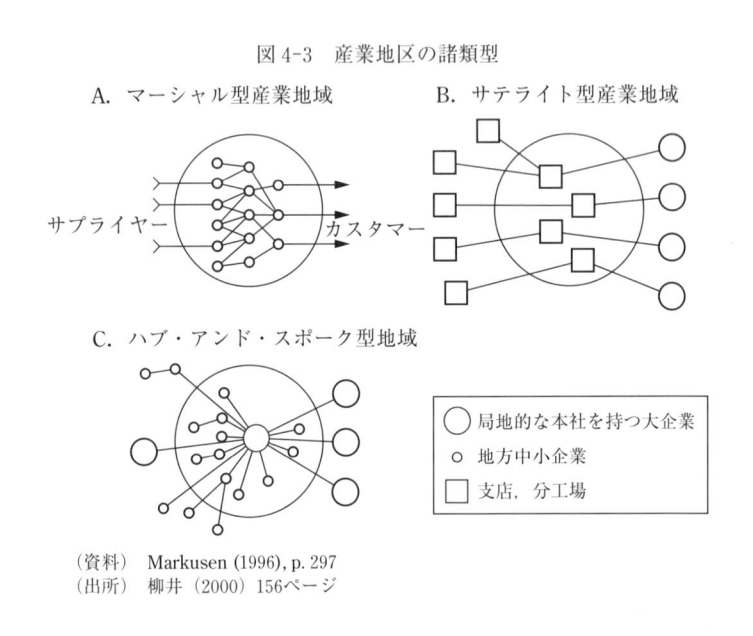

図 4-3　産業地区の諸類型

A. マーシャル型産業地域　　　B. サテライト型産業地域

C. ハブ・アンド・スポーク型地域

○ 局地的な本社を持つ大企業
・ 地方中小企業
□ 支店，分工場

（資料）　Markusen (1996), p. 297
（出所）　柳井（2000）156ページ

彼女は産業集積の空間モデルを構築するにあたって，マーシャルにならって「産業地区 industrial district」と呼ぶ，以下の諸要因に基づく様々なタイプを提示している．すなわち，① 政府，② 大企業，③ 非局地的なネットワークの埋め込み，④ 主要産業・関連産業の発展傾向，⑤ 他地域の長期・動態的な潜在力，⑥ 地域構造とその中での相互作用，である（柳井 2000, 156 ページ）．ここでは「国家支援型」が空間モデルとしては「ハブ・アンド・スポーク型」に含まれることに注意しておこう．

あらかじめ断っておくと，このモデルから逆にこれら諸要因の特徴が十分読

み取れるか，というと疑問である．また，それぞれのタイプが単独で存在する場合もあるが，他のタイプと近接して存在する場合，それらから切り離して考えることはできないだろう．ここで取り上げた珠江デルタ集積においても，1つ1つの産業集積が，CPSの中心である香港との結びつきだけでなく，CPSを構成する多数の都市および集積と関連しあいながら，成長してきたことが予想される．以上を念頭に，それぞれの類型を説明しよう．

　マーシャル型は「サード・イタリー」に典型的に現れる，中小企業の地域内部でのネットワーク集積であって，珠江デルタでは各都市に雑多な軽工業品を中心とする集積——特化型の場合「専業鎮」と呼ばれる（後述）——がみられるが，どの程度のネットワークを形成しているか不明である．

　ハブ・アンド・スポーク型は，日本では「企業城下町」を典型とし，当該地域にある特定大企業の垂直的な生産統合に，多くの中小部材供給企業＝サプライヤーが近接立地し包摂される．特化型そして大規模生産による地域需要を越えた全国・国際供給基地であって，広東省では重化学工業化をめざす大型プロジェクトによって導入された，非中華系の外資系のみならず国営企業が主体の産業集積である．

　最後にサテライト型は，地域外にある本社や同一グループ他工場とのつながりが強く，逆に地域内リンケージしたがって「根付き」の弱い，「分工場型」とも呼ばれる産業集積タイプである．かつて，多国籍企業が辺境・低開発地域に進出した場合こうしたタイプが多く，現地の操業環境が不利になれば容易に移転し（footloose），地域経済に大きな損害を与えた不安定な産業集積である．珠江デルタの場合，輸出加工基地という基本性格からこのサテライト型が多く，外資系のなかでも中華系の中小企業のほとんどは，こうしたタイプであろう．「珠江モデル」に対する批判は，もっぱらこの最後の部分に対してである[15]．

　筆者もこれを「分工場シンドローム」として，問題ないし限界があることを否定しないが[16]，先に示した「都市化の経済」が持つ可能性について，より慎重な扱いが必要であると思う．他方で，自動車工業などに典型的な「大企業城

下町」の登場は，外資系中小企業にとって重要な影響を持つ．今日では，つぎに述べる産業構造の変化を前提に，こうした当該地域における産業集積の全体を——相互関連の有無をふくめ——捉えるべきであろう．

3．広東省の産業構造「高度化」政策

　中国全体の産業政策とくに産業構造政策について，ここで詳細に論じる余裕はない．しかし，70年代末の改革・開放までは中央政府の強力な計画・統制によって遂行され，産業政策が本来持っている市場経済との緊張関係は存在しなかったが，80年代以降は市場化・外資導入を推進するなかで，「移行経済」特有の政策的な混乱や大きな揺れを経験してきた，と概括できる．現段階の特徴は，政策当局が現実の経済問題に迫られて，産業構造「高度化」を課題とせざるをえなくなったこと，ことに広東省において先鋭化した経過を辿ったことである．その際，当地の産業政策が地域＝空間政策と密接不可分な形で展開され始めた点にも注目したい．

(1)　「国際下請」からの脱却

　すでにみたように，典型的な委託加工である「来料加工」が貿易に占める比重は低下しつつあるが，同じく輸出向けの「進料加工」を合わせた加工貿易(2,083.84億ドル)の比重は依然高く，広東省では2006年輸出(3,019.48億ドル)の2/3を越えている(『広東統計年鑑2007』p. 449)．これは外資系企業による，主として先進国市場向け輸出を目的とした，いわゆる「国際下請」である．典型的には「経済特区」など様々な開発区での，進出外資・子会社による輸出加工を指すが，現地子会社ではなく地場を含む別企業に生産委託する場合があり[17]，特区外での「来料加工」を周辺に展開させている広東省の場合，その拡張版とみなしうる．また欧米系を中心に，多国籍企業自らは開発・マーケティングに専念し，製造を丸ごと他の外資に委託するケースも多く，その受け皿としては，先に示した台湾系EMS企業が好例である．最近では，シノトロニク

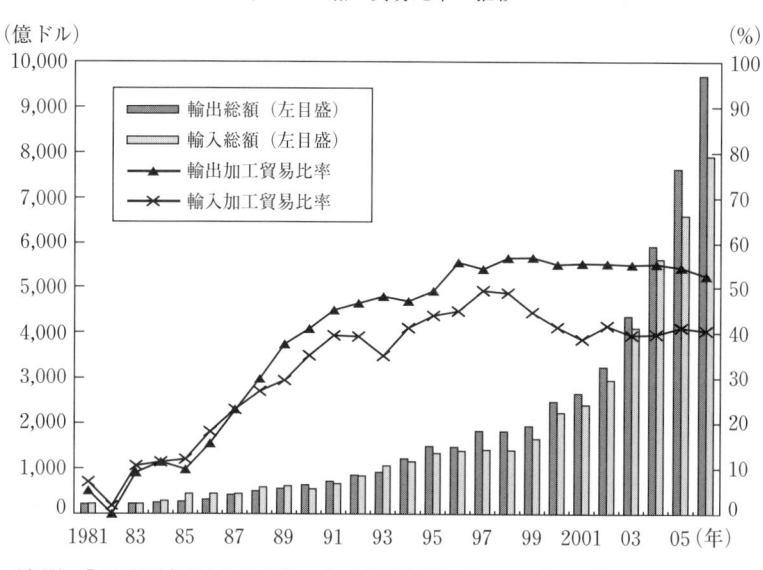

図 4-4 加工貿易比率の推移

(資料)「中国統計年鑑」2006年版,「中国海関統計月報」2006年12月号
(出所) 井上(2000) 56ページ

ス(華翔微電子)を筆頭に,中国企業のEMS事業への進出も伝えられるから,地場企業の生産受託はこの分野にも広がるであろう.

図 4-4 にみるように,中国全体でも5割以上が加工貿易であるから,こうした「国際下請」に甘んじた貿易構造ひいては産業構造そのものが,国家レベルでも問題とされてきたのである.すなわち,主として低付加価値の最終工程のみを担うがゆえに,部材供給の「後方連関」が弱く,海外調達による価格変動をうけやすく,逆に海外販売の「前方連関」では,労働集約財の貿易摩擦を引き起こしやすい.したがって中国は,国内における生産・消費連関に乏しい「国際下請」から,高付加価値で国内連関の厚みを持った,産業および産業構造全体の「高度化」,ひいてはいわゆる「内需主導」の国民経済形成に向かう課題に直面しているのである.しかしながら,外資導入によってグローバル経済に深く組み込まれる一方,膨大な人口圧力を背景に労働集約産業による雇用

吸収も必要で，ことにそれは内陸部での経済的に後れた地域にとっての課題となっている．したがって，沿海部における「高度化」が，同時に内陸への労働集約産業の移転を予定していると考えるべきだろう．

　第11次5カ年計画（略して「11・5」）を策定した2005年（12月），中央政府は「産業結構調整促進暫定規定」を発表し，各種産業を奨励種・制限種・淘汰種に分類し，本格的な産業構造の調整に着手した．これにはエネルギー多消費の抑制など，環境・資源問題への対応も盛り込まれているが，ここでは述べない．直接の指令は2007年7月23日に出された，商務部広告第44号「加工貿易限制商品目録」である．既存の制限類・輸入394品目に加え，新たに輸出1,853品目が制限され，事実上，「来料加工」を含む加工貿易を目的とした新規進出は，今後いっさい禁じられることになった．その後，詳しい実施細目が発表されるにつれ，それが広東省に限らず中国全体が依存している加工貿易について，開発が進んだ東部・沿海地域では「卒業」し，中部・内陸に移そうとするものであることが判明した．ただし労働集約産業には後でみるように，こうした「加工貿易」以外の伝統産業分野（内需志向）も含まれ，これらも調整対象であるので注意が必要である．

　このように現在では，地理的配置を含んだ産業構造調整が志向されるようになったが，「国際下請」への反省を込めた産業構造政策の登場は，少なくとも中央政府レベルでは比較的最近のことである．もともと中国において，「産業政策」と銘打った公表施策としては，1989年「当面の産業政策の要点」が最初であるが，本格的には1994年「90年代の国家産業政策要綱」，したがって「9・5」においてである（石原1998，17ページ）．しかし「9・5」当時，重点産業である電子産業や石油化学など個別産業に関して，計画は準備されたが公布・実施されていない（陳2000，71ページ）ので，実質的にはそれ以降であろう．

(2)　広東省における産業構造調整

　それに対して，広東省政府が早くも1991年の「10カ年計画」「8・5計画」

のなかで，その克服をめざして産業構造高度化を目標に掲げたことは注目してよい（丸屋 2000，156 ページ）．全国レベルでは，92 年鄧小平の「南巡講話」によって，むしろ広東方式が広まっていた時期である．その見直しが行われたのは 1995 年であるが，理由は外資＝多国籍企業による市場支配への懸念であった．それも，反動としてハイテク型外資の進出が阻害される惧れが出てくると，1997 年末すぐに優遇措置が復活される（石原 1998，30-36 ページ）．その後江沢民政権の下，同年発生したアジア通貨危機への対応と同時に，これまでの誘致一辺倒ではなく，「産業構造調整と幼稚産業育成」（同上，36 ページ）という新たな外資政策の基準，つまり産業政策の観点が込められるようになったのである．広東省でも，1998 年『広東統計年鑑』に「広東工業結構問題分析」が載せられ，産業構造政策を引き続いて志向していたことがわかる[18]．

その後，2000-2005 年の第 10 次 5 カ年計画（いわゆる「10・5」）の期間については，つぎの文章が参考になるだろう．それは広東省人民政府・統計部による産業構造調整にかんする公表資料であって，この間の「成果」を挙げた後，残る課題をまとめたものである（省統計局「産業結構優化　綜合効益提高」2006 年 6 月 14 日）．1 つ目は，高度技術産業の製品付加価値が低く，2000 年をピークとしてむしろ低下する傾向にあること．第 2 は労働生産性が低く，労働集約産業の割合が高いこと．これは後者が前者の原因となっているのだが，沿海部の他都市と比べた弱さ——後でも度々繰り返される論点——として映っている．第 3 は，部品（および原材料）生産の利用率が低いこと．つまり，外資の場合いわゆる「現地調達率」の低さとなって表れ，このことは民族系の有力な家電メーカーの場合にも問題となっている．4 つ目に，欠損企業の問題がある．近年のエネルギー・原材料のコスト上昇により利潤減少，欠損の増加が生じている．最後にこの間急増した輸出について，WTO 加盟を契機として，反ダンピング規制の圧力が日増しに強まっていることである．

現在の産業構造政策につながるものとしては，2001 年「広東省工業産業結構調整実施方案」がある．2003 年から開始された「工業産業競争力研究」を経て，2005 年に同「実施方案」の修訂版が出されるに至った（2004 年 12 月提

出，2005年2月発表)．その考え方を要約すると，第1がIT化と工業化の相互促進，内発・外発経済の並行，様々な経済発展側面の統一と人口・資源・環境の調和，といった総合性の追求．第2が，技術革新力をつけ知財権を持つ重要領域に参入し，グローバルな分業体系における省経済の地位を高めること．やや抽象的ではあるが，これが「高度化」の直接的内容であろう．第3に，市場を基礎とする，規制・競争・信頼の体系的整備であって，政府の直接的介入を避けること．それに対応して第4に，好ましい産業サービスを提供する組織・システム，その活動のための環境整備に，政府の役割を限定することである．

　ここで産業構造「高度化」政策の要点は，製品・技術の2つのレベルでの構造調整にある[19]．すなわち製品レベルであれば，電子情報・石油化学・自動車など新規・高度技術の「奨励発展類」(325種)，それらに含まれすでに相当な生産規模にあるが，将来も市場・技術進展が期待される「改造向上類」(179種)，そして市場が飽和・縮小し将来性がないか，エネルギー多消費・環境汚染をともなう「制限・淘汰・禁止類」(260種)に分けている．また技術レベルであれば，「共通」と「企業」のそれぞれで選択・集中を行うものである．しかしより注目されるのは，それに続く主要な目標のうち最後に掲げられた「区域経済」，すなわち地域ベースの産業政策，具体的には珠江デルタ・東西両翼・山区の間での産業再配置＝移転であるが，この点は後で述べよう．

　この間，「世界同時不況」の影響下にあっても，広東省政府が産業構造調整を加速させている理由なり問題意識は，例えば2008年6月に省社会科学院と省情報研究中心が発表した「2007-08広東宏観経済情報分析」にみることができる．そこでは他の沿海部諸省(3市6省)と比較して，産業構造が労働集約型「軽工業」に偏り競争力が劣る，としている．例えば科学技術水準では3直轄市(北京，上海，天津)に，また経済構造・水準では3直轄市の他に江蘇・浙江両省に劣る，という．技術や研究開発を外国に頼り，最終市場も外部で付加価値は低いなど，「輸出加工」の弱点が強調されているのである．他に省統計局「近年広東工業投資状況分析」(2008年12月)では，2006-2008年広東省の工業投資が以前の勢いを失い，その内容も固定投資率が低下し大型投資が減っ

ていることが指摘されている．やはり両省に比して投資規模は見劣りし，質的にも重化学工業たとえば石化・鉄鋼・自動車工業への投資に関しては，差をつけられつつある．こうした省間競争の観点からも，広東省における産業構造調整＝高度化が急務となっているのである．

(3) 重化学工業化の現段階

この間の産業構造の変化を，最初に，1次産業・2次産業・3次産業の構成比でみておこう（表4-1）．まず気づくのは，改革開放いらい急速な第1次産業の比率の低下が生じていることである．しかし注目すべきは，第2次産業およびその中心である製造業の比率は，70年代末すでに50％近くあったのだが，その後漸減した後，ここ数年再び上昇していることである．第3次産業の比率の上昇は著しいが，2004年以来その傾向は，第2次産業ことに製造業の伸びによって，逆転されてしまった．したがって，第2次産業の「現代化」による調整と，そこから排出される労働力の受け皿として，また「都市化」の進展に対応するものとして，第3次産業の発展が望まれているのである．

ついで「製造工業」内のいわゆる軽工業・重工業の構成比を，広東省の「規模以上企業」[20]の工業総生産額によってみると，2000年まで一貫して「軽工業」

表4-1　広東省の産業構造と重工業化比率　　　（単位：％）

	第1次産業	第2次産業	うち製造業	（軽工業）	（重工業）	第3次産業
1978年	29.8	46.6	41.0	56.6	43.4	23.6
2000年	9.2	46.5	41.6	52.9	47.1	44.3
2002年	7.5	45.5	41.1	49.8	50.2	47.0
2004年	6.5	49.2	45.0	41.1	58.9	44.3
2006年	6.0	51.3	47.7	38.4	61.6	42.7

（注）　1．産業構造は粗地域生産，重工業化比率は粗産出額が基準．
　　　 2．ただし重工業化比率は1995年の以前と以後で「規定」が異なる．
（出所）『広東統計年鑑2007』3-4表および12-5表，p. 64, p. 291

が「重工業」を上回っている．しかし (2) で述べたように，転機はそれから遡ること 10 年前の 1991 年にあった．江沢民政権の上海重点化が明らかになり，それに危機感をもった広東省政府は，外資誘致を継続・発展させるためインフラ整備，そして産業高度化をめざし重化学工業開発に，力を入れ始めたのである（『日経』1991 年 3 月 9 日，朝刊）．具体的には，水力・火力の発電所建設を軸とするエネルギー開発と，石油化学を中心とした大規模な化学製品生産プロジェクトである．また，この時点ではまだ鉄鋼関連の計画は進んでいないが[21]，早くもハイテク基地建設の動きが始まったのである（『日経』1991 年 7 月 30 日，朝刊）．

　当時の計画のうち，シェル社の大規模プロジェクトが実現したのは 2006 年に入ってからだから，外資導入の形では遅れている．しかし，茂名・恵州・広州の石油化学基地を中心に，広東省南部への国有企業・地方企業による石油化学工業の集積は際立っている．したがって，「重工業化」というより「重化学工業化」というのが正しい．ただし，重工業の比率が軽工業のそれを上回るのはやっと 2002 年になってからである．広東省における「国際下請」が労働集約的な軽工業中心で，電子機器の比重はこの間それを上回らなかったことが窺える．決定的な移行が生じたのは，後でみるように，自動車工業の本格進出によってである．

　「11・5」において，省政府は「十大工程」の推進を掲げ，特に産業の高度化，重工業化の推進による産業発展・国際競争力の確保をめざした．具体的には，「三大新興産業」として電子情報機械，電気機械等（機械・家電），石油・化学，「三大伝統産業」として紡績・服装，食品・飲料，建材，「三大潜在力産業」として造紙，医薬，自動車という，9 つの産業（10 の分野）の振興である．これら「九大産業」を中心に，広東省の鉱工業生産の現状と「目標」についてみてみよう（表 4-2）．

　最も比重の大きい「電子情報機械」は 2000 年以降も伸びが著しく，2000 年の 19.4％から 2004 年 27.9％になっているが，2005-2006 年わずかであるが比率を低下させている．それとは逆に，次に比重の高い「電気機械」は，中国地

表4-2 九大産業の鉱工業総生産に占める比率

(単位：%)

	2000年	2001年	2002年	2003年	2004年	2005年	2006年	2010年（予）
鉱工業総生産	100	100	100	100	100	100	100	100
九大産業	71.5	72.5	73.4	75.1	75.1	72.1	71.6	77.6
三大新興産業	43.3	45.4	47.6	51.2	51.4	51.0	50.7	58.8
電子情報機械	19.4	22.2	25.4	27.6	27.9	27.4	26.6	33.8
電気機械	13.0	13.1	12.7	14.1	14.3	14.6	14.8	13.7
石油化学	10.9	10.2	9.5	9.5	9.2	9.1	9.2	11.0
三大伝統産業	21.2	19.7	18.6	16.8	16.6	14.1	13.7	10.4
紡績・服装	9.8	8.9	8.4	7.4	6.9	6.0	5.7	4.2
食品・飲料	6.4	6.2	5.9	5.4	5.8	4.6	4.2	3.9
建築材料	5.0	4.6	4.3	4.0	4.0	3.6	3.9	2.8
三大潜在力産業	7.1	7.4	7.2	7.1	7.0	6.9	7.3	8.7
造紙	3.1	3.0	2.9	2.5	2.4	2.3	2.3	2.1
医薬品	1.5	1.5	1.3	1.1	0.9	0.8	0.8	1.2
自動車・バイク	2.5	2.9	3.0	3.5	3.8	3.8	4.1	5.4
（うち自動車）	1.3	1.8	2.1	2.7	2.9			

(注)「規模以上企業」（国有企業と売上高500万元以上の非国有企業）が対象。
(出所)『広東統計年鑑』各年版

場の家電メーカーを中心に，堅調な比率上昇を示している．「石油・化学」は比重を下げているが，2005年以降，陸続と新たな石油化学基地が建設・稼働に入る予定で，2010年目標は達成可能であろう．これら「三大新興産業」の優先的発展をめざし，全体として2005-2010年平均19％の成長を想定している．

一方「三大伝統産業」は，従来からの輸出主導産業である「紡績・服装」，都市化を反映した「食品・飲料」，そして広東省の特徴的な軽工業である「建材」である．それらは，たしかに大きく比重を下げているが，都市化＝サービス化に対応したグレード・アップを図る重点産業である．総合的な産業構造政策として「十大工程」は提出され，いわゆる伝統産業も然るべく，そのなかに位置付けられたのである．

「三大潜勢力産業」のうち自動車工業の伸張は著しく，2000年1.3％から2004年早くも2.9％となっている．広州への日系3社を中心とした集積形成から，同市は「アジアのデトロイト」になるのではないかと喧伝されていた．しかし，2006年広東省の鉱工業生産全体に占める比重は，バイクを合わせても4.1％であり，当時はまだそうした水準には達していなかったのである．もともと1996年「10・5」段階では「支柱産業」から外され（石原1998，21ページ），1985年に合弁進出した仏プジョー社も1997年撤退した．しかし，省・区政府の熱心な働きかけとホンダの本格進出そして成功により，広州に日系メーカー（日産，トヨタなど）を中心に，続々と自動車工場の建設・稼動が始まったのである．

2007年の統計数値によれば，前年（2006年）と比較して最も総生産額が増えたのは自動車工業（37.6％）で，以後この動きは加速している．全体の重工業化を，同じく生産額比率でみると，軽工業の38.4に対して61.6の高さに達しているから，やはり自動車工業の集積がこの「高度化」過程の，重要な牽引役を果たしていることにまちがいない．

(4) 「広域」地域政策の登場

これまでみてきた広東省の産業構造「高度化」およびそれを促進する政策が，珠江デルタを中心とする従来の産業集積群，あるいは全体としての複合的な産業集積に，どのような影響を与えるのか，特に中小企業・外資のそれへの影響は次節で検討するが，本節の最後に，産業・企業の地域配置を意図した地域政策について，特に従来の行政区分を超えた広域型つまり「域際協力」の登場に触れておこう．

そもそも中国においては，計画経済の時代から，地域政策は産業政策と一体であった．1980年代の「改革」によって地方分権が進み，地方政府の独自の産業政策が同時に地域政策となった．しかし，沿海部の「開放」＝急成長によって地域間格差が拡大した結果，その是正に再び──社会主義建設期における遅れた内陸部の優先開発以来──取り組み始めたのである．1997年の「国民経済と社会発展第9次5カ年計画と2010年長期目標要綱」がそれであるが，そこでは「地域経済の協調的発展の促進」が謳われ，沿海優先から内陸への適切な産業移転が志向されるようになった（加藤 2003, 36ページ）．それを実現する手段の1つとして「地域経済圏」構想があって，広東省は省域を越えて「華南経済圏」に組み入れられた．しかし，実際にそうした広域地域政策が登場するのは，21世紀に入ってからである．地方政府レベルでは省以下，市・県・鎮ごとに外資誘致を中心に，独自に産業＝地域政策を推進し，後で述べる「開発利益」をともなって，なかなか統合の動きが起こらなかったためである．

もっとも珠江デルタ地域には，こうした局地経済圏の原型とでもいいうる構想が，それ以前の早い時期にあった．許（1993）によれば，1984年末から策定（翌年に中央政府が承認）された同地域の「経済圏」構想は，1970年代末までは貧しい農漁村でしかなかった東岸地区を含み，「農工両全」をめざした総合的なものであった（58-59ページ）．そのため，地域全体に「経済特区」なみの投資優遇策が適用されたが，「外資導入地域も外資系企業主導型の経済特別区と，設備・技術導入中心型の工業都市と，対外委託加工卓越型の農村諸県とに分化」（77ページ）した．確かに香港の後背地として，そこからの生産移転を契

機に工業集積が進んだのではあるが，これら性格の異なる集積を形成すると同時に，初期からの地場産業集積を合わせ，全体としては多様性・総合性を持つ地域となったのである．

こうした先述のCPSと成長する諸都市があいまって，同地域の都市システムなり複合的な産業集積が形成されたが，広東省の内部でも珠江デルタとそれ以外の地域との経済格差が広がり，その後，省政府「区域協調発展戦略」によって，現在のドラスティックな地域政策が登場するのである．具体的には，省第9次党代会（2002）および「加快山区発展的決定」（粤発2002 13号）が，その嚆矢である．前掲図4-1にあるように，「山区」とは珠江デルタの北に隣接する5市を指し，同じく東西にある「両翼」地域ともども経済発展が遅れていたが，特に後進の同地区に支援を集中しようとした．「財政転移」によって各種インフラ整備を進め，投資環境を改善すると同時に，珠江デルタの発達地域から産業を移転させるという，後で述べる「産業転移」の考えが示されている．

他方で，省内部だけでなく周辺8省（雲南・四川・貴州・湖南・江西・福建・広西チワン族自治区・海南）と2特別行政区（香港・マカオ）を合わせた「汎珠江三角洲」構想が登場する．2004年に協力枠組み協定を締結して正式発足した，広域地域政策の本格化を象徴するものである．しかし，発端は2003年7月の広東省委員会張徳江による提唱であって，上記の省内部の地域調整政策とほぼ同時期である．胡錦濤政権の「和階社会」をめざす地域政策に沿って，「10・5」期に中・西部支援の一環として構想された面もあるが，広東省の産業構造高度化＝調整がこうした統合的な地域政策を必要とする段階に達したと思われる．これらは「11・5」期に入って実施に移されるのだが[22]，後でみるような調整政策によるショックの大きさ，そして最近の経済環境の悪化をともなって，既存の産業集積とくに中小企業に，深刻な打撃を与えることになったのである．

4．専業鎮と産業転移

(1) 中国における中小企業と産業集積政策

本章の対象は，日系企業とくに中小企業が直面する現地産業集積，その全体である．それは広東省における外資系企業のみならず，たとえ現状では直接のつながり——その可能性については最後に述べる——は少なくても，地場企業の産業集積である．ここで「地場企業」とは，中国ことに広東省を出自とする企業であり，「外資系」といっても広東省の場合，圧倒的な比重を占めるのは香港・台湾系であって，これらを外資系を代表する「中華系」としてそれに置き換えたい．そのため外資系のうち欧米系については，とりあえず考察の対象から外している．また「地場企業」には国営大型企業も含まれるが，ここでは一応除外する．つまり内外を問わず，中小企業が主体の産業集積に焦点を当てるのである．そのためには，地場すなわち中国における「中小企業」の定義と，広東省における中小企業の比重を，あらかじめ確認しておく必要がある．

まず中国における「中小企業」の定義は，工業分野で従業員数が2,000人以下，販売額が3億元以下，資産総額が4億元以下である．しかしこれだと，日本の基準では「大企業」に分類される部分もふくまれる．そのうち「小型企業」と称されるのは，それぞれ300人以下，3,000万元以下，4,000万元以下と，ほぼ日本の基準に近いが[23]，これだけを抽出して示した統計は多くない．そもそも中国において，中小企業にかんする統計の整備が遅れているし，前提となる「民営企業」を特定すること自体も困難である．各種企業の定義がたびたび変更されたため，長期にわたって変化を追うこともできないからである[24]．それでも広東省に限って，中小企業が全体に占める比重を，おおよそみてみよう．

『2008年広東統計年鑑』(Web版)によって2007年の数値をみると，「全部工業」企業数は473,324で総生産額は62,759.92億元，付加価値額は16,356.33億元である．そのうち「規模以上工業」(年500万元以上の売上) 企業数は42,289で，全体の1割にも満たない．しかし，その総生産額は55,252.86億元，付加

価値額は14,104.21億元で,全体の9割近くに達する.2000年以降は,「規模以上」企業だけで各種産業統計が作成されているので,中小企業の動向を公式統計から探ることが困難となっているが,そのうち職工2,000人以上の「大型」,300-2,000人未満の「中型」,300人以下の「小型」に分類された部分があるので,それぞれの比重をみると,企業数では,383,5,657,36,249と,圧倒的に「小型」が多い.総生産額でも,18,468.82億元,19,249.78億元,1,753.26億元と,「小型」は他に引けをとらないのである.

それでは,こうした中小企業の発展と産業集積はどのような関係にあるのか,それを知る手がかりとして,中国における産業集積政策の登場とその変遷を概観しておく.劉(2008)によれば,2000年代初頭から,外国での議論とくにポーターの産業クラスター論の影響を受け,この分野での研究が始まっている.しかし政策として初めて登場したのは2005年である.2月に国務院のいわゆる「非公経済36条」によって,公有制によらない私営企業とくに中小企業育成の観点から産業集積促進が,間接的ではあるが指示された (p. 143).そして同年11月には,広東省において最初の政策が出される(経貿委「産業集群昇級示範建設指導意見」).もっとも後者の場合,強調されたのは地域産業の「高度化」であって,特に中小企業が重点的に取り上げられてはいない.各種「工業園区」においてハイテク振興を図るモデル事業であった.同様に,その後2007年(11月)に出された国家発改委「関与促進産業集群発展的若干意見」によって中央政府の政策総括をみると,イノベーションや分業・専門化の促進,資金供給に裏付けられた持続性,地域ブランドの育成といった,高度化に向けた各級地方政府の役割が中心となったことがわかる (pp. 144-146).

こうした政府主導の産業集積政策について,他に産業政策との区別や目標の曖昧さ,また参与主体についての問題が指摘されているが(p. 159),これは中国に限らない問題であろう.注目すべきは,他の論者たとえばWang (2007)が,工業園区など官製集積の場合,最初に示した「分工場型」集積の特徴として,リンケージの弱さを問題視していることである.広東省においてもその欠点を,低コストのみを武器とする非革新型で,したがって差別化が弱くその優

位は長続きしないとした上で，特に集積内部でのサプライチェーンが成立していない，と省政府自ら認めている（副省長　游寧豊）ことをあげている．しかしつぎにみるように，工業園区の「分工場型」とは区別して，地場の中小企業による産業集積が，広東省において広範にみられることも事実である．

(2)　地場資本――「専業鎮」と都市型集積

もともと中小企業が主体の産業集積は，中国の場合，1970年代末からの改革＝市場化とともに自然発生的に生じた，農村工業化の一環をなす．典型的には，農村・小都市における「自由市場」[25]，特に日用工業品を扱う「専業市場」と平行して進んだ．しかし，こうした地方市場が徐々に全国市場に統合されるなかで，しだいに外部の需要を満たすか最初からそれを目的とする「移出産業」が発展すると「専業」，つまり空間的な規模経済を実現する，同種産業に属する中小企業の集積が生じたと思われる．広東省の場合，一般には外資系中心の輸出加工に偏ったタイプとみなされているが，それと同時にこうした地場の「内需主導」集積の存在も注目され始めた．2008年現在，深圳を除く全省20市には，277にものぼる「専業鎮」が認められている（表4-3）．

しかし，その定義はきわめて曖昧で，代表的には「鎮を基本単位とし，産業の相対的集中，一定の経済規模を有し，生産・販売の連続性，科学・工業・貿易の一体化を実現し，販売網が広範囲に及ぶ，鎮レベルの経済実態」（呉 2006, pp. 104-105）である．それが広東省版「サード・イタリー」と呼べるような[26]，中小企業の地域ネットワークを持つか否か検討が必要だが，少なくとも特化型の「産業地区」が形成されたことは事実である．他方で「専業鎮」には，同じ中小企業型であっても，香港・台湾系が中心の「加工輸出」集積が含まれ，純粋な地場集積だけではない[27]．それでも，台湾系の電子機器・部品企業の集積で知られた東莞をみると，たしかに輸出加工に関係する港湾物流・電子電機・金属加工などもあるが，食品・毛織物・婦人服など内需型の産業集積が形成されているのである[28]．

2000年，中央政府が出した高度技術革新産業の育成方針（中共中央・国務院

表 4-3　広東省の専業鎮（2008 年）

珠江デルタ	広州	4
	仏山	34
	東莞	13
	恵州	9
	江門	19
	中山	14
	珠海	4
	（小計）	97
東翼	汕頭	26
	潮州	14
	掲陽	14
	汕尾	6
	（小計）	60
西翼	湛江	15
	茂名	16
	陽江	6
	肇慶	17
	云浮	19
	（小計）	73
山区	梅州	17
	清遠	9
	河源	12
	韶関	9
	（小計）	47
合　計		277

参考：東莞市の専業鎮

石龍鎮	電子情報
常平鎮	物流
石碣鎮	電子工業
厚街鎮	家具
虎門鎮	婦人服
長安鎮	電子・金属
大朗鎮	毛紡織
樟木頭鎮	貿易サービス
中堂鎮	製紙
沙田鎮	港湾物流
寮歩鎮	鋳型
横瀝鎮	電子・電機
茶山鎮	食品

（出所）　広東省科技庁 HP より作成

関于加強技術創新，発展高科技，実現産業化的決定）には，すでにこうした専業鎮の開発方針が含まれ，広東省は全国で最も早く「専業鎮技術創新試点」というモデル事業を始めた．その後，2004 年「関于加快建設科技強省的意見」を経て，2006 年（10 月）には専業鎮に絞った「関于加快発展専業鎮的意見」が出され，2007 年（12 月）の「広東省創新示範専業鎮建設実施弁法」によって，現在の関係法規は確立された．それによれば，中小企業の質的向上をめざし産業

集積による地域差別化を意識し，政策的に進化していることが窺われる．

　ここで専業鎮の今後の発展方向を考えるとき，注目すべきは，出自が外需型・内需型のいずれであろうと，広東省の場合とくに珠江デルタ地域を中心に，都市化の影響を無視できないことである．ちなみに「常住人口比」で示した都市化率は，2007年63.14％であって全国平均の44.94％を大きく上回り，上海などに続き全国第4位の高さである．1990年36.76％だったのが，2000年には55.66％と過半を越えた．珠江デルタ7市に限ると，現在80％超となっているのである（以上，広東省統計信息「人口城鎮化　進展大跨越」2008年12月3日による）．

　たしかに都市型集積は，先にみたTuan & Ng（2004）のいうように，本来は都市内部で製造・サービスのシナジー効果がもたらす異業種集積のことであって，専業鎮のような特化型集積ではない．しかしながら，専業鎮が都市型に特徴的な異業種集積ではないが，そうした形成要因とは別にその発展要因については，明らかに当該地域ないし全国市場の存在があるだろう．珠江デルタにおける都市システム——香港をコアとするCPS——の成長に導かれ，かつ中国全体の統一的な市場形成に加わる形で発展する．都市がその外部に向かって産業集積を発展させるのである．

　他方で都市の発展は，その内部に異業種の都市型集積を形成する．それがこの特化型集積とどのような相互作用を生み出すか，あるいは疎遠な関係に留まるのか，異なるタイプの集積間の関係にも影響するだろう．まだそれを検討する材料を持ち合わせていないが，国内市場に目を向けるようになった外資系企業が，そのプロセスや構造とどのような関わりを持つのか，こうした地場産業集積の動向は気になるところである．

(3)　開発区の整理と「産業転移」

　外資系企業を中心とした集積については，インフラを整備した様々な開発区の役割が重要である．そして1980年代に普及した各地の開発区は，地方政府による独自の優遇策が認められた，産業政策における「地方分権」を象徴する

存在でもあった．1984年の財政請負制によって地方歳入が増加し，1988年に土地使用権譲渡＝「売買」が可能になると，用地供給すなわち様々な開発に地方政府自身が乗り出すようになる．そのうち開発区は，外資誘致による土地「貸与」と同時に税収，そして当該地方の経済成長をもたらす，地方政府にとって最も有利な案件であった．それが，つぎにみる外資政策の「地方分権」によって，乱開発ともいえる事態を生じさせたのである．

きっかけは，2001年末のWTOへの加盟を目前にした，外資政策の大幅な見直しである．なかでも，「内外無差別」によって従来の外資優遇を是正する一方，各種制限をなくし法整備・規範化を進めると同時に，投資許認可の相当部分を地方政府に移し，外国企業の投資をよりスムーズに行えるようにした（2000年4月）ことである．中央政府による統一的コントロールが前提であるが，実際には，地方政府による外資誘致合戦を鎮静させるどころか，地方政府の各レベルで開発区の乱立を招いてしまったのである．

そのため2003年7月に，新規であれ拡張であれ「開発区」の建設がいったんストップされ（国務院），以降は管理強化――2004年の「鉄本事件」が典型[29]――と「整理整頓」が進められてきた．例えば「省級開発区」は，2006年6月まで6次にわたって，審査批准を経たリストが順次公表され，不適格な開発区は存続を許されなくなった．これまでのゆきすぎた外資優遇，すなわち各地方レベルで越権的に提供された優遇策は，徐々に撤回されると思われる．代わりに，省レベルあるいは周辺地域を合わせた地域産業政策が登場することによって[30]，「開発区」を中心にした公的な産業集積に対しても，先に述べた産業調整の政策志向が強まっている．すでに進出した外資のうち，3 (2)で述べた「制限・淘汰・禁止類」はいうまでもなく，「改造向上類」に属する企業も対象となる．それには，内外を問わない，移転をともなう場合がある．

広東省において，省政府の「産業転移」計画によって，その動きは半ば強制的に促進されてきた．2005年，先述の「広東省工業産業結構調整実施方案〈修訂版〉」が出された直後の3月7日，珠江デルタ内のこれら「規制」産業を，省内の周辺・奥地に移転させる政策（「山区及東西両翼与珠江三角洲聯手推進産業

転移的意見」）が示された．それは，珠江デルタの産業構造「高度化」と周辺低開発地域の「底上げ」を同時に図る，全国で最初の試みである．省政府の支援によって「産業転移工業園」をこれら後進地域に建設し，提携した市・県の間で税収を分配する，というスキームである．2008年6月時点で，26の「転移園」が認可された．

例えば，東莞から韶関・梅州など8カ所に，多数の企業が集積地ごとにまとまって移転する予定で，大朗の毛織企業600社が信宜（西翼）に移転するなど，大規模なものとなっている．規制産業には軽工業が多く，この大朗・毛織業のようにその多くが香港系のため，珠江デルタに進出した香港企業の1/3以上（37.3％）が，「転移園」ないし周辺地域に転出すると予想された（香港貿易発展局調査，2007年7月30日付『21世紀経済報道』記事）．インフラ整備はともかく，割安とされた地元からの労働者確保が困難だとの報もあり，当局の宣伝ほど楽観視はできないのだが，もう後戻りはできないのである．

今回，新しく経済地理的な観点を取り入れて，複数の産業集積による専門化と協調によって，産業調整をいわば空間的に行っている．その背景に，すでに述べた産業構造の「高度化」政策があることは明らかで，しかも省外への外資流出を防ぐ意図がある．これを，華南内部における「雁行形態」的開発モデルとして期待するか，あるいはベトナムなど国外への工場移転によって挫折させられるのではと危惧するかで，評価は分かれるであろう．いずれにせよ，この「高度化」が産業移転をともなうことによって，既存の産業集積が大きな転機に立たされたことはたしかである．現在「産業転移」はより地域政策の色彩を強め，移転先の高技能労働力を逆に珠江デルタに移動させる，「双転移」政策に進化している[31]．

はたして，産業調整プロセスにおいて資本・労働をともに移動させる，「社会実験」が成功するか疑問なきとしないが，つぎにみるように，こうした政策以前にあるいはその発動を呼んだものとして，投資＝操業環境の悪化は甚だしかったのである．

(4) 中華系・産業集積の苦境

　香港工業総会が2006年6月から2007年前半にかけて行った，香港系企業へのアンケート調査（大珠三角商務委員会2007）によって，この間「高度化」に向かった事業環境の変化と対応について概観し，その「影響」の大きさを確認しておきたい．珠江デルタに工場を持つ香港系製造企業は55,200社――台湾系は16,000社といわれる――で外資系企業の72%，そして「三来一補」企業の実質的な香港系企業は「内資企業」の41%を占める（香港工業総会2007, p. 30）．香港系企業によって「中華系」を代表させて大過ないであろう．そして，この時点では産業転移そのものというより，それ以前に生じていた事業環境の悪化が最大の問題で，これら中華系外資による産業集積がすでに大きな困難に立ち至っていたのである．

　そこで引用された，2007年2-3月に貿易発展局が行った訪問調査（1,749社）によれば，投資環境の変化をもたらした原因は以下のものである．最大の原因は労働コスト増と熟練労働者不足（加重平均1.78），ついで人民元上昇（1.96），そして土地コスト増と用地難（2.21）である．小林（2007）（2009）で述べてきたように，集積不利益によって初期の投資条件が毀損された様子が，ここでも窺われる．2002-2004年に顕在化した「民工荒」と呼ばれる出稼ぎ労働力の不足は，第1原因たる「労働コスト」増に反映しているが，法定最低賃金の顕著な急上昇となって政策的にも追認された．例えば深圳（特区外）での最低賃金月額は，それまでの480元から2005年（7月，以下同じ）に580元へと23%も引き上げられたのを手始めに，2006年700元，2008年900元と，この3年間にほぼ2倍になった．人民元上昇はおくとして，インフラの最低条件たる土地不足は，明らかな集積限界を示していよう．しかしはたして，新たな工業用地として，「産業転移園区」は従来のそして新たな立地機能・要件を満たしているのだろうか？　引き続き事業環境の「変化」原因を辿ってみよう．

　加工貿易緊縮政策は第4位（2.22）であって重要度は意外に低い．さらに2008年実施の新労働法規（2.27）が続くが，再び電力・水不足（2.33）というインフラ問題が懸案事項となっている．同じく環境保全要求が輸出還付税の減額

と並び (2.37), こうした「集積不利益」がすでに顕在化していることがわかる[32] (pp. 32-37). 産業転移そのもののコスト負担は, まだ本格実施に至っていないこの段階では, 項目に挙がっていない. しかし香港系企業の移転先である「輸出加工区」——「産業転移園区」と思われる——は, およそ1万の全量輸出の「三資企業」および 33,800 の「来料加工」の工場に対し, とても収容できる広さではないと, その実現性を危ぶんでいる. また, 受注機会を失う例を印刷業・金属加工業で示しているが, それら産業がまさしく地域集積＝サプライチェーンを存立基盤としていることがわかる (pp. 58-59).

2007年秋 (10-11月) に行われた追加調査 (貿発網 Web サイト 2008 年 1 月 30 日) によると,「転移」を考えている香港系企業はわずか 21.7% にすぎず, 移転によって却ってコスト高が生じ, 競争力が低下することを恐れている様子が知れる. しかし中国国内での市場開拓や,「高度化」投資といった構造転換を, 多くの企業が考えていたことも事実である. しかし, それを実施する余裕も無く, 2008年後半の「世界同時不況」が襲ったのである.

5. 自動車工業集積と日系・中小企業[33]

如上の中華系・中小企業が, 産業調整政策によって淘汰ないし移転させられているとすれば, 日系・中小企業の多くはそうした調整圧力を他の方面から, すなわち「重化学工業化」から受けているといえよう. 特に自動車工業関連の産業集積が形成され始めたことは, 既存の日系・中小企業とその集積にどのような課題を投げかけているのだろうか.

(1)「大企業城下町」の出現

すでにみたように, 広東省の「重化学工業化」はこの間進展していたが, 21世紀に入り, 自動車工業の集積によって, そうした産業構造の変化は本格化した. たしかに, 産業構造をマクロ統計で概観するだけでは,「潜勢力」としてしか認識されないが, 産業連関を通じて既存産業にも質的転換をもたらしてい

るのである．問題はそれが産業集積に及ぼす影響である．まずは新規に形成された，いわば直接的ないし一次的な集積をみておこう．有力日系自動車メーカー＝アセンブラーの広州市への集中進出にともなう，自動車部品メーカー＝サプライヤーの集積状況である．

　稲垣 (2005) によれば，ホンダ（合弁設立――以下同じ――1999 年），日産（2003 年），トヨタ（2004 年）はそれぞれ特徴的な，自動車部品の調達体制（サプライヤー・システム）を示している．すなわち，後述する「花都汽車城」に系列部品メーカーを集めた「集中型」の日産，逆に華南以外の中国各地や遠くはタイからも調達している「分散型」のホンダ，そして「中間型」としてのトヨタである（図 4-5）．アセンブラーが進出した開発区（それぞれ花都，増城，南沙）以外に，共通して中山・仏山そして東莞に自動車部品メーカーが集積していることが窺える．しかし基本は「大企業型」，つまり特定大企業の工業「城下町」

図 4-5　華南における自動車メーカーの部品調達体制

日産型	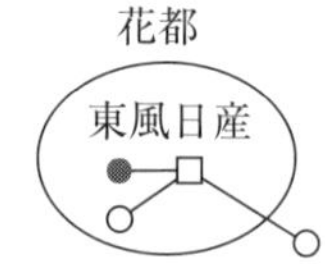 花都 東風日産	1 次，2 次サプライヤーが主として同じ，「汽車城」内にいる． 「系列復活・強化」
トヨタ型	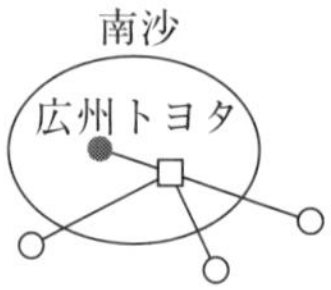 南沙 広州トヨタ	1 次サプライヤーは南沙開発区内，仏山など，2 次は中山，仏山など． 「かんばん方式」
ホンダ型	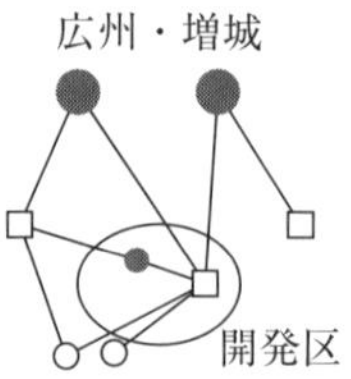 広州・増城 開発区	工場が 3 カ所に分散，開発区内工場は輸出専用． 1 次，2 次は開発区内および仏山，中山，東莞などに分散． 「グローバル調達」

　（注）　●は工場，□は一次メーカー，○は二次メーカーを示す．
　（出所）　稲垣 (2005) 2 図

ではないが，それとの取引を主たる目的としているのである．以下，典型として日産のケースをみてみよう．

広州の「花都汽車城」は，日産系自動車メーカー（東風日産）とそれに付随した部品サプライヤーを主対象として，地方政府主導で作られた工業団地（省級開発区）である．日産自動車が広州花都に進出したのは，台湾子会社＝裕隆汽車が中国の東風汽車と合弁した（風神汽車），2001年頃からである．日産本体と東風汽車とが合弁し操業を開始したのは2003年であるが，受入れ側の花都区政府はすでに2002年，進出地周辺を多くの部品メーカーが集積する「汽車城」とすべく，造成を開始した．2006年現在，第1期の15km²が完成し101社が入居している．うち日系は29社だけなので意外に少ない気がするが，その他外資（香港・台湾など）との合弁もあるから，即断はできない．第2期工事が完成すれば50km²にも達し，先進国なみの居住・商業地域を併設した，新型の大規模な産業集積となる予定である．

一見すると日本における「企業城下町」の再現のようだが，入居企業のなかには東風日産のみを顧客とするのではなく，他系列へも供給する日系企業，またインフラ等の好条件を目当てに進出した地場企業もある．さらに，香港系不動産資本による中小企業向け貸し工場の建設も始まっており，より大きな可能性を感じさせる[34]．しかしアセンブラー大企業の主導という本質に変わりなく，北京での「ノキア工業園」(2002年）の成功を受けた，天津の「サムスン工業園」，杭州の「松下工業園」などが相次ぐ，全体の動きの一部であろう．

ところで，広東省において顕著な「国際下請」の性格を持つ電子機器の産業集積に，自動車産業集積（主として中国国内市場向け）の形成が与える影響はどうか．自動車「エレクトロニクス化」つまり電装品需要の増加によって，新たな販路機会となるのではないかと，期待されるかもしれない．しかし，自動車用電装品は，安全性確保のため基準・仕様がより厳しく，適合的な製造・管理能力を持つ電子機器メーカーは限られる．たしかに，広東省の広範な電子機器産業集積が，そうした産業需要に応える可能性は潜在的に大きいであろう．それでも既存集積の全体ではなく，「転換」能力を持ち実際に新規投資する企業

だけが,そのチャンスを生かすことができる.例えば,既存集積にある日系電子機器企業のうち,事業転換まではいかないまでも従来分野向けと並行しながら,自動車分野に供給するケースがあるという[35].もっとも,手許の資料(蒼蒼社『中国進出企業一覧 2005-2006』「非上場企業編」「上場企業編」)がやや古く2006年であるが,広東省に進出している「非上場」(ほぼ中小企業に相当)「電機」企業175社のうち,その製品を「自動車用」と明示しているのはわずか6社にすぎず,同分野の「上場企業」208社においても5-6社しかない.少なくとも2006年当時の「現状」からは,そうした可能性を過大評価すべきではない,との示唆である.

(2) 転機にあるテクノセンター

ついで取り上げる深圳テクノセンターは,広東省進出の初期,1992年に建設された日系中小企業向けの工業団地である.三田工業に関係する現地駐在者の有志が,香港に設立した「日技城有限公司」が母体である.当初は深圳吉布鎮にあったが,2001年,同じ深圳の観欄にある「第3テクノセンター」に集約し,現在に至る.特徴は,入居企業が将来センターを卒業し独立するための,「インキュベーター」の機能を持つことである.しかし,このセンターが提供するインキュベーション・プログラムは,いま一つの転機を迎えている.これまで中小企業による対中進出の支援の,「成功」例として取り上げられることが多かったが[36],同センターが現在抱えている問題は,広東省の投資環境変化に既存集積が十分対応できない,あるいは現状では模索を続けざるをえない,「限界」を示すものかもしれない.

たしかに,同センターの強みは,依然として水・電気の供給などのインフラと,労働者募集や通関業務の代行など,スタートアップ企業の支援と,センターにおける様々な「共同」にあって[37],今後もその役割を果たしていくであろう.しかし華南においても,中国内販に大きく重点を移しつつある今日,「独資」形態での進出やそれへの転換が増加し,同センターでも資本集約型企業の進出に対応した人材確保を迫られている.前者については,従来の「来料加

工」企業との混在では，設備および管理上の困難が生じる．後者はそもそも華南地域に乏しい人材で，欧米系に比べて低賃金でしかも辺地にある日系中小企業にとって，得ることの難しい課題となろう．

　特定大企業とのつながりを持たないボランタリーな支援組織であれば，こうした投資環境変化の下，必要な利益が得られなければ存立は危うい．これまで，一般的なつまり地元の郷・鎮政府などと結ぶ「生産委託」契約にはないサービスに対して，入居企業に相応の賃率・施設使用料・管理費が課せられていたが，今後そうしたビジネスモデルは成立しなくなる虞がある．前提条件としての投資環境が変わり，上記のように，インフラのみならず労働市場の本格整備の課題が明らかになるにつれ，一民間施設では対応できない段階に立ち至るように思われる．公的な「支援」の内容も，より広域的あるいは中国全土に関わる法制度・政策の整備であって，それ自体はある種の社会経済体制の改変につながるだろう．

　他方で，こうした環境変化に対応できるだけの集積効果を発揮していない，ということもあるだろう．それは，中間財供給の中小企業にとって，受注多角化や逆に共同受注といった集積メリットが，本格的に発揮されていないという点である．ゆくゆくは日本国内におけると同様，多様な機能を持つ「マーシャル型」の産業集積に発展するという課題であるが，まだそうした事例を聞かない[38]．

　総じて「マーシャル型」の本格的な外部経済，ひいてはクラスター形成に至るネットワークの構築までの道のりは長い．しかもそのプロセスにおいては，地場企業との結びつきといった「現地化」の，より進んだ段階を想定せざるをえない．主として工業団地に拠る日系・中小企業進出は，初期の投資リスク・コストの節減には有効であるが，その後の現地でのリンケージ形成＝集積効果を実現するため，別途の努力が必要なように思われる．

おわりに──日系・中小企業にとってチャンスか

これまで，投資・事業環境として現地の産業集積が，実際にはどれだけメリットを発揮するか，前提となるサステナビリティに注目して検討してきた．たしかに，広東省の現在の事態は，構造転換の圧力に政策的な「ビッグ・プッシュ」が極端な形で加わる一方，外的環境としての世界経済も最悪であって，とうてい一般化できるケースではない．しかし産業集積の重要性を掲げつつも，「産業転移」まで図って構造転換＝高度化を進める地元政府には，そうしたマクロ経済的な要請が今日の中国，少なくとも広東省にとって，必然的な性格を持つものと写っている[39]．日系・中小企業にとっても，香港系企業など「中華系」と同一視できないが，その影響を全く無視することはできないであろう[40]．

しかしこの珠江デルタにおいて，中心的な輸出加工型・産業集積が「成熟」から「衰退」の局面に移行し始める一方，他の産業集積が着実に形成・成長してきていることが，本章におけるもう１つの発見であった．地場企業を中心とする専業鎮の発展──その一部は「産業転移」によって阻害されているが──，そして重化学工業化とくに自動車工業進出による，大企業型集積の登場である．それらが地域経済の空間的・構造的な発展，つまり広域化と内部階層の形成によって，相互にどのような関係・関連を生み出すか，についても関心を払わなければならない．珠江デルタ地域の場合，個々の都市化から始まってより大きな都市経済圏の成立に至る過程で，複数また異種の産業からなる集積が加わるのである．ただ残念なことに，こうした「ジェイコブズ型」の集積とくに集積間関係について，中国のケースを取り上げた先行研究は，管見の限り見当たらない．

ともかく日系・中小企業にとって，これら新たな産業集積の登場は，現地進出・事業展開の可能性を予想させる．これまでの現地・産業集積の展開にかんする考察から，注目すべき以下の諸点が示唆されよう．

第１は，珠江デルタ諸都市が香港との経済的一体化を一層加速し，いわゆる

「グローバル都市地域」を形成する方向性がみえてきたことである[41]．先にTuangらがCPSとして示した都市経済圏は，2004年以来のCEPA（経済貿易緊密化協定）進展によって，広域というだけでなくますます国際化・自由化の性格を強めたものとなっている[42]．ここでは，都市内部の「産業地区」というよりは，サービス産業やインフラ供給の分野が注目される．これらの分野に，中国のWTO加盟以降，徐々に外資系企業が参入する可能性が生まれたが，日系・中小企業についてもその可能性を否定できないであろう．

第2は専業鎮の発展のなかから，主導的企業のうち国際化段階に到達するものが現れ，技術・デザインなどで国際提携を志向する可能性である．その対象に日系・中小企業も含まれる．中小企業の「国際アライアンス戦略」であるが，その際，直接に地場＝中国資本と結び付くだけでなく，「来料加工」において香港の制度的便宜を活用したのと同様，香港資本による仲介を薦める議論もある[43]．

第3は重化学工業化に対応して，機械部品なり高度化成品を供給する，サプライヤーの必要性が高まることである．この場合，海外進出による「自立」を過大評価，あるいは過小評価してはいけないことは，すでに示した[44]．実際，電子部品メーカーのなかには，日本国内におけると同様，いわゆる「下請いじめ」を報じられた例もあるが[45]，デンソー系列12社が仏山に共同会社を設立（2007年7月）するなど，自動車部品については「協同型」というべき新たなタイプが登場していることも事実である．

とはいえ，これらはチャイナ・リスクではなくチャイナ・チャンスのみを，一面的に強調するものではない．特に中小企業にとってチャンスとみるのは早計であって，大企業にも開かれたチャンスを生む一方，中小企業のすべてに開かれているわけではない．新規進出について一部「独立型」中小企業にチャンスはあっても，既存集積にある進出外資にとって，業容転換・事業多角化による対応は非常に困難である．総じて，外資系・産業集積の現状は，十分その「協同型」への発展をみないまま，負の「ロックイン効果」が作用していると思われる．この間の広東省におけるドラスティックな変化からは，むしろリス

クの方が大きくみえるであろう．加速する珠江デルタ地域の大都市圏への編入も，こうした課題をそれ自体として解消するわけではなく，ただその手がかりを与えるだけである．筆者はまだ調査していないが，主体としての進出・諸企業の対応が注目される．

他にも，本章では「中小企業型」集積に焦点を当てた結果，「大企業型」についてそれを主導する，非中華系・外資や中国・大型国営企業の，サプライチェーンについて検討していない．また，華南と東南アジアを合わせた巨大「経済圏」結成の動きについても，十分言及できなかった．これらを含め今後の研究課題としたいが，こうした内外両方の環境変化の下にある広東省は，中国の「ポスト世界同時不況」を占う政治経済的な実験場として，これからも最前線であり続けるだろう．筆者に限らず多くの研究者がこの地域に注目されることを念願してやまない．

(付記) 2009年9月脱稿，2011年12月補筆・修正：本章は「世界同時不況」の進展，特に「ギリシャ危機」による中国を含む世界経済への深刻な打撃を反映していない．しかし冒頭に示したように，中国の「投資環境」はすでに2008年以前，大きく構造変化していた点が重要である．そのため2009年脱稿時の原稿をもとに，若干の補筆・修正を行うに留めた．

1) 小林（2009）では，国際経営論における中小企業「国際化」に果たす産業集積の役割と，対中進出にかんするアンケート結果における位置付けの低さとのギャップが持つ意味を探った．
2) 例えばジェトロ（2004）をみよ．
3) 小林（2007）（2009）を参照されたい．
4) 例えばPhelps et al. (2003) 参照．
5) 小林（2003）第1節参照．
6) Bergman (2008) 特に pp. 122-126 参照．
7) 山下（1998）は産業集積「崩壊」あるいは存続の条件を，日本の毛織物産地である尾州の事例から論じているが，毛織物産業の「高度化」のみを課題とし，同地域の産業構造の変化を視野に入れているとは考えにくい．本章は，地域諸産業の全体つまり地域経済の動態的変化を扱い，そこに存在する様々な産業集積の存続を問うの

で，山下のように特定業種の集積だけを，地域経済から区別して扱うものではない．
8) 『地域の経済2003』では，1990年代の日本の場合，特化型よりも多様性が高く競争的な産業集積において，雇用成長が高いことが示された．これは都市圏全体と製造業の成長との相関によって確かめられ，ここでの仮説につながるが，中国とは置かれた状況が異なり，直接に適用できない．
9) 肇慶は，以前には同地域に含められてはいなかったが，同地域の経済発展が近接する同市に広がり，最近では「珠江デルタ9市」に含められるようになった．上記の直接投資実績など統計においては，肇慶を含んだ数値となっていること，留意されたい．ちなみに，最初期には恵州も入らず，「珠江デルタ7市」であった．
10) 経済特区など都市部での合弁を除けば，その多くが農村部の郷鎮企業に加工賃のみ支払い，実際の管理運営は自ら行い全量輸出する，「来料加工」の形態をとった．そのため本来の企業移転たる「直接投資」とは異なっていた．また香港に設立した企業を通じて来料加工を行う，日本など非香港系企業も統計上はこのカテゴリーに含まれてしまう．
11) 例えば恵州は，大手家電集団TCLの発祥地として有名だが，フィリップスやソニーなど外資＝多国籍企業も多数集積している．しかしそれ以前には，郷鎮企業が香港企業との合作で家電品を生産していた．
12) 関（2002）は単なるEPZとみなす見解には反対している（16ページ）．また，様々な特区の全体像については横井（2007）を参照．ただし，後者の「一種の労務輸出」にすぎないとの評（158ページ）は，特区内企業について述べただけで特区そのものについてではない．
13) 柳井（1997）は異業種集積から同業種集積が優位を得る過程が，同時に社会的分業の深化によって再び異業種を引き付け，集積地内および集積地間の競争によって単一企業の大規模集積――つまり独占期の集積構造――を生み出す，というダイナミックな構図を描いている（197-198ページ）．はたしてこれが一般的なプロセスか断定できないが，たえず異業種集積を随伴する点で，社会的分業の結節点として都市の役割が位置付けられるべきであろう．
14) そうした類別は，Wang & Tong（2005）のように，産業集積を地域経済に「根付く embedded」か否かで区別することであろう．
15) 例えば田中（2008）は，「『珠江デルタ』地域の産業集積とは，同種競合企業同士の浅薄で単層的な集合体に過ぎず，技術・機能の広がりやネットワークは希薄であるとも思われる」（94ページ）と述べ，日本の大都市型「基盤技術」集積との違いを浮き彫りにしている．しかし，日本の大都市型集積は今日それほどサステナブルではないし，逆に広東省のそれをすべて「分工場」型とするのは一面的で，輸出加工を担う産業集積の転換可能性も検討されていない．氏が，前段で当地の広範な電子機器・産業集積を挙げながら，もっぱら地場家電メーカー間の過当競争を念頭

に，こうした低い評価を下されたのであろう．
16) 丸屋（2000）も1990年代末の実態調査から，外資系企業と地場企業との企業間リンケージの弱さを指摘し，後述する産業構造高度化の課題に触れている．
17) 「来料加工」は形式上，現地の郷鎮企業への生産委託のようにみえるが，実際の工場経営は香港に企業設立した外資の派遣役員が行うので，これは「偽装生産委託」である．念のために．
18) 陳（2000）によれば，中央政府レベルでも「1998年の政府機構改革により，国家経済貿易委員会に産業政策司が成立して産業政策の策定を担当することになり，産業政策はさらに新たな段階に入った」（78ページ），とされる．
19) 賃金引き上げなど産業政策に馴染まない施策は論じられない（各国共通）．しかし，現実に労働コストの上昇が起これば，それを抑制するというより，適合的な非労働集約的な産業を主体とする産業構造への移行を，スムーズに行えるよう政策援助つまり「産業調整」をする，ということであろう．ただし農業の扱いは別であって，例えば中央政府が1996年採択した「9・5計画」で，第1に掲げられたのは農業の強化であった．また実際には，中央と地方の政策スタンスには違いがあって，それぞれの省でどれに重点を置くかは異なるだろう．
20) 国有企業と売上高500万元以上の非国有企業を指す．
21) 実際に始まったのは，自動車工業の集積が顕著となった最近のことである．すなわち，2003年のJFEスチールの広州進出発表，2004年同じく高炉建設の発表が嚆矢である．
22) 国家レベルでも「11・5」において，「省単位」から「地域協同発展型」への，本格的な広域的地域政策が登場した．しかし広東省は，この点でも一歩先を行っていたのである．
23) 日本の工業分野では，従業員3,000人以下あるいは資本金3億円以下，のいずれかに該当する企業が「中小企業」である．
24) 詳しくは範（2006）を参照．
25) 石原（1991）を参照．
26) 実際，専業鎮は「本場」イタリアの研究者の関心を引いている．例えばBellandi & Di Tommaso（2005）以降，フローレンス大が華南理工大と協同した調査プロジェクトを行っている．
27) 2004年に認められた103の広東・専業鎮を構成する「特色産業」のうち，香港・台湾系を中心とする外資企業が占める比率は，当該企業数で10％超，総生産額で1/4近くである（鄭・周2006, p. 66，表2-5より筆者算出）．
28) 比較的早い時期に，華南においても「温州モデル」が並存することを指摘したのは，丸川（2004）であろう．その後，氏を含む中国・産業集積の研究者の多くは，ふたたび華東や新興の「環渤海」地区の集積に関心を向け，華南の地場型集積につ

第 4 章　岐路に立つ対中進出と産業集積　121

いて省みることは少なかった．最近になって，大橋（2009）をはじめ広東省の専業鎮に注目する研究が出ている．
29)　2004 年 4 月 28 日に温家宝総理は，江蘇省・常州市の江蘇鉄本鋼公司が国家級開発区での製鉄所建設プロジェクトにおいて違法な土地取得を行ったとして，関係する機関（議会・管理委員会・中国銀行）のそれぞれナンバー 2，3 名の罷免をふくむ厳重処分を発表した．
30)　代表的なのは前出の「汎珠江三角洲」構想であるが，それ以前にも「整合珠江デルタ戦略」，深圳と広州を結び付ける「デジタル珠江デルタ戦略」，香港との一体化を進める「成長の大デルタ戦略」などがあった．現在は珠江デルタ内の諸都市が，広州―仏山の統合を筆頭に，3 地区に集約されることが打ち出されている（「改革発展規画 2008-2020」）．
31)　「双転移」政策については，省政府の以下の法令がある．「関于推進産業転移与労働力転移的決定」（2008 年 5 月），「関于争当実践科学発展観排頭兵的決定」（6 月）――「騰籠換鳥」策を明示――，「関于加快建設現代産業体系的決定」（7 月）である．そして国務院の「珠江三角州地区改革発展規画綱要（2008-2020 年）」（12 月）によって追認された．
32)　小林（2009）では，中国における過度の産業集積がもたらす「集積不利益」が，投資環境のうちインフラについての，アンケート回答者の神経質な反応となって現れていることを示唆した．「集積利益」のイメージも定まらず，実際に進出理由として挙げている割合は――研究者が指摘するほど――多くはない．外資系企業が途上国においては，現地企業およびその産業集積と没交渉であることを，少なくとも 20 世紀末までの中国の場合が示していよう．
33)　本節の叙述の一部は，小林（2007）第 4 章と重なっていることを，あらかじめお断りしておく．
34)　日本大学・平成 17 年度学術助成金（課題番号：個 05-141）による，2006 年 2 月 24 日現地取材に基づく．
35)　江上（2006）1-3 ページ参照．この記事は将来の可能性に言及したものだが，前号（2006 年 7 月）では，広東省の車体電装品メーカーの数が，江蘇省その他より多いことを挙げていた．しかし，その集積が既存の電子機器集積と融合するか，あるいは排除・代替するか判断を保留したい．記事以外にもメールで，江上昌宏氏（三菱 UFJ 銀行香港支店業務開発室）からご教示いただいた．この場を借りて謝意を表するしだいである．
36)　関（2002），長谷川（2001），中島ほか（2004）などを参照．
37)　例えば数年前から「開発委員会」を創設し，「販路開拓」についても取り組みを始めている．同センターで共同開発した製品を販売する試みである（2003 年 5 月 14 日付．ホームページ）が，最近は休止している．この他の情報を含め，2006 年

2月27日の取材訪問またメールのやり取りを通じて，西村三砂様はじめ同センターの方々にお世話いただいた．ここに記して，感謝の意を表したい．

38) 例えば，中小企業を主体とした民間版「開発区」の試みとして注目される，華南ではないが蘇州日本工業村（2005年開設）の場合，まだ立ち上がったばかりのせいか，受注機能の弱さが見受けられた（2007年3月2日現地取材による）．
39) 前出「双転移」にかんする政策文書での「科学性」の強調をみよ．
40) 中国全体ではあるが，輸出加工を行っている企業が5割存在するという，アンケート調査結果（中小企業金融公庫2007，41ページ）もある．
41) アレン・J. スコット編著『グローバル・シティ・リージョンズ』（邦訳2004年，原著2001年，ダイヤモンド社）参照．
42) ここでは詳述できないが，ASEAN―インドのFTA締結（2009年8月13日）により，すでにASEANとの結び付きを強化してきた中国の，華南地域とくに香港＝広東省は，21世紀最初に出現した新たな巨大経済圏において，重要な部分を占めることとなった．
43) この点を含め，香港貿易発展局とくに古田茂美氏（日本首席代表）には色々ご教授いただいた．この場を借りて，お礼申し上げたい．
44) 小林（2007）では，主に外的条件として現地産業集積のサステナビリティを取り上げ，同時に主体的な条件の1つとして「販路開拓」を問題にした．もう1つ重視したのは「現地化」の必要である．
45) 山下（2002）参照．

参 考 文 献

石原亨一「新たな経済発展戦略と外資政策」，石原編『中国経済と外資』，アジア経済研究所，1998年

石原潤「中国の自由市場」，『名古屋大学文学部研究論集（史学）』，第37巻，1991年

稲垣清「華南における自動車メーカーの進出と部品メーカーの対応」（'香港Now'第7号，2005年12月），『21世紀中国総研』，Web 掲載，2005年

井上和子「台湾から見た中国各都市・地区の投資適性」，三井物産戦略研究所『THE WORLD COMPASS』2003 May；「中国の加工貿易の環境変化と珠江デルタの産業構造変化」，『日本貿易会月報』，2007年10月号

上田慧「中国・珠江デルタにおける経済的統合と競争」，同志社大学ワールドワイドビジネス研究センター『ワールド・ワイド・ビジネス・レビュー』第5巻第1号，2003年

江上昌宏「アジアの一大集積地を目指す広東省の自動車産業」，三菱東京UFJ銀行『BTMU中国月報』第7号，2006年8月

大橋英夫「珠江デルタの専業鎮と産業集積」，専修大学中小企業研究センター『中国

の産業発展と中小企業』,「アジア諸国の産業発展と中小企業」モノグラフシリーズ第3巻，2009年

大塚啓二郎・園部哲史「内政的発展論」,『フィナンシャル・レビュー』第54号, 2001年

加藤弘之『地域の発展』（シリーズ　現代中国経済・6),名古屋大学出版会，2003年

亀山嘉大『集積の経済と都市の成長・衰退』,大学教育出版，2006年

許衛東「中国における地域開発と外資導入の動向」「珠江デルタにおける工業発展と外資導入」,上野和彦編著『現代中国の郷鎮企業』,大明堂，1993年

小林世治「中小企業の『自立』をめぐる一考察」,『日本大学ビジネス・リサーチ』Vol. 2, 2002年；「多国籍企業と産業集積」徳重・日高編著『グローバリゼーションと多国籍企業』中央大学出版部，2003年；「海外進出と中小企業の自立化」,『日本大学ビジネス・リサーチ』Vol. 4, 2007年；「中小企業の海外進出と現地産業集積」『日本大学ビジネス・リサーチ』Vol. 6, 2009年

ジェトロ『中国市場に挑む日系企業』,2004年；「中国進出日系企業の実態と地域別投資環境満足度評価　2006年」,2006年；「特集　変わる華南のビジネスモデル」,『ジェトロセンサー』2007年12月号

関満博『世界の工場／中国華南と日本企業』新評論，2002年；『中国自動車タウンの形成』新評論，2006年

田中武憲「補章　広州における自動車産業集積の構造と動態」,名城大学地域集積研究所『産業集積とグローバリゼーション』,2008年

中小企業基盤整備機構　平成16-18年度「海外展開中小企業実態調査」,2005年，2006年，2008年，Web掲載

中小企業金融公庫「中国に進出している中小企業における取引慣行上の問題点と対策」,『調査レポート』No. 60, 2005年（a),；第6-8回「中国進出中小企業実態調査」,2005年（b),2006年，2007年

陳小洪「産業政策の制度的側面」,丸川知雄編『移行期中国の産業政策』アジア経済研究所，2000年

中島隆信・中野諭・王婷婷・村主英俊「中国シンセン・テクノセンターの経営・経済分析」,『三田商学研究』第47巻第2号，2004年

日中投資促進機構　第7-8次「日系企業アンケート調査　集計結果（概要）」2002年，2005年，Web掲載

長谷川伸「日系中小企業の中国進出とテクノセンター」,『関西大学商学論集』, 第46巻第4号，2001年

範建亭「中国経済における民営中小企業の位置」,関満博編『現代中国の民営中小企業』, 新評論，2006年

松原宏『経済地理学』,東京大学出版会，2006年

丸川知雄「中国の産業集積」,関満博編『アジアの産業集積』,アジア経済研究所，

2001 年

丸屋豊二郎「中国華南の産業集積とアジア国際分業の再編」，丸屋編『アジア国際分業再編と外国直接投資の役割』，アジア経済研究所，2000 年

柳井雅人『経済発展と地域構造』，大明堂，1997 年 ;「A. マークセン」，矢田俊文・松原宏編著『現代経済地理学』，ミネルヴァ書房，2000 年

山下知志「増幅される日本式『下請けいじめ』」，『中央公論』，2002 年 6 月号

山下裕子「産業集積『崩壊』の論理」，伊丹敬之・松島茂・橘川武郎編『産業集積の本質』，有斐閣，1998 年

横井和彦「中国における特区政策の展開」，布留川正博編著『グローバリゼーションとアジア』，ミネルヴァ書房，2007 年

Bellandi, Marco and Marco R. Di Tommaso, "The Case of Specialized Towns in Guangdong, China", *European Planning Studies*, Vol. 13 No. 5, 2005

Bergman, Edward M., "Cluster life-cycles: an emerging synthesis", in Karlsson, C. ed., *Handbook of Research on Cluster Theory*, Edward Elgar, 2008

de Beule, F., D. van den Bulcke and L. Xu, "Multinational Subsidiaries and Manufacturing Clusters in Guangdong, China", in Giuliani, E., R. Rabellotti and M.P. van Dijk ed., *Cluster Facing Competition*, Ashgate, 2005

Phelps, N.A., D. MaCkinnon, I. Stone and P. Braidford, "Embedding the Multinationals? Institutions and the Development of Overseas Manufacturing Affiliates in Wales and North East England", *Regional Studies*, Vol. 3, iss. 1, 2003

Schmitz, H. ed., *Local Enterprises in the Global Economy: Issues of Governance and Upgrading*, Edward Elgar, 2004

Tuan, C. and L. F. Y. Ng, "Manufacturing agglomeration as incentives to Asian FDI in China after WTO", *Journal of Asian Economics*, Vol. 15, 2004

Wang, J. and X. Tong, "Industrial Clusters in China: Embedded or Disembedded?", in Alvstam, C. G. and E.W. Schamp ed., *Linking Industries Across the World: Processes of Global Networking*, Ashgate, 2006

Wang, J., "Industrial clusters in China: the low road versus the high road in cluster development", in Scott, A. J. and G. Garofoli ed., *Development on the Ground: Clusters, Networks and Regions in Emerging Economies*, Routledge, 2006

呉国林編『広東専業鎮：中小企業集群的技術創新与生態化』，人民出版社，2006 年

大珠三角商務委員会「内地加工貿易政策対香港的影響」，2007 年

鄭海濤・周海濤『走向高端　広東産業集群昇級戦略研究』，経済科学出版社，2006 年

香港工業総会『珠三角製造之二』，2007 年

劉世錦編『中国産業集群発展報告（2007-2008）』中国発展出版社，2008 年

余国揚『専業鎮発展導論』中国経済出版社，2007 年

第5章　韓国現代（ヒュンダイ）自動車社の競争力構築
―― 製品・生産モジュール化によるキャッチアップ戦略 ――

はじめに

　1990年代における世界の自動車産業は全体的な供給過剰に陥りコスト競争が激化する一方，環境技術開発に向けた巨大な投資などが問題になっていた．それゆえ完成車メーカーは，国際的な合従連衡により規模の拡大を図り，次世代技術開発に向け経営資源を集中し，徹底したコスト削減を実施してきた．コスト削減の方便としては，いまやプラットフォームの共通化や部品のモジュール化が世界的な潮流となっており，部品調達システムの転換などから部品メーカーの役割も大きく変わっている．

　韓国自動車産業も例外ではなく，完成車メーカーにおける経営効率化を通じた徹底したコスト削減，そして経営資源の集中と部品企業との関係改善が自動車生産における中心課題となっている．

　1980年代までの韓国自動車産業は，外国の自動車関連技術を基盤にし，量産工場による集中生産，低廉な労働力からなる低コストの部品産業を活用しながらローエンド製品を中心に競争してきた．しかしグローバルな競争の進展とともに，韓国国内に依存したコスト競争力と安価で低品質な自動車開発に頼るだけではそれ以上の競争力を向上させることができなくなっていた．このことから，韓国の自動車産業は，1980年代に入り特に完成車メーカーのなかで，製品そのものの品質，性能，商品力に依存した競争力の獲得を目指してきた．さらに部分的でありながらも日本的な生産システムを取り入れようと努力してきた．なかでも柔軟な生産システムと部品企業との協調的関係形成を通じて，

自動車生産における生産効率性を向上させる方法を模索していたのである．

しかし，2000年代に入ってからそのような企業努力，すなわち日本的な企業間関係の形成や柔軟な生産システムの形成は，別の製品・工程のアーキテクチャのなかで具体化しているようにみえる．いわゆる製品のモジュール化を通じた生産システムの再構築がそれである．

現在の韓国の自動車産業，特に現代（ヒュンダイ）自動車社（以下，現代自動車と称する）において，生産方式の「モジュール化」が急速に進展し，製品内容や生産工程，取引関係や企業間関係など，自動車生産をとりまくプロセスや環境が大きく変化している．

これらの変化は，現代自動車だけでなく，自動車メーカーに部品を供給する関連メーカーにおけるこれまでの歴史的発展経路と競争戦略が大きく関連しながら進展しつつあることに注目する必要がある．

本章は，韓国の自動車関連産業において，現代自動車とその直系部品メーカーである現代モビス，そして関連部品メーカーの現在の事業内容や企業間関係を把握するとともに，完成車メーカーと部品企業間の取引パターンの変化，そしてモジュールサプライヤーの競争力構築の変化について調べ，モジュール化戦略を中心にする現代自動車の競争力獲得の経路を確認し，またその生産システムの持続可能性の是非を問うことを目的にする．

以下の第1節では，製品・工程のモジュール化が推進されるまでの現代自動車の歴史を振り返り，なぜモジュール生産が定着したのかについての考察を行う．第2節では，現代自動車のモジュール化の現状を分析する．そして第3節では，現代自動車におけるモジュール化戦略の持続可能性を議論する．

1．現代自動車の生産方式における歴史的経路

(1) 80-90年代における日本的生産システム導入の努力

図5-1にみるように，1960年代，アメリカ完成車メーカーのCKD組立生産から始まった韓国自動車産業は，40年余りを経過した近年において目覚まし

い量的成長をみせている．単純化の誤謬を恐れずに，図5-1のグラフの特徴を要約すれば，① 80年代半ばにおける急激な輸出増大，② 90年代後半における生産量の減少，③ 2000年代からの持続的成長になるであろう．

①は現代自動車にとって最初の量産化固有モデルであった「pony」の海外輸出が行われた時期であり，②は現代自動車を含む韓国製造業企業の歴史的に蓄積された問題点が表出した97年の通貨危機の時期である．そして③は現代自動車が組織および生産システムを再構築し，世界的な競争力を獲得する時期である．

この節では，次節における現代自動車の製品・工程モジュール化を具体的に分析する前段階として，同社における生産方式の発展経路を上記の3つの時期に分けて検討する．いわゆる2000年代における製品・工程のモジュール化は，現代自動車の戦略的帰結点であったことを本章は主張する．

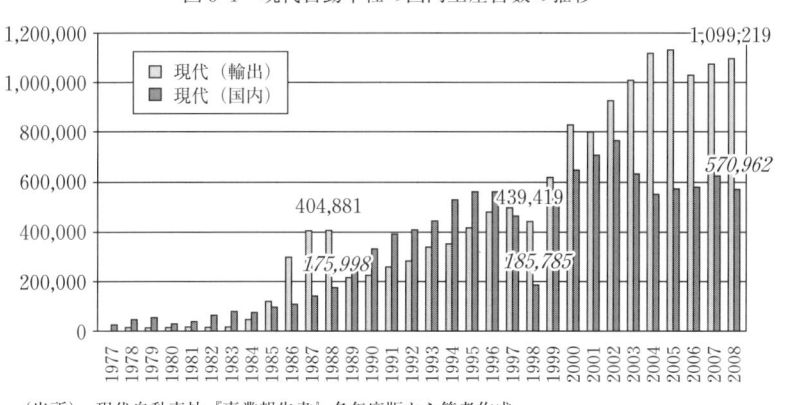

図5-1 現代自動車社の国内生産台数の推移

(出所) 現代自動車社『事業報告書』各年度版から筆者作成

まず，部品企業との関係性も含み，現代自動車における生産方式の全体像を俯瞰してみる．表5-1は現代自動車社の生産方式を含めた発展過程を表にしてまとめたものであるが，1967年から始まった現代自動車の完成車生産は，80

表5-1 現代自動車の発展段階別特性

発展段階	借用期	変換期	生成期	発展期
主要車種	コルチナ	Pony, Pony Ecxell	Accent, Sonata	NF Sonata, Grandure TG
時期	1967～1973年	1974～1990年	1991年～1997	1998～現在
技術移転と発展特性	①集合的移転技術の消化と国内市場への適用 ②集合移転技術を消化するための反復的実行 ③集合技術の吸収能力・技術提供者による技術訓練	①要素技術中心の技術移転とそれらの消化 ②技術改良を通じた海外市場への試験的参入 ③要素技術提供者による技術訓練および独自開発能力の創造	①独自的研究開発による自前製品技術生成 ②先進国主要競争者との今日のための製品開発能力創造 ③独自な研究開発を中心にした技術知識の確保	①自習開発 ②積極的な海外生産 ③柔軟な生産体制の構築
組織の変化	①集合技術提供者が提示する規則と政策に対応	①海外の技術提供者が提示した規則の吸収と修正のための組織の新設と廃合 ②製品変換の対応のための組織改編	①組織の安定性と効率性の重視 ②生産における柔軟性の確保に努力	旧現代グループからの分離独立、起亜自動車の買収による現代自動車グループの成立
生産方式	CKD組立生産 (1969年)	一貫工場生産の確立 (1974-80年)	大量生産 リーン生産方式の導入、柔軟な作業組織の試み。	生産のモジュール化を実施
製品開発		輸出戦略型モデルの開発 固有モデル開発(PONY)	エンジン開発(1991) 独自モデルの開発	共通プラットフォームの開発
部品産業		外国部品の国産化への取り組み	80年代末、重直系列化の試み 完成車企業による部品企業のモデル開発への参与がみられるが、構造的に系列性を免れない	直系部品メーカーである現代モビスを中心に国内部品産業に対応

(出所) 周武鉉(金元重訳)「混合型」「非フォード主義作業組織の形成と進化」『大原社会問題研究所雑誌』法政大学大原社会問題研究所, 第553巻, 2004年, 6ページ. 李紅, シンドゥンプ「現代自動車の成長と進化」「組織学会」秋季学術研究論文集, 組織学会, 2006年, 340ページ (韓国語). の内容を参考に筆者作成. また、98年からの内容は筆者によるもの

年代までは，国内市場において外国の集合的移転技術の消化を軸にしたものであった．80年代において大量生産方式を確立した現代自動車は，技術改良を通じて海外市場へ参入し，低価格車を武器に量的成長を遂げた．90年代は独自の技術の生成と組織力の確保に力を入れる時期であった．技術確保に関してはまず，1991年に初めての独自エンジン開発を成功させ，94年から独自のフラットフォームを持つようになった[1]．そして組織の安定性と効率性を重視し，組織を変化させていくのもこの時期である．

一方，完成車企業と部品企業との関係性に関しては，1990年代に入るまでの韓国自動車産業は，完成車企業育成という国家政策の下で，部品企業の育成には至らなかったという特徴を持つ．すなわち，1980年代までの韓国政府の産業政策による企業支援は，大企業だけに限定され，財閥といわれる大企業だけが成長したのである．このような理由から，大企業並みの部品企業の成長はみられず，完成車企業と部品企業間の協力的関係の進展は構造的に制約された．さらに，自動車産業全体を発展させるための完成車企業側の努力もほとんどみられず，結果的に，部品企業の発展は制約された[2]．

1990年代までの韓国自動車産業は，素材→部品→完成品という順序で発展できず，主要な素材および部品を海外から輸入し，それを組み立てて輸出するという，いわば逆の順序で発展してきたのである（藤本隆宏〔1995〕，86-89ページ）．

それでは，①の時期における現代自動車の生産方式を具体的に検討しよう．

チョヒョンジェ・李ビョンフンの研究は，80年代後半から着手された現代自動車における日本のトヨタ生産方式の導入とその到達点を進化論的観点から綿密に分析している．両氏の研究によれば，現代自動車における日本的生産方式の導入は，1974年の固有モデル「pony」の生産から始まるとされる．

現代自動車は，「pony」の量産を契機に生産技術を主体的に管理するようになる．当時「pony」の設計はヨーロッパの技術であったため，プレス機など多数の工場施設をヨーロッパから調達したが，実際製品をつくるために必要な生産ノウハウ，金型，組立用溶接機，冶工具などの設備は日本から導入した．

生産設備を効率的に運用するための人的交流を含み，日本自動車産業界との連携はこのようにして始まり，自然的に日本的生産方式が導入されることになる．特に生産設備やソフトウェア部門における三菱自動車と荻原鉄工所の影響は大きかったとされる[3]．

このように，現代自動車における日本的生産方式の胎動は必然的であった．しかし1980年代における韓国自動車市場は，政府の政策に保護された3つの完成車メーカーが寡占を形成し，供給者中心市場の状況を生んでいたことから，プッシュ中心の大量生産方式が固着していく．

戦後の日本は11社の完成車メーカーが熾烈に競争する需要者中心の市場であり，その市場の需要変化に柔軟に対応しなければならない状況であった．そのため市場需要に迅速に対応し，多様な製品を供給する柔軟な生産技術とそれの相応する労働力の活用を極大化する柔軟な作業組織が必要であった．これに対し，韓国の自動車市場は，政府の政策と一致する形で輸出戦略型乗用車工場を根幹にし，早い段階で生産量だけを極大化するところに主眼が置かれていた．さらに，80年代中盤における輸出量の増加（主に北米輸出）も一貫生産による大量生産の定着を固着化させ，現代自動車の生産システムは，生産設備の殆どが生産準備時間の長い専用機械であり，単位当たりの生産量を最大化するところに主眼が置かれ，全体的設備および人員配置も一字型の大量生産方式の特徴を持つものに固着化したのである[4]．

このように，日本と相違する韓国国内の市場状況は，一定の経路依存性を生み，現代自動車の日本的生産方式の導入に否定的影響を及ぼした．

しかし，前傾図5-1にも示されているように，80年代の後半になると国内販売とは違い海外輸出台数の激減を現代自動車は経験している．これは，北米輸出後における現代自動車の低級な品質の漏出に基因するものであり，現代自動車は，製品品質を担保できるような生産能力，いわゆる「深層の競争力」[5]を構築しなければならなかった．

80年代末における韓国自動車産業では，徐々に日本的サプライヤーシステムを研究し，日本的部品取引システムの韓国への移植が議論されるようにな

り，現代自動車社をはじめとする韓国自動車メーカーは，生産現場における作業者の能力構築を含め，汎用性と柔軟性を追求する日本的生産方式への構造転換を具体化し始めた[6]．

周知のように，日本的な自動車生産システムは，自動車部品の効率のよい調達と部品サプライヤーとの一体となった緊密な部品供給システムに支えられ，完成車の品質，原価，納期，そして設計技術開発の4つの分野で協力し，完成車メーカーを中心にする全体のレベルを上げていくことを可能にしたのであり[7]，日本の自動車メーカーにおける競争力の源泉はこのような生産システムにあると，世界の自動車産業は評していた．トヨタ自動車のJIT（Just In Time, 適時生産方式）は，生産の同期化を実現した点においてアメリカのフォード生産方式以降の自動車産業の新しいパラダイムとして認められていた．それゆえ，70年代における一貫生産工場の確立，そして80年代の大量生産方式の確立に成功した現代自動車は，一層の競争力を求め日本的生産方式の導入を試みたのである．

しかし，日本とは違う韓国自動車産業の体質は，部品メーカーの柔軟性と企業内労使関係の安定というJITにおける2つの前提条件を充足することができず，結局JITを根幹とする生産システムは適用できなかった[8]．特に，現代自動車内部においては①エンジニア主導による生産技術の収得と開発，②企業内における対立的労使関係が定着し，労働者主導の日本的生産システムの定着が拒まれていたのである．

①は，生産現場の組織化における韓国製造業産業の全般的な特徴である．1970年代における現代自動車の大量生産方式の発展は，管理職のエンジニアの主導により行われ，外国の技術を導入し消化する過程の中には，生産職の労働者は介入していなかった．

現代自動車のエンジニアたちは，新しいプロジェクトに対し，挑戦と献身を組織文化としながら同社の生産技術の水準を向上させた．このような組織文化は，大卒の管理職のエンジニアにおける組織への帰属意識が高卒の生産職労働者と比較して相対的に高かったためである．

生産現場の労働者は，年功序列的賃金体制に極度に制限された昇進機会を持っていたのに対し，エンジニアは，業務業績が年俸と人事考課に直接に反映されていた．このような業績指向的な組織文化は，エンジニアに積極的業務姿勢を持たせ，エンジニア主導による生産技術の発展はその後においても現代自動車の成長を牽引する[9]．

②の韓国製造業における労使関係は，韓国国内の産業全体においてみられたものであり，1986年を分岐にしてその変化が観察される．それは使用者を中心にする権威的な関係から対立的な性格への転換であった．

労組の設立と対立的労使関係においては，現代自動車も自由ではなかった．相互不信な対立的労使関係は，現代自動車の生産方式が日本的のそれとは明白に区分される形態に発展していくのに重要な要因として作用した．

周知のように，日本的な生産方式は労働者の自発的参加と協調を前提にするが，現代自動車における現場労働者は使用者への不信が強く，日本的生産方式の要素を現場に導入することを「労働強化」という名目から拒否した．このような労働者の傾向は，今現在においても現代自動車の作業組織と人的資源開発の全般において大きな影響を及ぼしている．

そのなかでも現代自動車は，80年代末の蔚山第3工場，90年代牙山工場の建設において，トヨタの完成車工場をベンチマークし，日本的生産システムの導入に積極的であった．

しかし，蔚山工場と牙山工場は，作業組織の側面からトヨタの工場とは相当な差がみられる．牙山工場では，自主保全，品質管理など生産労働者の積極的参加を前提にする人的要素は考慮されていない．外見上，現代自動車工場の作業組織は組・班を基本単位としているが，多能工化のための職務循環や品質管理など労働者の自発的参加はみられず，硬直的なシステムになっている[10]．

このように，80年代と90年代における現代自動車の生産方式は，「トヨタ式の柔軟な生産システムの構造を持つが，作業者はフォード主義的な単純反復的労働課程を遂行している」[11]と一般的に要約される．つまり，柔軟な生産技術と硬直的作業組織の結合であったといえる．その理由は，韓国の労働市場と

労使関係など，経営環境の社会的条件の差から由来するといえよう[12]．

さらに，このような経営環境の社会的条件の差は，現代自動車の部品調達の側面においても重大な影響を及ぼした．90年代までの現代自動車のサプライヤーシステムは，専属的・排他的なサプライヤーシステムから抜け出せずにいた．このような単層的分業関係形成もまた，80年代末までに蓄積された韓国産業界の労使間の葛藤が存在するためである．

1987年から始まる部品企業の頻繁なストライキは，完成車企業と部品企業関係の成熟化を困難にした．部品企業における頻繁なストライキは，部品調達のリスクを回避しようとする完成車企業の部品取引の多様化戦略を生じさせ，その結果，市場における部品企業の安定的な存続が難しくなり，完成車企業と部品企業間との協力関係はますます低下していったのである[13]．その上，韓国政府の産業政策から外されていた部品メーカーは，韓国の完成車メーカーの成長とは裏腹に，零細性を脱皮できず，技術力を担保にした完成車メーカーとの協力関係を形成することができず，単層的分業関係のなかで安住していた．

このように，現代自動車は国内外の急激な環境変化のなかで，80年代以降世界自動車産業が学ぼうとしたトヨタ生産方式を導入するために努力を傾注してきたことは否認できない．しかし日本的慣行を導入する過程の中には，その当時の国内外の市場需要，競争状況，そして労働市場の状況や労使関係のような構造的変数が影響を及ぼし，現代自動車が意図しなかった経路が生じたのである．

以下では，90年代後半，本節の最初のところで言及した②の時期，いわゆる1997年のアジア通貨危機後における現代自動車の生産方式の変化を検討する．

(2) 90年代後半における生産システムの変化

以上のような企業内外の情勢により，現代自動車の製品・工程における「深層の競争力」の獲得は思うように進まなかった．作業現場における柔軟性と効率性は労組により拒否され，そして部品調達における柔軟性と効率性も産業全

体が抱える構造的矛盾のため前進がみられず，プッシュ型の大量生産体制からの脱皮はできなかったのである．

このような企業内外における成長の停滞，そして問題点は，1990年代の中盤になると顕在化し，1997年に起きたアジア通貨危機によって過去数十年間において韓国経済の高度成長を主導してきた完成車メーカー中心の発展モデルは限界を露出した．1997年の経済危機が外国為替危機の形態を取ったとしても，危機の根本的原因が財閥中心の韓国製造業企業の放漫な経営体制にあったという議論にはある程度の共感が存在する．

実際，1990年代に入ってから現代自動車を含む財閥系の韓国製造業企業は競争力の低下が著しくなり，危機的な局面に逢着した．

前掲の図5-1には，現代自動車の一定の量的成長が示されているが，しかし実際の売上高は，政府の政策に守られた過剰投資が先行し，一貫生産による安価な製品の大量生産から生まれたものであった．これは，前節において指摘した通りである．

図5-2にみるように，現代自動車を含む韓国自動車メーカーにおける年度別有形固定資産の増加率の変化は，売上高増加率の変化より1, 2年先行する．

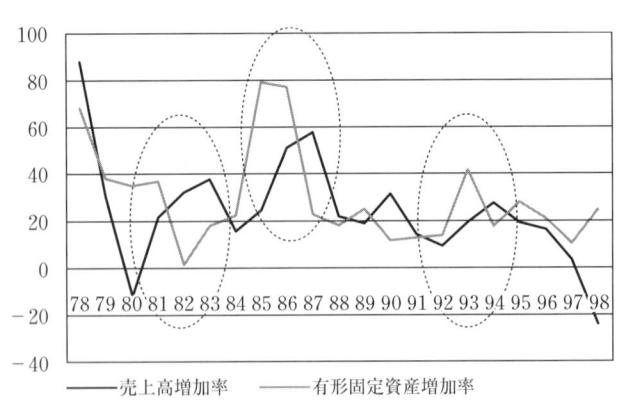

図5-2　売上高増加率と有形固有資産増加率の推移

(出所)　韓国銀行『企業経営分析』各年度版から作成

第 5 章　韓国現代（ヒュンダイ）自動車社の競争力構築　135

例えば，80-81年の政府による「重化学工業合理化措置による車種制限措置」による投資や，85-86年における「重化学工業合理化措置による車種制限措置」の解除による競争的設備投資，そして93年の「サムスン自動車」の自動車市場参入に対応した，競争メーカーの進入障壁構築のための設備増強，などがそれであり，売上高の増加率は先進国より高い水準であったが，投資に対して生産台数が計画値を下回る状況が続いたのである．

　韓国の自動車産業は，このように国家主導の設備投資を中心にする投資戦略のなかで，80年代の「大投資・高売上」の好循環を続けたが，90年代以降において過剰投資が原因となり危機の条件を形成してしまった．

　図5-3は，97年における韓国自動車産業の危機要因発生の流れを示している．①投資は，自己資本よりは長・短期債務によって行われ（高い固定長期適

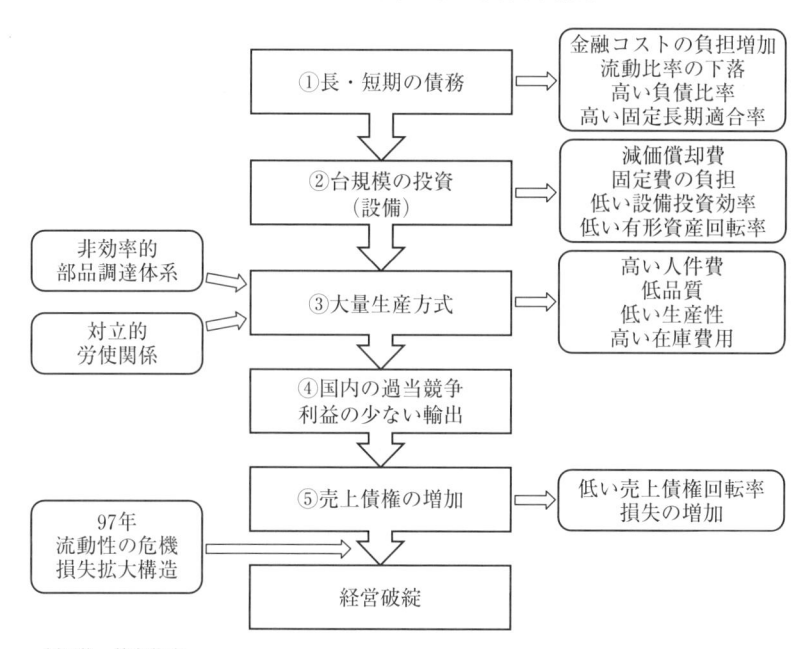

図 5-3　韓国自動車産業の業績悪化構造

```
                    ┌─────────────┐      ┌──────────────┐
                    │①長・短期の債務│ ─▶ │金融コストの負担増加│
                    └──────┬──────┘      │流動比率の下落    │
                           │             │高い負債比率      │
                           ▼             │高い固定長期適合率 │
                    ┌─────────────┐      └──────────────┘
                    │②台規模の投資 │      ┌──────────────┐
                    │  （設備）    │ ─▶  │減価償却費       │
                    └──────┬──────┘      │固定費の負担     │
                           │             │低い設備投資効率  │
  ┌──────────┐             │             │低い有形資産回転率│
  │非効率的    │             ▼             └──────────────┘
  │部品調達体系│─▶┌─────────────┐      ┌──────────────┐
  └──────────┘   │③大量生産方式 │ ─▶  │高い人件費       │
  ┌──────────┐   └──────┬──────┘      │低品質          │
  │対立的     │─▶        │             │低い生産性       │
  │労使関係   │           ▼             │高い在庫費用     │
  └──────────┘   ┌─────────────┐      └──────────────┘
                    │④国内の過当競争│
                    │利益の少ない輸出│
                    └──────┬──────┘
                           ▼
  ┌──────────┐   ┌─────────────┐      ┌──────────────┐
  │97年       │   │⑤売上債権の増加│ ─▶ │低い売上債権回転率│
  │流動性の危機│─▶└──────┬──────┘      │損失の増加      │
  │損失拡大構造│          │              └──────────────┘
  └──────────┘           ▼
                    ┌─────────────┐
                    │  経営破綻    │
                    └─────────────┘
```

（出所）　筆者作成

合率),その結果流動性の悪化につながった(低い流動比率).そして③生産過程は非効率的で,在庫資産管理の水準は低く,労使関係の悪化により,売上高対人件費の比重は高くなっていった.④過剰投資から生じる固定費や減価償却費の負担は,無理な販売拡大戦略を生んだ.これにより,⑤売上債権が増え,流動性と収益性を大きく圧迫したのである.

韓国自動車産業は,政府の支援と借り入れ資本を利用し,果敢な投資戦略を駆使してきた.しかし大投資・高売上高の好循環は90年代に消滅し,97年のアジア通貨危機により多くの企業の経営は破綻した.

結果的に1997年のアジア通貨危機後,韓国の自動車メーカーと部品メーカーは深刻な経営困難に陥った.結局,韓国経済全体の危機と相まって,現代自動車以外の完成車メーカーは海外メーカーに売却され,表5-2にみるように多くの部品メーカーも海外部品メーカーに収められることとなった.さらにこの時期に倒産した部品メーカーの数は156社に上る[14].

一方,同時期の現代自動車は,韓国完成車メーカーのなかでは財務構造が相

表5-2 外国メーカーによる韓国部品メーカーの買収

外資系サプライヤー	投資先(韓国国内サプライヤー)
Delphi	大成電気㈱,㈱星宇,㈱デルコ,㈱成山,新星パッカード㈱,韓国電装㈱,大宇起電㈱,デルフアイコリア
Bosch	㈱モスト,㈱カムコ,㈱ケピコ,韓国ボッシュ起電㈱,韓国新ディーゼルテク㈱,㈱斗源精工
Visteon	漢拏空調㈱,徳洋産業㈱,韓国VDC漢拏
TRW	㈱宇進,新韓ベルブ産業
Gimens	ジメンスオートモティブ㈱,韓国EMS㈱
Valeo	㈱平和バレオ,㈱萬都機械慶州工場
Rear	現代自動車シート事業部門
FDS	平和産業㈱
アイシン精機	ヒョンダム産業㈱

(出所) FOURIN編『FOURIN 韓国の自動車部品産業』1997年,162ページ

対的に堅実だったのであり，旧現代グループのなかでは企業として大きな問題はなかった．ただし，母体であった現代財閥グループは，韓国政府の5大財閥グループの構造調整の過程で解体されることになり，自動車部門である現代自動車は独立した．その後，起亜自動車社と現代精工（後に現代モビスに変わる）を収め，現代自動車グループになる．

　本章で注目したいのは，この現代自動車の組織の調整に現れる競争力構築の過程である．現代自動車は起亜自動車の買収[15]を契機に，自動車事業を現代自動車と起亜自動車社の2つの完成車部門として組織を統合し，また，両社のサービスと販売部門も統合した．そして，現代グループのなかで自動車部門と工作機械部門を担当していた（株）現代精工を分割し，自動車部門は現代自動車に統合し，残りの工作機械部門を現代モビスに変更させ，自動車部品メーカーに変身させた．

　このような現代自動車と起亜自動車，そして工作機械部門を持つ現代モビス，計3社の経営統廃合は，部品調達体系の構築やプラットフォームの共用化を通じた生産効率向上の効果を目標にしたものであり，現代自動車の経営統合による費用節減効果は，2000年代に入ってから競争力を発揮し，同社の韓国内での市場支配力を高めた．2001年から2005年の現代自動車グループの韓国内での市場シェアは平均73%を上回り，この傾向は現在にも続いている[16]．

　特に現代自動車直系部品メーカーである現代モビスの役割は重要であり，現代自動車は費用節減の効果をもたらすために，従来の現代自動車対1次・2次部品メーカーの関係構図を，現代モビス対各部品メーカーの構図に戦略的に変更させた．その現代モビスを前面に出すこととは，戦略的モジュール生産方式の導入を意味し，現代自動車は1997年にモジュール生産方式の導入し始め，1999年から本格的にこの生産方式を推進している[17]．

　現代自動車が対部品メーカーとの構図を現代モビスを中心軸にして変換させた理由は，前述した通り80年だ後半から構造化した労組との関係にある．現代自動車は，安定しない労使関係のなか，早い変化をみせる競争環境に適応するために，限定されている経営資源を製品企画と管理機能に集中させるため

に，現代自動車が担当していた生産機能を外部化（現代モビスが主導的役割）し，モジュール生産方式を選択することになる．

さらに1990年代後半，現代自動車はいくつかの点で重要な変化をみせる．そのなかでも，海外市場における製品供給の柔軟性確立は特に重要であった．

現代自動車の海外現地生産は90年代末からのトルコ，2002年の中国，そして2005年のアメリカなどに拡大していた．同社が海外現地生産に踏み切った根本的な理由の1つは現地市場需要への迅速な対応のためである．さらに，国内市場の状況も政府の政策から守られる市場から自由市場に変貌した．したがって，従来の一貫生産による大量生産は競争力を持てず，混流生産を基本にする生産ラインにおける柔軟性の確保は必須不可欠であった．

このような状況は，モジュール化の進展を促進し，また強化した．部品はモジュール単位として完成車組立ラインに順付けに投入されるため，生産車種の増加に伴い多くなる部品空間も節約され，また工程における工数の減少は従来の熟練度のままで高効率な多品種生産も可能になる．例えば，現代自動車が生産するベルナという車種は過去には蔚山（ウルサン）工場で年間45万台を生産していたが，現在は，インドのチェンナイ工場，中国の北京工場においても生産され，全世界に供給されている[18]．さらに，現代自動車工場と起亜自動車工場の間にもお互いの車種を生産しており，現在は，韓国だけでなく，チェコやアメリカの拠点において両社の車種を混流生産している[19]．

さて，現代自動車の生産方式は生産技術の柔軟性の面では持続的に発展してきたといえる．しかしながら，作業組織の柔軟性はそれに照応していない．そのため現代自動車は，情報の技術を適用しながら生産方式を進化させている．現代自動車は98年，現在の組織体制を構築してから，組織のすべての手続きを標準化させ，すべての社内情報・資料を管理してきた．

表5-3は，同社が推進している生産部門の情報化を表している．現代自動車はE-BOM，APSなど各分野の情報化を土台にし，2000年代中盤から統合的情報化であるEPRを推進している[20]．これにより，現代自動車は組織すべての分野における情報を標準化し，規定化された情報を各部門が活用している．

表5-3 現代自動車の生産システム情報化の推進の一部

情報化名称	内　　容
ODT（order to delivery）	注文から素材，生産，出荷に至るすべての過程を効率的に管理する上位概念
SCM（supply chain management）	完成車工場，部品企業，流通企業，顧客すべてを総合的に連携管理
ERP（enterprise resource planning）	製品開発，生産，販売，A/Sに至る企業業務の全過程をデーター化し管理する情報システム
E-BOM（enterprise bill of material）	自動車製品のすべての品目間の関係と使用量単位などを表示する資材明細書．ERPのためにデーターを提供する手段
APS（advanced planning & scheduling）	生産能力を考慮し生産計画の正確度を向上させ，かつ部品在庫を最適化することによって顧客納期を管理する生産方式

（原典）　2004年，現代自動車提供資料
（出所）　조형제・이병훈「현대자동차 생산방식의 진화：일본적 생산방식의 도입을 중심으로」『동향과전망』한국사회과학연구소，2008년，73호，p. 250.（チョヒョンジェ・李ビョンフン「現代自動車の生産方式の進化：日本的生産方式の導入を中心に」『動向と展望』韓国社会科学研究所，2008年，73号，250ページ

　例えば，生産現場の作業組織能力の向上もこのような情報の電算化によって賄われている．電算網を通じたシステムの統合は，研究開発，部品管理および完成車工場組立工程に及んでおり，特に，現代モビスにおける組立工程は従来の単線的で直線的な工程が細かく分けられ，複合的で多元化された工程に分割しており，モジュールの組立と品質管理が電算システムを通じてすべて自動化されている．さらに，モジュール製品の生産は現代自動車の完成車工場の電算システムに統合されている．このような工程の電算管理は，作業労働者の自主的保全活動や多能工化の欠如を補完しながら発展している．

　以上，本節では1980年代と90年代における現代自動車における生産システムの変化の経路を検討した．同社は，70年代において日本からの生産設備の導入に際し，その設備を適切に運用するために，作業現場における日本的生産

方式を導入を試みた．しかし日本的慣行を導入する過程のなかには，その時間軸における国内外の市場需要，競争状況，そして労働市場の状況や労使関係のような構造的変数が影響を及ぼし，企業が意図しない結果を生むことになった．その経路のなかで登場したのが戦略的モジュール生産方式である．

結果的に，現代自動車の90年代後半におけるモジュール生産方式導入は，製品の生産・管理機能の集中のための生産工程の外部化を意味するが，それは，「対立的な労使関係の対応としての生産システムの模索」という側面が強いといえる．

以下では，現代自動車が追求しているモジュール生産方式の意味を問うために，そのモジュール生産システムの詳しい状況を確認する．

2．現代モビスを中心にする現代自動車社のモジュール化戦略

(1) 世界自動車産業におけるモジュール化の動き

自動車だけでなく，おおよその製品・生産工程は，「どのようにして製品を構成部品や工程に分割し，そこに製品機能を配分し，それによって必要となる部品・工程間のインタフェースをいかに設計・調整するか」[21]という基本的な設計構想，すなわちアーキテクチャを持つ．このアーキテクチャの代表的な分け方としては，「モジュラー型」と「インテグラル型」，そして社内か業界内「オープン型」と「クローズド型」の区別がある[22]．

製品レベルにおけるモジュラー・アーキテクチャとは，藤本氏の定義に従えば，機能と部品（モジュール）との関係が1対1に近く，それぞれ自己完結的な機能があり，1つ1つの部品に非常に独立性の高い機能が与えられる．また，インテグラル・アーキテクチャとは，機能と物的構成要素の間の対応関係が複雑に絡み合っており，構成要素間の機能的相互依存性が高いことを示す．そして，このモジュラー・アーキテクチャにおいて，部品のインタフェースが業界内で標準化されると「オープン・アーキテクチャ」になり，社内に限定されるとクローズド・アーキテクチャになる．

自動車産業に限っていえば，製品そのものに関するアーキテクチャはいまだオープン・モジュラー・アーキテクチャは成立していない[23]．しかし，クローズドなモジュラー・アーキテクチャに基づいたインターフェースのルール化が徐々にみられ，現在においては製品や工程の構成要素間の相互関係を弱めることによって複雑性を削減しようとする動きが活発化してきた．そのような動きがいわゆるモジュール化であり，それは，①「製品アーキテクチャのモジュール化」②「生産のモジュール化」，③「企業間システムのモジュール化」(調達部品の集成化)，の3つの側面から捉えることができる[24]．

世界の自動車産業では90年代に入りモジュール化という考え方が注目を集めてきた．それは，1980年代に欧州で「軽労化」の要請から始まった部品のモジュール化の動きに端を発する．自動車の組立てラインで各部品を個別に組み付ける際，以前の欧州メーカーでは特に車体の下回りの部品を取り付ける際に見上げるような姿勢の作業をしていた．これが作業者に重い負荷となり，結果として品質が安定しない状況にあった．これを改善するために考案された手法がモジュール化である．しかし，欧州の完成車メーカーが1990年代に入ってコスト削減の方策の1つとして，部品メーカーへのアウトソーシングとモジュールを結び付けた戦略を実行した．すなわち，部品メーカーの相対的に安い労働コストを活用し，部品メーカーの役割を大きくすることで，自らの投資負担，リスクを軽減できることから，1996年からモジュール生産方式を進めたのである[25] (池田正孝〔1998〕)．

このように，生産プロセスにおいて従来より大きな単位でサブアッセンブリーを行うこと，いわゆる外部のサプライヤーにサブアッセンブリーを任せることが，現在欧州の自動車産業におけるモジュール化の特徴である．完成車メーカーにとってこのような生産方式の利点は，① 主要部品のユニット別組立工程を人件費の安いモジュールサプライヤーに移管することにより，組立工程の工数削減，それによる設備費の削減に加えて，人員の削減，組立時間と組立ラインの短縮といった生産ラインの合理化が可能になること，また，② 完成車メーカーに比較して部品メーカーの方が人件費が低いため，アウトソーシング

した分のコスト削減が可能になることである[26]．

欧州においては，このような動きから自動車部品産業構造と部品メーカーのポジションは大きな変化を生み，巨大システム／モジュールサプライヤーの形成，自動車生産の根幹に関わるようなシステムの開発・製造の，自動車メーカーからシステム・サプライヤーへの大幅移転などが生じた[27]．

この傾向は，藤本氏が分類しているいわゆる「企業間システムのモジュール化」の強化であり，欧州自動車産業は，モジュール生産方式を核にしながら完成車メーカーとサプライヤーとの生産関係の変革を通じて，システム開発・生産権限のサプライヤー側への移管が強くなっている[28]．

これと同様のサプライヤーへの委譲傾向は，北米の完成車企業においてもみられる現象である．

例えば，90年代後半のGMは，小型乗用車の生産コスト20%削減をめざすプロジェクトを確立し，モジュール工場の新設とともに，多くのモジュール部品メーカーの提案を受け入れている．またフォードは，開発設計を分担し得る能力を持ったサプライヤーを認定するためのFull Service Supplier（FSS）プログラムを90年代から導入し，モジュール生産メーカーにシステムの開発と生産を移管し始めた[29]．

一方，日本の自動車業界における実際の傾向をみると，完成車メーカー工場の生産のモジュール化が先行しており，製品システムのアーキテクチャーはむしろインテグラル型すなわち統合化の傾向がつよく，1990年代から自動車メーカーの内部でのサブアッシー単位での集成化だけが進展している状況であった[30]．

この背景には，自己完結型品質管理が重視される日本的生産管理の傾向が強いこと，そして部品やコストがブラックボックス化することを嫌う傾向を日本の完成車メーカーが持つためであり，完成車メーカーの社内におけるサブアッシーラインでの一括組立を通じた生産のモジュール化が主流であった．すなわち，日本の自動車メーカーは欧米のモジュール方式に対して，従来の日本的な生産方式と比較し，コストの削減や新しい付加価値の創出も期待できないこと

から，従来の生産方式に集中する傾向にあった．

このようなことから，日本におけるモジュール化の議論は，そのほとんどが比較産業論からのアプローチになり，従来，日本の自動車産業が競争の優位性としていた，部品間の設計・製造過程において細かなすりあわせとの比較においてモジュール化の利点などが分析されている．その日本的アーキテクチャに関する要点は藤本隆宏の以下の整理から確認できる．

それは，① 長期継続取引，② 少数サプライヤー間の能力構築競争，そして ③ 一括外注，である．これはいわば，20世紀後半における日本の部品調達システムの機能を説明するものであり，この3つがある種の相互補完性を持って，日本の摺り合わせ型製品の競争力を支えてきたとされる．

このように，日本の自動車産業界においては，部品間の技術的・属性的補完性の存在という経済理論的理由から，モジュール化の動きは，欧米とは違う形で進み，完成車工場の生産におけるモジュール化が主に進んでいる．

以上の検討から，日米欧の自動車企業で実際に展開されているモジュール化の実態を前記の藤本氏の分類に即してまとめるならば，欧州と北米の企業では，アウトソーシングが先行する「企業間システムのモジュール化」の傾向があり，生産のモジュール化がこれに対応する形で進んでいる．日本は，自動車企業内での「生産のモジュール化」の取り組みが活発であり，欧米のようなアウトソーシング傾向はあまりみられず，むしろ，サブラインでの機能保障・品質保証の必要性から，「製品アーキテクチャのモジュール化」へと向かう圧力がかかっているかもしれない[31]．

それでは，韓国の自動車産業におけるモジュール化の傾向はどのように議論されているのだろうか．同産業におけるモジュール化に関する研究は主に，日欧米の先発企業との比較視点から韓国自動車産業のモジュール化の動向が議論されてきた．

例えば，劉仁傑と呉銀澤氏の研究は，韓国と台湾の自動車産業のモジュール化に関し，特に韓国の場合，ヨーロッパのような賃金格差の利用という側面や対立的労使関係への対処のためのアウトソーシングによるサブアッシーの進

行，そして，モジュールの開発・生産機能がグループ内の専門モジュール・メーカーに集約される傾向がみられると指摘している[32]。

さらに，李在鎬氏の韓国自動車産業のモジュール化に関する研究においても，システムを構成する部分間（企業間，労使間）の関係において，部分の主体性や利害関係が深く関わることが多いと指摘されている[33]。すなわち，完成車メーカーと強い労組との関係という特殊性および低い労働生産性が背景になって，90年代後半の経済危機をきっかけにモジュール化が急速に進行したのである。

韓国完成車メーカーのモジュール生産方式の導入の対する両研究は，ともに敵対的労使関係などといった部門間，企業間の関係の解決策として，その導入の背景に焦点が置かれており，一方における，モジュール部品の導入による完成車メーカー競争力の向上という深層の側面はまだ触れられていない。それは，韓国のメーカーがモジュール化を導入したのがまだ10年も立たない点からすると十分理解できよう。

このような点を踏まえ，本稿では，韓国完成車メーカーのモジュール生産方式の導入による競争力構築という点に焦点をおく。以下ではまず，韓国自動車産業のモジュール化をめぐる具体的な動きを見ることにしよう。

(2) 現代自動車におけるモジュール生産方式の現状
1) 現代モビスの役割と現代自動車のモジュール部品導入状況

現代自動車は，自動車部品の機能的統合を通じたシステム・モジュール化を志向している（2006年時点）。システムモジュールとは，部品間の統合システムを構築する1つの方法であり，完成車工場における外部のサブアッセンブリーによる工程数の縮小だけでなく，製品アーキテクチャの観点に立ち，自動車1台の生産に必要な2万個以上の部品を統合的に管理し，また最適モジュールの設計による製品品質の向上を狙うものである。

部品の統合管理は一次的にモジュールによって行われる。したがって部品調達の関係も完成社中心に編成された過去の部品調達方式とは異なりモジュー

ル・メーカーの戦略が部品調達体系の編成基準になっている．

　図5-4に見るように，現代自動車は，起亜自動車，そして現代モビスとの循環出資の形で結ばれており，出資の点からいうと現代自動車グループの頂点になっている．現代自動車のモジュール部品生産を担当している現代モビスは，モジュール設計とシステム化に重点を置きながら，新規設備投資の代わりに他社の既存設備を吸収し，技術統合を追求してきた（表5-4参照）．

　現代モビスが生産しているモジュール部品は，例えばシャシー・モジュールの場合，部品の数が53個，製品仕様はフロントシャシー・モジュールが252仕様に上っている．また，リアーシャシー・モジュールは67仕様に達している．運転席モジュールは69個の部品を組立てて生産するが，仕様はおおよそ3,232に達する．フロントエンド・モジュールは37個の部品で構成されていて323の仕様がある．

　69個の部品から完成される運転席モジュールは，23社の部品メーカーから納品を受け，53個の部品で構成されるシャシー・モジュールの場合45社の部品メーカーから納品を受ける．また37個の部品で作られるフロントエンド・モジュールは19社から部品を受けている．したがって牙山現代モビスは総87社の部品メーカーを2次部品企業として持っていることになる（2006年時点）．

　このような過程において，現代モビスは単純に完成車メーカーに部品を納品する部品メーカーではなくA/S部品市場を含め，（旧）ダイムラークライスラーなどの完成車メーカーにもモジュールを納品する自動車産業の中心企業に成長している[34]．

　表5-5にみるように，現代自動車グループにおける現代モビスへの成長速度は実に早く，現代モビスが部品メーカーになって5年で，売上高6兆8,000億ウォンにのぼる大型部品企業に成長した．

　例えば，現代モビスのイファモジュール工場で生産するコンプリートシャシー・モジュール（ローリングシャシー・モジュール）は自動車1台価格の約40％を占め，また牙山モジュール工場で生産するモジュールの場合全体部品の35％を占めているなど自動車の原価に占めるモジュール部品の割合は大きくなっ

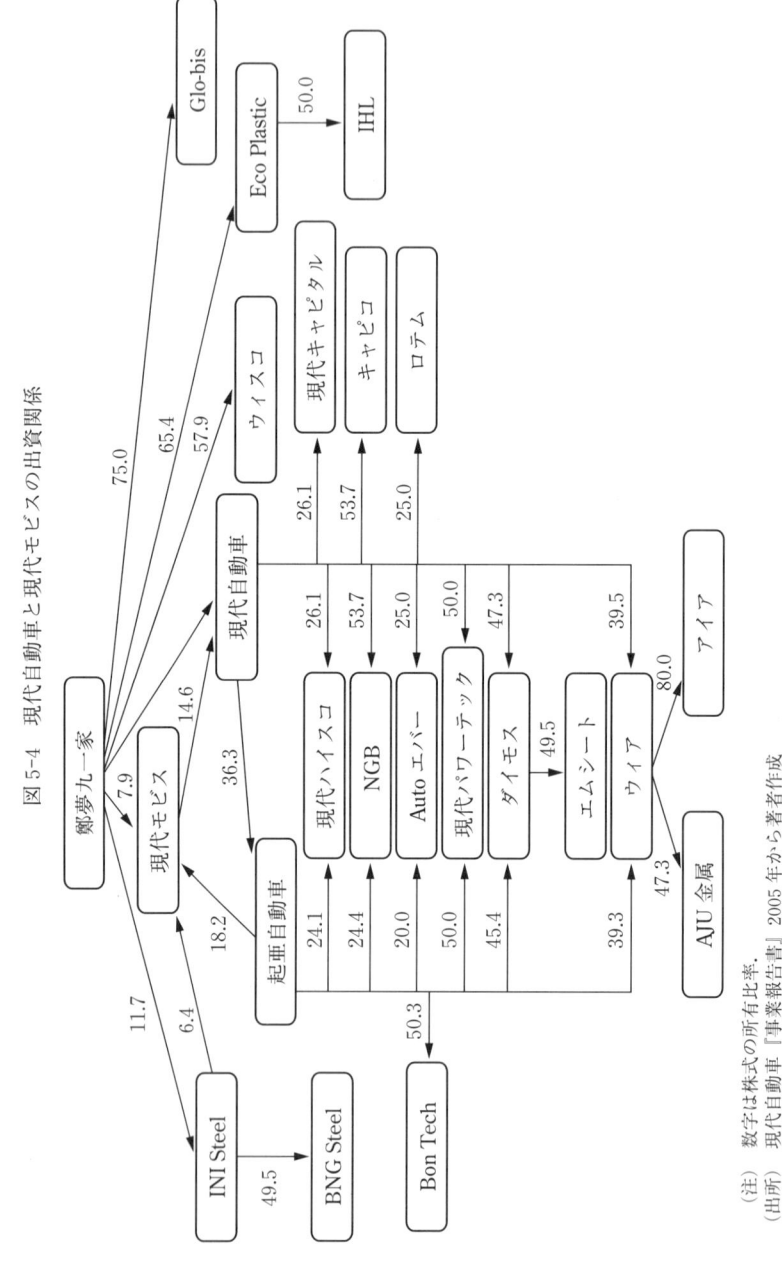

図 5-4 現代自動車と現代モビスの出資関係

(注) 数字は株式の所有比率.
(出所) 現代自動車『事業報告書』2005 年から著者作成

表5-4 現代モビスのモジュール生産体制確立過程

年度	重要経営行動	モジュール技術の獲得
1997	変速機部門を㈱現代宇宙航空に譲渡.	
1999	鉄道車両部門を㈱ロテムに譲渡,車両および工作機械事業部門を現代自動車と分割合併.Ulsan工場シャシー・モジュール量産.	
2000	現代自動車のA/S用部品事業を引受け.Instrument Pannel工場買収およびコクピット・モジュール量産.㈱カスコ天安工場(運転席モジュール生産工場)買収,起亜自動車のA/S用部品事業を引受け.	アメリカTIP社とのインパンネル(運転席部品)製造に関する技術提携.
2001	カートロニックス研究所設立(Mabukri研究所と2所体制).	日本のアルパイン社と自動車電子分野技術導入契約.アメリカのテクストロン社と運転席モジュールに関する技術提携.ドイツのボシュー社と電子由圧制動装置に関する技術提携.
2002	特殊重機およびプラント事業を㈱ロテムに譲渡.㈱マンドシャシー・モジュール工場(Posung,yongin工場)の資産買収	ドイツのジメンス社と車両電装統合モジュール共同技術開発の契約を締結.ドイツのZF社とシャシー・モジュールに関する技術提携.
2003	㈱Ihwaモジュールを吸収合併.	アメリカのBREED社と自動車安全システムに関する技術提携.アメリカのコリンス&アイクマン社と運転席もモジュールに関する技術提携.
2005	㈱カスコ買収.	
2006	アメリカダイムラークライスラー社にシャシー・モジュール供給.	
2007	ドイツのAutomotive Lighting社と技術導入契約締結.㈱カスコを吸収合併.	

(出所) 現代モビスの2003年~2008年度事業報告書を参考に筆者作成

表 5-5　現代モビスの売上高および利益規模

(単位：百万ウォン)

項　　目	2000 年	2001 年	2002 年	2003 年	2004 年
現代自連結売上高				46,588,410	53,100,621
現代モビス連結売上高	1,940,278	2,943,419	4,176,770	5,577,008	7,304,035
売上高利益	437,185	760,899	888,896	1,125,661	1,478,890
モジュール事業の売上高	N.A	1,964,746	3,011,890	3,876,053	5,122,823

項　　目	2005 年	2006 年	2007 年	2008 年
現代自連結売上高	58,830,632	63,648,025	69,601,516	79,736,351
現代モビス連結売上高	9,283,463	10,731,087	11,507,231	13,847,206
売上高利益	1,609,339	1,765,798	1,808,392	2,456,613
モジュール事業の売上高	5,489,934	9,019,208	9,452,595	11,714,405

(注)　現代自動車の 2000 年～2002 年の連結決算は存在しない．
(出所)　現代自動車，現代モビス社の『事業報告書』各年度版を参考に作成

ている[35]．

　表 5-6 は，現代自動車の各工場におけるモジュール化の推移を整理したものであるが，現代自動車における製品・生産のモジュール化は，1997 年 MPV であるスタレックスに一部導入され，その後 2002 年蔚山（ウルサン）1 工場で生産され始めたクリック（プロジェクト名 TB）のフロントエンド・モジュールを全面的に導入することから始まった．

　この段階においては，コクピット・モジュールとヘッドライニング・モジュール，そしてシャシー・モジュールなどは，該当部品の組み立てをユニット化し外注化する段階であり，しかもドアシールド・モジュールはまだ導入されていない段階であった．しかし，その後，2005 年 9 月に市販された小型車種ベルナ（プロジェクト名 MC）の生産から，モジュールが大部分適用されている．同じく，牙山工場で 2004 年 8 年から生産された車種 NF Sonata もドアシールド・モジュールが初めて適用されたモデルであり，TG Grandeur のモジュール化水準はベルナや NF Sonata と大きな差はない．

現代自動車のモジュール導入の段階とレベルをみると，コクピット・モジュールは，ヒーターをはじめとする各種空調機（タクトゥリュ）を結合した水準から始まり，2006年の時点で，ステアリングギアボックスとABSエアーバック・ユニットが結合され，最終的なコクピット・モジュールの水準に達した．コクピット・モジュールのレベルは各システムの統合から製品アーキテクチャ段階への移行が進んだとみてよかろう．

　フロントエンド・モジュールは，ラジエーターと冷却ファンで構成されるクーリング・モジュールとラジエーターをくるむラジエーターサポーター・モジュール，そしてバンパー・モジュールとして区分するが，それぞれの個別モジュール段階では部品の一体化自体が目的になるが，フロントエンド・モジュールへの統合は冷却システムと衝撃緩和システムの最適状態を実現するのに焦点を合わすことになる．2006年時点における現代モビスのレベルは，もっと多い部品を一つの単位に一体化する段階を越え，システムの最適化のための研究開発と製品開発の段階に発展している．

　シャシー（サスペンション）・モジュールは，フロント部分とリア部分で分けられ．フロントシャシー・モジュールの場合，現代自動車はNFモジュール化段階からエンジン/TM，燃料タンク，マフラーなどを含む包括的で全面的なフロントシャシー・モジュール適用を試みている．リアシャシー・モジュールはNFソナタ生産以後からリアストラットを含むシステム統合の水準に至った．

　また，ドアモジュールにおいては，今まで現代自動車で生産する車種にはが本格的に適用されなかった[36]が，NF SonataとTG Grandeurに導入され，トリムモジュールの製品も適用されている．

表 5-6 現代自動車の各工場における

区　　分	蔚山第 1 工場		蔚山
車　　種	Click 1399cc	Verna 1399cc	Santafe SUV, 1995 cc
モジュールの導入次期	02 年 5 月	05 年 10 月	99 年 4 月
コクピット・モジュール			
メインクラッシュパッド	●	●	●
カウルメンバ／ワイヤー			
ステアリングコラム			
ヒーター／ブロー／エバ			
フロントエンド・モジュール			
クーリングモジュール			●
ラジエータメンバ	●	●	
ヘッドランプ			
フロントバンパーバックビーム			
フロントバンパーアッシー	●	●	●
リアーフロントバンパーアッシー	●	●	●
シャシー・モジュール	○	●	
フロントクロスメンバ	●		●
フロントストラット	○		●
リアクロスメンバ	○		●
リアーストラット			
ドア・モジュール	○	○	○
ドアーシールド・モジュール			
ドアインナー・モジュール		●	●
ドアワイヤリング			
ドアトリムシール			
ドアトリム・アッシー	●	●	●
一台当りのモジュール化比率（％）	27	N.A	24

（注）　●：社外モジュール，○：社内モジュール
（出所）　現代自動車提供資料，韓国金属労組発表資料をもとに筆者作成

第5章　韓国現代（ヒュンダイ）自動車社の競争力構築　151

モジュール部品導入の推移

第2工場	蔚山 第3工場	蔚山 第4工場	蔚山 第5工場	牙山工場	
Tucson SUV, 1995c	Avante 1591cc	Starex MPV, 2497cc	Tucson SUV, 1995cc	NF Sonata 1998cc	TG Grandeur 2359cc
04年2月	00年4月	97年1月	04年2月	04年8月	05年4月
		●			
●	●		●	●	●
			○		
	●	●		●	●
●			●		
●	●	●	○	●	●
●	●	●	○	●	●
	●	●	●		
	●		●	●	●
	●	○	●		
	●		○		
○	○	○	○	○	○
●	●		○	●	●
●	●	●	●	●	●
36	26	12.5	36	36	36

2) 現代モビスにおけるモジュール生産の現状[37]

現代モビスの作業システムと作業形態

　現代モビスの代表的モジュール生産工場である牙山工場では現代自動車牙山工場で生産するNFソナタとTGグレンジャーに組み立てられるコックピット・モジュールとフロントエンド・モジュール，フロントシャシーおよびリアシャシー・モジュールを生産している．

　運転席モジュールラインは43UPH[38]に運営されているが，ジグ（Jig）の上にインストルメントパネル，カウルクロスメンバーなどの基本構成品を置き，空調機とワイヤリングなどの装着作業が行われる．

　運転席ラインにはバーコードシステムが付いており，締結状態と性能を確認している．

　フロントエンド・モジュールラインは52UPHで生産されており，シャシー・モジュールラインはフロントシャシーライン，リアシャシーライン，アクセルラインに仕分けされており，46UPHで運営されている．

　現代モビスは，独自の生産リードタイムを適用せず，現代自動車牙山工場の生産日程に正確に照応しなければならない同期生産概念を適用している．すなわち，現代自動車の工場と1：1生産体制になっているためモビスの生産手順が完成車工場に対する順づけ過程になり，生産された手順によって自動的に積載され完成車工場に調達される（1つの運搬車に14のモジュール製品が乗せられる―SKID TO SKID方式）．

　そのため現代自動車工場の在庫量は0.5-0.6日にすぎず，完成車工場における塗装の最終段階になると自動的に車種情報が現代モビス工場に伝達され，余裕時間を考慮した生産および調達時間が決まる．

　現代モビスの品質保証管理システムは，2006年の時点で，品質管理システム，異種防止（82個項目），技能検査（61個項目），締結保証（130カ所），装着性に関する品質などが保障されている．モジュール工場は異種部品装着防止と締結トルク，システム性能維持が品質管理上の核心であり，品質の問題は電算化されたシステムを通じて労働者の熟練と機能によって構築されている．また，

全数検査とトルク検査項目が決まっておりこれに対する検査が作業場内で行われている．

現代モビスによる部品調達構造の形成

　モジュール化による統合システムを構築するために現代モビスは，もともと現代自動車が運営していたマブックリの技術研究所とカートロニックス（電子装備関連）研究所を運営する一方，表5-7にみるように，主要部品技術は既存の部品メーカーを吸収して確保している．

　さらに現代モビスは，現代自動車における既存の1次部品メーカーを2次部品メーカーに位置させ価格競争を誘発させる一方，主要技術を保有し競争力を確保している部品メーカーは系列メーカーとして組み入れるという，従来日本の企業が特徴としてきた戦略を採用した．国内市場シェア70％台を越える絶対的な支配力を行使している現代自動車は，現代モビスを通じたこのような方法で国内部品産業の構造を全面的に再編した．

　97年以降みられた韓国自動車産業の再編をともない，現代モビスは技術力と競争力を保有した主要1次部品メーカーを吸収合併し，残りの部品メーカーをその下位パートナーとして位置させた．モジュールと電装関連主要部品企業が大部分モビスに吸収され，残り戦略的部品事業は現代自動車が吸収する方式で全体部品市場を現代車グループの内部系列社に再編したのである．

　このような内部中心の企業構造の構築の理由は，第1に，競争力ある部品メーカーを系列にし，90年代まで構築できなかった柔軟な部品調達戦略（生産と開発の同期化）を展開するためであり，第2に，1997年の金融危機に韓国の多くの部品メーカーを傘下にし，競争力を高めようとした外国部品メーカーへの技術流出を防止し，韓国や世界主要地域での現代自動車のプレゼンスを確立するためであった．そのなかで前者の部品メーカーの系列化は，技術競争力を取り揃えることができない汎用部品を生産する企業も部品調達の体系において下位パートナーにすることと相まって，協力的な部品調達構造を生み出している．

　従来，現代自動車と関係を持つ部品メーカーは，部品設計能力を持った承認

表5-7 現代自動車と現代モビスの直系部品系メーカー

会社名	地域	生産部品	従業員数	所有関係
現代パワーテック	瑞山	自動変速機	800	現代自動車50％，起亜自動車50％
現代モビス	ソウル（本社）	モジュール部品	4,260	1999年設立
グロビース	ソウル（本社）	部品の物流	252	2001年設立
ダイモス	瑞山	商用車用変速機，アクセル	850	現代自動車50％，起亜自動車50％
ケビコ	安養	ECU、センサー類	757	現代自動車50％，ボッシュ25％
韓国フレンジ	蔚山	C.Vジョイント	573	
ボーンテック	鎮川	ECU、オーディオ	328	2001年現代自動車が買収．2006年現代オートネットと合併
旧カスコ天安工場	天安	運転席モジュール	N.A	2001年現代モビスが合併
ウィア	昌原	変速機，アクセル	1,600	2002年現代自動車が買収
KOREA精工	仁川	変速機	325	2002年現代自動車が買収．その後ダイモスと合併
ウィスコ	昌原	エンジン，トランスミッション部品（CON. ROD）	198	2002年現代自動車が買収
旧マンド靈仁モジュール	牙山	シャシー・モジュール	N.A	2002年現代モビスが買収
旧マンド浦升モジュール	平澤	シャシー・モジュール	N.A	2002年現代モビスが買収
旧Seojin産業理化モジュール	華城	コンプリットシャシー・モジュール	N.A	2002年現代自動車が買収
Ajyu金属	昌原	鋳物（ブレーキドラム，トランスミッションケース等）	240	2003年現代モビスが買収
EcoPlastic（旧アポロ産業）	慶州	バンパーモジュール	634	2004年現代モビスが買収
Inhui Lighting	慶州	ヘッドランプ	515	2004年現代モビスが買収
kasco	昌原	CBS装置，パワーステアリング	671	2005年現代モビスが買収
現代オートネット	利川	ナビゲーション，カーオーディオ，電装	1,115	2005年現代自動車が買収．ボーンテックと合併
Mseat	牙山	カーシート	250	2005年現代自動車が買収

（出所）現代自動車の年次報告書各年度から筆者作成

図メーカーは少なく，承認図部品メーカーの割合は日本の半分水準であり，優れた競争力を持たなかった．さらに，部品メーカーの規模も零細的であった．したがって，現代自動車が直系である現代モビスに資源を集中し，同社を中心軸にしながら部品産業の構造調整を図ったことは，モジュール化以前に，品質の向上の側面からみて不可避なことであったといえる．その上，モジュール化の導入を図りながら，完成車メーカーと部品メーカーの階層における生産の同期化を実行した．

3） モジュール化導入による現代自動車工場の変化

工程の減少

以下の表5-8は，モジュール化導入による工程の減少の一部を示したものである．コックピットモジュールの導入で必要人員が縮小され，労使協議を通じてエンジン生産に人力の転換配置が行われた．また，プレス工場においては，積載自動化による人員減縮要因が発生し，車体工場においては，自動化および

表5-8 モジュール化導入による工程の減少

コクピット・モジュール化による工程の減少
メインワイヤリング装着及び整列，リレーボックス装着
カウルクロスバー装着，ヒーター／エバ＆ブローユニット装着
センターサポートブラケットの装着
C/PADマウンティングブラケットの装着
マルチファンクションの装着／コンネックト連結
ステアリングコラムアッセイ装着
ローワーC/PADフレームの装着
グローブボックス装着
オーディオ／ヒーターコントロール装着
C/PADローワーパネル，LH装着
センターペンシア装着

（出所）韓国全国金属労働組合連盟資料をもとに筆者作成

工法変化によって70人の人員縮小要因が発生した．

コックピットモジュールの場合523の工数が減少し，ドアシールド・モジュールの場合385工数，フロントエンド・モジュールの場合340工数，リアシャシー・モジュールの場合328工数の減少が生じた[39]．

ただし，このような工数の変化は必要人員の縮小にはつながっていなかった．現代自動車の場合，部門別労使協議会で人員交渉を具体的に協議し，雇用安定のための労使協約を締結している．したがって工数の縮小がまっすぐに人員縮小にはつながっていない．同社はモジュール導入という目的を果たすために人員縮小または移動を力強く推進していない．変わりに，転換配置など労動力の柔軟な配置を推進されている．また労組側ではモジュール導入を収容しても，組合員の雇用調整が発生しないように力点を置いている．したがって不可避な状況ではない限り，自主的に人員を吸収できる方案を積極的に模索している．

このような労使間の利害関係はモジュール導入による工数縮小によって発生する必要人員の縮小をライン合理化とUPH上昇などで吸収することで妥協しており，牙山工場の場合モジュール化が導入され，時間当りライン生産台数が63台に調整された．これは別途のライン合理化策をとらない状態でライン速度を最大に上昇させたものである．

このようにモジュール化の過程でUPHが上昇する理由は企業が最大の生産量を基準にUPHを算定しているためである．またモジュール化導入による必要人員の減少によって発生する余裕人力を最大限吸収するための1つの方便でもある．労組ではモジュール導入による人員縮小を最小化するためUPH上昇を収容し，結果的に生産ラインにおける生産性向上に合意したのである．

また，本ラインにおける工程の減少以外に，サブ作業の縮小もみられる．現代牙山工場の場合マフラー装着のためのサブ作業以外に伝統的なサブ作業は大部分消滅している．そして，エンジン/TMサブ作業も外注化に進んでいる．

そして，モジュール化を導入してからは部品に対する品質管理およびその責任の大部分が部品メーカーに移転され部品に対する検査過程が大幅に縮小され

ている．

工場の合理化

　それでは，完成車における品質管理システムはどのように構築されているのだろうか．それは，モジュール化を導入により品質管理の体系と方式が変化していることに特徴を見出せる．

　モジュール化を導入によりモジュール供給メーカーへの品質管理権限および機能の移転され，モジュール工場では，工程別品質管理が可能なシステムを構築し品質問題および不良品発生の原因を把握し，問題を部品メーカーが直ちに改善できるシステムを構築している．

　従来，各部品メーカーが供給する部品に対し，検査と品質管理を現代自動車が直接担当したが，現在，検査と品質管理の権限はモジュール部品メーカーに移管したのであり，供給されるモジュールに対する品質のみを管理することで品質管理の効率性を高めただけでなく部品の品質管理に必要な費用と労働力を大幅に縮小できた．

　一方，モジュール化の過程で現代自動車蔚山の工場は工場合理化のためいくつかのライン変更を実行した．艤装工場の場合ラインの長さをふやし，また車体BODYの移送と主要モジュールの移送に必要なドッキングシステムなどを構築した．ラインを長くする理由は，生産量の拡大，UPH増加，無人自動化ラインの設置など，必要な措置を適用した結果である．

　また，牙山の工場の場合NF，TGモジュール化を推進する過程で編成効率を71.4％から75.7％に上方修正した．30万台の生産能力は既存の生産能力と大きな差がないが，しかし編成効率を4％増大させたことで設備当たりの生産性と時間当たりの労働生産性が増大する結果となる．これは既存ラインの変動なしにモジュール化工程における人員を配置転換させラインの効率化を図った結果である．艤装工場でもモジュール化が進行され，同時にエンジン工場の生産拡大が可能になった．当初，エンジン工場の生産能力は艤装工場と等しい30万台の生産能力だったが2008年には85万台の生産能力までに達している．

工場の合理化においてもう1つの重要なところは作業中断要素を最小化にし，ラインの流れを中断させないシステムを構築している点である．内部電算システムとSCMシステムに基づいて作動するシステムを構築しているが，これは部品の調達と生産の流れがすり合わせるのがカギになる．そのためにはラインの作動と運営，日程と計画が中央統制的にならないといけない．問題はどのようなシステムも誤作動またはトラブルが発生する可能性があるということである．つまり，作業者のミスによる作業中断が発生する可能性がある．

　このような状況に備えるために，艤装工場では単位別にラインを分離し（牙山工場の場合トリムラインが2，シャシーラインが2，ファイナルラインが3，OKラインが1である）ラインとラインを受け継ぐボディー移送システムを構築している．1つのラインで問題が発生した場合でも他のラインでは最低30分程度の作業は可能なシステムとなっている．

新車開発期間の短縮

　一般的に自動車の生産にモジュール供給システムを取り入れる場合，研究開発期間を縮める効果が期待できると理解されている．プラットフォームの統合に基づいたモジュール化の進展は新車開発プロセス期間を縮める効果を生む．従来，個別車種に対する商品企画を基礎にし，製品企画と設計計画が進められ新車開発が行われた．モジュール化およびプラットホームの統合が導入されると，車種別の個別的開発プロセスを経ず統合的な新車種開発企画が可能になる．

　一般的に新車開発プロセスは「商品提案→商品発議→モデル固定→試作→量産準備→量産」の過程を経る．モジュール化導入以前の現代自動車の場合この期間が最短24カ月であった．モジュール化とプラットホーム統合に基礎した長期新車種開発企画が可能になると，個別車種に対する設計計画が先に進み，製品企画と商品企画をその後まわすことが可能になる．また製品企画の段階から商品開発や設計構想，そして設計図面作成が同時に進められるので新車開発プロセス期間を縮めることが可能になる．現代自動車では現在，新車開発期間を最大18カ月まで縮めている．

生産の同期化

　部品調達戦略において重要なのは，最終顧客が要求する製品の伝達までのリードタイムを短縮し効率化を図るところにある．現代自動車は現代モビスを中心に，完成車メーカーとサプライヤーごとに全体製造工程に存在する競争力の偏差を統合し，付加価値創出と費用節減の極大化を図る戦略をとった．それは，順づけ納入方式（JIS, Just in Sequence）[40]の導入である．

　現代自動車は，在庫を最小化するために部品納入方式を既存のJITの方式から発展させた直順づけ納入方式を展開している．これにより，完成車工場の平均部品在庫日数は1.65日になった．納入にかかわる生産計画は月刊計画，週刊計画，日刊計画で区分され，生産と直接的に係わる発注は週刊計画として確定されネットワークを通じて部品メーカーに伝達される．伝達された内容は基本モデルだけでなくオプション，カラーなどの細部仕様，そして生産量までになる．しかし部品メーカーに伝達する生産計画は当日分を含めた2日分の生産情報として構成された日刊計画である．この計画は特殊な事項が発生しない限り週刊計画とほぼ等しい．これは生産計画をあらかじめ知らせることで安定的な生産管理を可能にさせるためである[41]．

　さらに，毎日伝達されるこれらの情報は約2時間単位の詳細仕様の生産計画が含まれている．部品メーカーは週刊計画によって仕様別資材を用意し，投入手順計画を立て，部品生産を準備する．例えば運転席モジュールの場合，モジュール生産メーカーに納品に関する順づけ情報が伝達され，モジュールメーカーはこれを基に生産を開始する．この時点で納品までのリードタイムは101分になる[42]．

　現代自動車の牙山工場に納品される部品の数は約7,339品目でトリムに2,373個，ファイナル工程で3,493個，シャシーに1,103個，そしてボディーに370個品目として構成されている．これら部品は順づけ情報によって納品されているが直順づけ品目以外は一旦一カ所に集結してから順づけ情報によって組み立てラインに移送される．例えばファイナル工程にはA10からA17までのラインの前に荷置き場があり，メーカー別，時間帯別で部品が集荷され，直順

づけを準備してから組み立てラインに直接供給される．例えばfinalラインに部品を供給するメーカーは89社であるが，納品時間帯別にみると週当り40回部品を納入するメーカーが4社，20回が9社，14回が1社，10回が10社などとなっている[43]．

この順づけ部品納入は，PBS（Painted Body Storage）が終了する時点で順づけ供給メーカーに情報が伝達され部品メーカーはこの情報を基に部品を納品することになる．

2006年の時点において厳密な意味で直順づけ方式で納品されている部品は現代モビス中心のモジュール部品であった．例えば，運転席モジュールは荷物置き場を経ずに，自動移送装置を通じて直接組み立てラインに運ばれる．フロントエンド・モジュールとシャシー・モジュールはデポ（depot：荷物置き場）から順づけ情報によって組み立てラインに移送される．特にフロントシャシー・モジュールはサブ・アッセンブリー工程でエンジンと決着され天井リフトでファイナル工程に供給される．ドアモジュールもデポで待機してからサブ・アッセンブリー工程でドアパネルを装着しファイナル組み立て工程に入る[44]．

モジュール部品だけでなく，部品の大きさや体積がそれほど大きくないが量が多く機能上単純な部品間の結合が可能な部品は，ユニット化を通じて牙山工場周辺に立地する「順づけ専門企業」からサブ・アッセンブリーを済ませた後に完成車メーカーに納品する．

例えば牙山工場と地理的に離れたところに位置しコンソールを生産している部品メーカは，生産した部品を直接牙山工場に納品することではなく，牙山工場隣近にある順づけ専門企業に納品しこれを順付け企業が検査し関連部品を結合する．そして完載品を完成車工場の順づけ情報に基づいて納品する[45]．

このようないわゆるユニット部品化納品方式も現われているが，この場合の部品の検査費用と物流費用はH社が負担することになっており，現代自動車は在庫コントロール費用と検査費用はもちろんプロセス管理費用までを節減できている．

順づけ企業は倉庫施設はもちろんサブ・アッセンブリーができる生産施設を

取り揃え部品メーカーの輸送とサブ工程を代行し，さらに順づけによる在庫コントロールから品質検査までを提供している．

　納入時間を基準にして部品の構成比率を見ると1時間単位で納品するメーカーの比重が全体の46％に達している．そして5-12時間単位のメーカーが20％，12-24時間単位のメーカーが17％になっている．このように完成車工場の在庫を減らすために部品の納品時間が非常に短くなっているのがわかる[46]．

　結果的に現代自動車の部品調達システムは大きく2つの構造を成していると理解できよう．第1に，モジュール部品は直順づけ調達と準順づけ調達になっている．第2に，一般部品はデポで待機してからUPHの速度に基づいて組み立てラインに順づけ供給される．また一般部品のうちユニット化が可能な部品は工場外部の順づけ専門企業[47]がサブ・アッセンブリーと在庫コントロールをし順づけ方式で納品している．

　このような部品調達システムは順づけ納入という基本原則を充実に遂行させるためであり，直順づけ品目でなくても工場に集まった一般部品も順づけ情報によって供給され，平均在庫水準は1.65日分になっており非常に低い水準を保っている．そして納品時の検査は基本的に物量のみを確認することで品質は納品する部品メーカーがすべての責任を負っていることで，最終倉庫の検収担当者は6人程度で十分になった[48]．

　このように，モジュール発注が強化され部品調達システムが順づけ方式に変化するにつれ，現代自動車の全体的な部品調達は開放型と閉鎖型が混在する形態になっている．

　例えば，NF Sonata 車種全体部品の35％を占める運転席モジュール，フロントアンドモジュール，シャシー・モジュールを生産する現代モビスを中心として閉鎖型の調達構造が完成されている[49]．一方汎用製品の場合は開放型の調達体系として部品メーカー間の価格競争が誘発される．さらに，一般部品をユニット化する順づけ専門企業が新しい結節点として登場し，零細かつ在庫コントロールに負担が多い部品メーカーを実質的に管理する新しい形態の物流の流れが生じた．これを通じて現代自動車は，部品メーカーの零細性や管理能力不

在，運送能力不在などで発生しうる事故を管理でき，低コストで安定的なライン運営が可能になっている．

このように，順づけ化とモジュール化による納品方式の導入によりサプライチェーンにおける部品メーカーの地位が大きく変化した．モジュールメーカーのなかで核心モジュールを供給する現代モビスの地位は上昇し，一般的な部品メーカーはその下の2次メーカーになった．そして，過去の主要部品メーカーは1次ベンダーから現代モビスの下位に位置され，2次部品メーカーに地位が変化した．

3．導出された論点

韓国自動車産業の労使関係は，1980年代後半を分岐にして使用者を中心にする権威的な関係から対立的な性格に転換する．これは，現代自動車が労働力を柔軟に活用できない硬直的な作業組織を持つ重要な変数である．相互不信な対立的労使関係は，今現在においても現代自動車の作業組織と人的資源開発の全般において大きな影響を及ぼしている．現代自動車は国内外の急激な環境変化のなかで，80年代以降世界自動車産業が学ぼうとしたトヨタ生産方式を導入するために努力を傾注してきたことは否認できない事実である．しかし日本的慣行を導入する過程のなかには，その時間軸における国内外の市場需要，競争状況，そして労働市場の状況や労使関係のような構造的変数が影響を及ぼし，企業が意図しない結果を生んだ．

韓国は，海外の多国籍企業の製品を生産し販売するという後発の自動車生産国家が典型的に有した経路とは別の発展経路を持っている．しかし，自主的な製品開発や生産方式を成立させることには，まず，先進自動車メーカーからの技術導入から始まり，独自なイノベーションを重ねていく必要がある．

国内外の環境変化のなかで，完成車メーカーが選択する生産方式には，当然企業の戦略だけでなく，企業の外におかれる産業や市場の性格が重要な変数になる．第2節で検討した通り，現代自動車の生産方式における性格を決定付け

る重要な変数は，国家の産業政策や国内・海外の市場状況，そして完成車メーカーの企業支配構造と経営戦略であった．そのような状況のなかで，現代自動車は，先進な自動車メーカーをキャッチアップするため，そして競争力を獲得するために，製品・工程のモジュール化に辿り着いた．

本節は，現代自動車における製品・工程のモジュール化の意味すること，そしてその生産方式の持続可能性について若干の議論を行う．

(1) 現代自動車の製品・工程のモジュール化は何を意味するか

青島と武石は，製品システムや生産システムのアーキテクチャは，時代とともにダイナミックスに変化すると指摘し，その変化の1つには，統合化とモジュラー化の相対的優位性の変化があるとした[50]．本章で検討してきた自動車産業のアーキテクチャは統合化の傾向が強いが，今みえる製品・工程のモジュール化の動きがクローズド・モジュラー・アーキテクチャであると見なすのであれば，以下の図5-5を使用し，現代自動車のモジュール化の特徴を説明することも可能になる．

図5-5は，製品のモジュラー・アーキテクチャやインテグラル・アーキテクチャの動きが製品システムのパフォーマンスとどのような関係にあるのかを青島と武石の図を参考にして図式化したものである．縦軸は，対象となる製品システムのパフォーマンスを表しており，例えば製品の性能や品質になる．横軸は，製品システムを開発したり改善したりする際に必要な時間もしくは投入資源を表している．また，両軸は工程システムや流通システムにもあてはまるものである．

統合化というシステムはすべての構成要素に自由な相互作用が許されるが，相互作用のすべてが統合・調整活動の対象となるため，実現可能な最大パフォーマンス・レベルは限りなく高い．しかしながら，統合・調整の複雑さゆえに設計活動には多大な時間がかかる．図5-5のBにおけるモジュール化の場合に比べて傾きのゆるい直線がこれを示す．モジュール化の戦略では，具体的な設計活動に入る前に，インターフェースを規定するために一定の時間が必要と

なる．図5-5のBにおけるモジュール化の屈曲線が一定期間まで原点から平行に延びているのはそれを示している．ただし，一度設計ルールが規定されれば，つぎからはこの時間は大幅に節約できるため，長期的にはこの屈曲線は左側にシフトしていく．適切なインターフェース・ルールによってシステムがモジュールに分割されると，その後の統合調整活動は効率化されるため，設計活動は急速に加速化される．ただし，インターフェース・ルールは，システムが達成できる最大パフォーマンス・レベルに制約を与える．図5-5のBにおける p_0 の性能レベルで平行線になっているのはこのことを表している[51]．

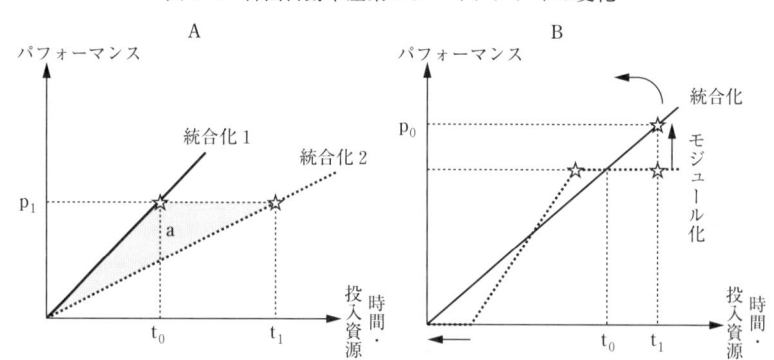

図5-5 韓国自動車産業のアーキテクチャの変化

(出所) 青島矢一・武石彰「アーキテクチャという考え方」藤本隆宏・武石彰・青島矢一編『ビジネス・アーキテクチャ：製品・組織・プロセスの戦略的設計』，有斐閣，2001，46ページ，の図を利用し筆者作成

このような図式から，図5-5のAは2000年代以前の韓国完成車メーカーのアーキテクチャ選択とそのパフォーマンスが日本企業との相対的関係として描かれている．図Aの統合化1の直線は日本企業（主にトヨタ自動車社）を表し，統合化2の直線は韓国企業を表す．2000年まで，韓国の自動車メーカーのパフォーマンスは，日本企業のような統合化のパフォーマンスが達成できず，日本企業より相対的にゆるい直線を示していた．例えば，t0における両企業の製品・工程のパフォーマンスは，大きな開きが存在していた．そのパフォーマ

ンスの開きは，⊿a として表すことができる．⊿a は，製品開発や工程の調整に関わる組織の能力，関わる産業の発展状況，そしてその産業を組織する企業の能力などが含まれる．すなわち，産業の競争力とその産業を組織し製品を開発する完成車メーカーの競争力の合計になる．

　図5-5 の B は，2000 年代に入ってからの韓国完成車メーカーの変化を図式化したものである．例えば，現代自動車社は 2000 年からモジュール化戦略を図っているがそれを示すのが図5-5 の B の，モジュール化の屈曲線である．例えばパフォーマンス p0 における製品セグメントでは，優れたパフォーマンスを表す製品の開発も可能となっている．

　例えば，図5-6 は，2009 年の米国における自動車初期・耐久品質調査を示しているが，初期品質調査（IQS, Initial Quality Study）において現代自動車は 2005 年以降上位にランクされている．そして自動車耐久品質調査（VDS, Vehicle Dependability Study）においても，2004 年には全体 38 のブランドのなかで 33 位，2006 年には 23 位，2007 年には 21 位，そして 2009 年には 14 位で，2000 年代に入り車の耐久品質を上げている．この調査が自動車のパフォーマンスの全部は表せないが，消費者が求める品質の基準に適合させようとする現代自動車の努力は表れているとみてよかろう．この点を考慮して図5-5 の B を考えると，モジュール化戦略の実践においても t1 時点における p0 から p1 への移行能力が存在することがわかる．さらに，屈曲線の傾きを左側に持っていこうとする努力も存在する．この2つの努力を本章では，モジュール内の部品間調整が統合化をめざしているものとして捉える．つまり，現代自動車社の直系部品企業である現代モビスの企業能力と産業組織能力のなかに，徹底した部品間調整能力が隠蔽されているとみなす．

　本章の事例分析は，図5-5 の A における⊿a として表現される産業力，企業能力の不在を，現代自動車のモジュール化戦略の実践課程においてどのように克服しようとしているのかを明らかにした．そして，図5-5 の B における p0 点における屈曲線の p1 への移行能力，すなわちモジュール内の部品間調整の統合化が現代モビスのモジュール生産においてどのように推進されているの

図 5-6　2009 年における米国自動車初期・耐久品質調査

2009 年米国自動車初期品質調査（IQS）		2009 年米国自動車耐久品質調査（VDS）	
レクサス	84	ビュイック	122
ポルシェ	90	ジャガー	122
キャデラック	91	レクサス	126
ヒュンダイ	95	トヨタ	129
ホンダ	99	マーキュリー	134
メルセデス・ベンツ	101	インフィニティ	142
トヨタ	101	アキュラ	146
フォード	102	リンカーン	147
シボレー	103	キャデラック	148
スズキ	103	ホンダ	148
インフィニティ	106	ポルシェ	150
マーキュリー	106	アウディ	159
業界平均	108	フォード	159
日産	110	ヒュンダイ	161
アキュラ	111	スバル	162
BMW	112	クライスラー	165
起亜	112	BMW	166
フォルクスワーゲン	112	業界平均	170
GMC	116	GMC	174
ビュイック	117	メルセデス・ベンツ	184
アウディ	118	シボレー	185
ポンティアック	118	三菱	185
サイオン	118	ボルボ	186
ボルボ	118	日産	199
サターン	120	ダッジ	202
マツダ	123	ミニ	205
リンカーン	129	サターン	211
スバル	130	起亜	218
ダッジ	134	ジープ	220
ジャガー	134	ポンティアック	220
三菱	135	ハマー	221
クライスラー	136	サイオン	222
ハマー	136	サーブ	226
ジープ	137	マツダ	227
SAAB	138	いすゞ	234
スマート	138	ランドローバー	238
ランドローバー	150	フォルクスワーゲン	260
MINI	165	スズキ	263

（出所）http://www.jdpower.co.jp/press/index09.html

かに焦点を絞って議論してきた．

本章の分析において重要な位置を成す現代モビスは，モジュール部品企業として過去の8-9年間，研究開発に莫大な資金を投入して一部部品に関しては現代自動車をしのぐ設計技術を確保し，完成車に属しない自己技術力を保有するようになった．そして現代自動車のグループ会社として現代自動車の生産技術がそのまま伝授され，海外部品メーカーとの技術協力によってモジュールシステム設計能力を極大化し，完成車向上の生産工程の中心移動を実現している．さらに完成車メーカーである現代自動車が持ちにくい生産の柔軟性も高い．多品種少量生産が可能な各種システムが構築され多様な車種とオプションに対する対応が可能であり，特に各工程での検査自動化による厳格な品質管理が可能になった．

現代グループのなかにおいてモビスへの中心移動こそ，現代自動車における過去の弱点を補完し，日本や欧米の先進的自動車メーカーにキャッチアップできたけん引役であったとと認識すべきである．すなわち，現代モビスは現代自動車グループの自動車生産の中心軸を成しているとみてよかろう．

(2) 階層的部品調達システムの完成——Tier 0.5 としての現代モビス

さらに，現代モビスを中心軸にした現代自動車のモジュール生産方式の導入により，2次部品メーカーまでの階層間に生産の同期化が実現されていることが確認された．現代モビスによる統合的な柔軟生産体制は部品の調達構造を質的に変化させた．硬直的な完成車工場の組み立てラインにモジュールを中心にする柔軟生産体制が構築されただけでなく，モジュール生産方式が部品メーカーの分業構造を柔軟に再編したのである．

部品調達システムにおけるこれらの変化をまとめると図5-7ようになる．図5-7は，現代自動車のモジュール化戦略によって部品調達システムが単層的階層構造から重層的構造に変化していることを示している．

例えば，図5-7のAは1990年代までの単層的部品調達構造を示している．そしてBは，モジュール生産方式導入期における部品企業との関係を示す．B

図5-7 部品調達構造の変化

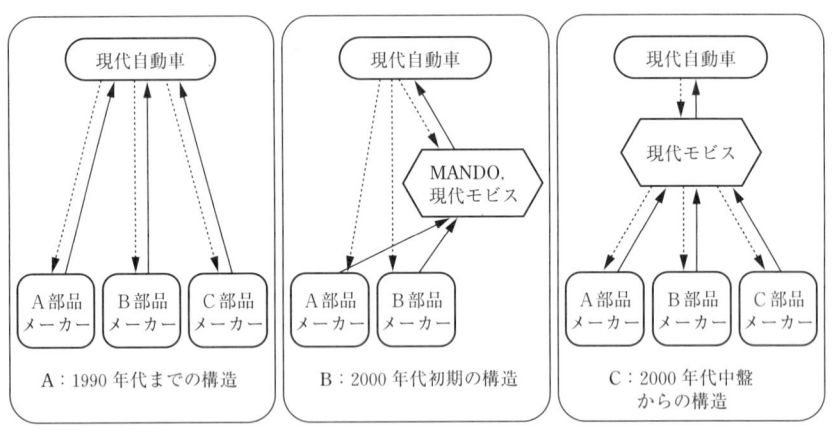

```
┌─────────────────────┬─────────────────────┬─────────────────────┐
│      現代自動車       │      現代自動車       │      現代自動車       │
│                     │         ↕           │         ↕           │
│                     │    MANDO,           │      現代モビス       │
│                     │    現代モビス         │                     │
│ A部品  B部品  C部品   │  A部品  B部品        │ A部品  B部品  C部品   │
│ メーカー メーカー メーカー │  メーカー メーカー     │ メーカー メーカー メーカー │
│                     │                     │                     │
│ A：1990年代までの構造  │ B：2000年代初期の構造  │ C：2000年代中盤       │
│                     │                     │    からの構造         │
└─────────────────────┴─────────────────────┴─────────────────────┘
```

──▶：部品の流れ　‥‥▶：部品代金，情報の流れ

（出所）筆者作成

　は，外形上モジュールメーカーの出現により重層的な部品供給が行われる．しかし，生産計画に関する情報は現代自動車からモジュールメーカーと部品企業に同時に流れ，部品代金の決済も現代自動車と2次部品企業の間で存在している．また，2次部品メーカーは外形上モジュールメーカーと対等な関係を維持している．そして重要なのは，2次部品メーカーからモジュールメーカー，そして現代自動車まの間において，納品の同期化は成立したが，生産の同期化はできなかったことである[52]．

　一方，図5-7のCは，現代モビスのモジュール事業確立後の構造である．モジュールの設計を現代モビスが担当し，現代自動車を経由しない2次部品メーカーとの関係を持っている．この時期になって，納品の同期化から生産の同期化が2次部品メーカーまで可能になった．重層的構造による生産の同期化と，それによる現代自動車の生産効率が上昇した時期である．

　このように，現代自動車におけるモジュール化は，完成車組み立てラインに供給される，完成車全体の設計とシステム化に重点をおいた機能統合された部品の集合体であると理解できよう．そして，モジュール製品をユニット型と機

能統合型に大きく分類することができ，ユニット型モジュールは，構成部品をある程度組み立てた状態で自動車メーカーに準順づけ納入する一塊の部品，機能統合型モジュールは，モジュール化する部品の設計を見直すことにより機能的に統合したり，構造を簡略化したモジュール部品とし，直順づけで納入しているのである．すなわち，現代自動車のモジュール化では，モジュール部品内の機能の統合による完成車の生産効率の確立や，部品の調達における生産の同期化を強く意識しており，この点においては，従来単層的構造から一段階発展した部品調達構造の確立といえ，現代自動車における産業組織能力の向上であるといえよう．

図 5-8　現代自動車のモジュール化発展経路

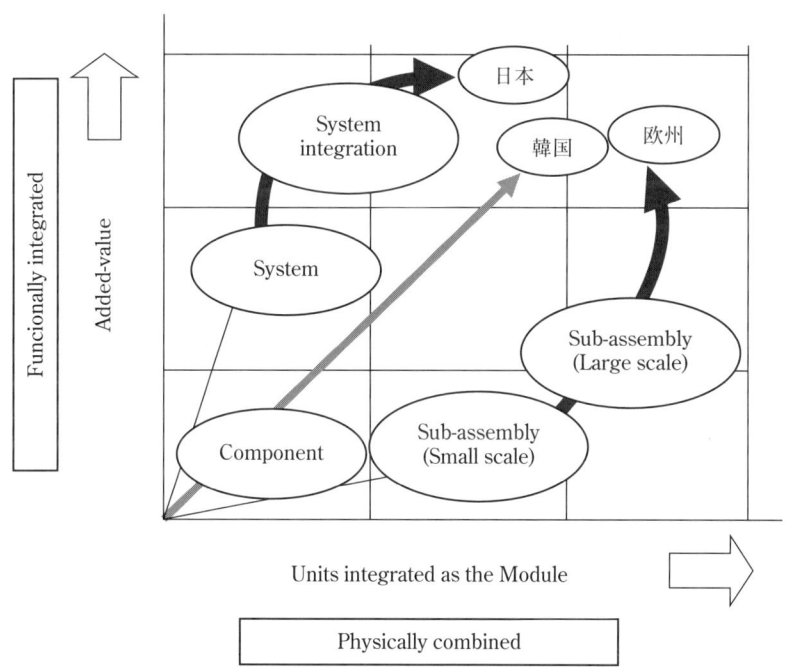

(出所)　鬼頭秀仁「日本の部品メーカーとしてのモジュール化への対応と今後の展望」『デンソーテクニカルレビュー』，Vol. 7, No. 1, 2002 年，143 ページ，の図に韓国の経路は著者が追加

注目すべきは，産業組織能力において現代自動車が駆使した戦略は，グループ部品企業の強化を通じた専門的 Tier 1 の層を創出した点にある．90年代以後多様なフレキシブル生産システムと適期生産方式を局地的に実験してきた現代自動車は 2000 年現代モビスの設立とともに自動車生産を本格的なモジュール生産方式に切り替えたのであり，現代モビス設立以後において業界で例をみないはやさで生産モジュール化を推し進めてきた．

この点は，欧米のメーカーにおける大手部品企業へのモジュール発注にみられる問題点，すなわち，技術のブラックボックス化の問題点，そして，日本の自動車メーカーが企業間および部品間の技術的・属性的補完性の存在という経済理論的理由から敬遠していたものを同時に解決する方策であったといえよう．すなわち，グループ企業のモジュール部品企業化を通じて通常部品市場において Tier 1 に位置すべく階層を Tier 0.5 化することで，従来の問題点を解決しながら，後発者の利益を享受しようとしたのである．

いい換えれば，現代自動車におけるモジュール化への経路は，Tier 0.5 である現代モビスを戦略的に活用し，図 5-8 にみるように，日本と欧州のモジュール生産方式とは違う方向性を持ちながら発展しているといえる．

おわりに——現代自動車の製品・工程のモジュール化は持続可能か

現代自動車は労働参加と職務形成を一定水準前提しているリーン生産方式を本格的に取り入れることはできなかった．かわりに柔軟性と需要創出に力点を置いた適期生産方式がさらに強化された形態として，直順付け納品方式（Just in Sequence）に転換された．これは部品をモジュールにしながら組み立てラインにおける全工程の同期化を追い求めることであった．

現代自動車は，現代モビスを前面に出しながらモジュール事業を通じて部品メーカー間の統合を極端に追求してきた．過去に過去完成車メーカーに直接納品した単層的部品メーカー群は，現代モビスを中心にするモジュールメーカーに納品することになり，重層的な部品調達システムが形成された．これによ

り，生産効率の向上および柔軟性が確保され，90年代までには達成できなかった柔軟な生産システムが急速に定着しつつある．

このように，モジュール生産は，工程を分割・統合させ全体生産の柔軟性をいっそう高める．モジュール化によって，完成車メーカーのなかで縛られていた組み立て過程は分散する．これを通じて柔軟生産体制はいっそう強化され，それによる完成車工場の雇用調整の要求も一層高まる．この点からして，モジュール生産方式は市場需要に敏感に応じるための方法であり，また柔軟生産体制を極大化しようとする生産方式であるといえる．さらに，完成車工場におけるサブラインの廃止，必要人員の縮小は，固定資本を減少させ，完成車メーカーの利益に寄与する．

しかし，現在，現代自動車においてはモジュール化が進行されても大幅な雇用調整は生じていない．現代自動車は，完成車工場における人員削減を回避した形態での柔軟な配置転換を実行しており，それが生産性の向上にもつながっていることが確認された．その理由は，ラインの長さの調整を軸に，ライン別に転換配置が促進され，生産量（UPH）が上昇しているからである．すなわち，UPH上昇を通じて既存労働力の減少を生まない労働現場の再編を可能にしている．

2000年と2003年，現代自動車と現代労働組合の間で結ばれた「完全雇用保証合意書」と「2003団体協約改正」において，現代自動車は，労働者側の要求を受け入れ，1987年以来続いてきた労使間の葛藤を解消しようとした[53]．これにより，労使の関係は新しい段階に入ることとなり，この2つの協約によって労働者側が現代自動車のモジュール生産方式を受け入れたといっても過言ではない．このように現代自動車がモジュール化の導入を利用し，対立的労使関係をただ回避したのではなく，それまで労働現場に深く根付いていた会社不信を解消しようとした点，そして労働者側の努力によってモジュール生産方式が導入されたことは注目に値する．

しかしながら，現代モビスの生産現場においては，労働組合の設立が認められておらず，また，表5-9にみるように，作業組織における労働者のほとんど

表 5-9 2005年における現代モビスのモジュール工場の雇用

工　場	生産モジュール	生産能力	直　接	下請け	別法人
蔚山モジュール	シャシー、運転席	シャシー：125万 運転席：25万	22人	903人	
ポスンモジュール	シャシー	40万	5人	144人	
イファモジュール	シャシー	25万			ハナモジュール：370人
イファモジュール (運転席)	運転席	65万	6人	247人	
天安 ESP	ESP	100万			25人
天安エアーバッグ	DAB, PAB, SAB	100万			84人
天安インパネル	インストルメント・パネル	100万	17人	273人	
ソハリモジュール	運転席	20万 FEM：15万	4人	182人	
西山モジュール	運転席、シャシー	15万	7人	120人	
光州モジュール	シャシー、フロントエンド	15万	3人	132人	
牙山モジュール	シャシー、運転席、フロントエンド	30万	16人	389人	
牙山プラスチック	バンパー、キャリアー		1人		I&P：203人
合　計			76人	2,390人	682人
総　計					3,148人

(出所) 現代自動車提供資料、2007年

は非正規派遣労働者から構成されている．つまり，労働現場における完全雇用保証はもちろん，適切な賃金体制も保障されていない．

　現代モビスにおけるこのような一方的な労働排除的モジュール生産は，これまで韓国の労働者が固執してきた安定的労働権の確立の闘争の理由であり，さらには長期における労使間対立の理由でもある．

　現代自動車は，80年代と90年代における日本的生産方式の導入に際して，労使間の対立を理由とする後退を経験した．現代自動車が追及する製品・工程のモジュール化において，このような問題の解決なしで，韓国自動車産業の真の発展は可能だろうか．この点は，現代自動車のこれからの大きな課題になるし，また，現代自動車におけるモジュール生産方式の持続可能性にも大きな影響を与えるであろう．

1) （韓国語）韓国自動車工業協会篇『韓国自動車産業50年史』，韓国自動車工業協会，2005年，42ページ．
2) 朱昌烈「韓国自動車産業の技術発展と展開—技術経済パラダイムとの関連で—」，『経営研究』，大阪市立大学経営学会，第47巻第4号，1997年，154-155ページ．
3) 조형제・이병훈「현대자동차 생산방식의 진화：일본적 생산방식의 도입을 중심으로」『동향과전망』한국사회과학연구소，2008년，73호，p. 241．（チョヒョンジェ・李ビョンフン「現代自動車の生産方式の進化：日本的生産方式の導入を中心に」，『動向と展望』，韓国社会科学研究所，2008年，73号，241ページ．
4) 이인선『자동차 생산공정에서의 JIT 적용에 관한 연구』동아대학교 석사학위 논문，1987년，p. 39．（リインソン『自動車生産工程におけるJIT適用に関する研究』，東亜大学修士学位論文，1987年，39ページ．）
5) 藤本隆宏が言及している深層の競争力とは，「組立生産性」「製品品質」「製品開発期間」「開発生産性」「生産リードタイム」など，生産・開発現場の裏方の実力を示すものである．これに対比する競争力は，価格，製品内容，販売，サービス，などの「表層の競争力」に分類される．日本の製造業は，この深層の競争力にこれまで力を発揮してきたとされる．詳しくは，藤本隆宏『能力構築競争—日本の自動車産業はなぜ強いのか』，中公新書，2003年，61-77ページ，を参照されたい．
6) 周武鉉（金元重訳）「'混合型'非フォード主義作業組織の形成と進化」，『大原社会問題研究所雑誌』，法政大学大原社会問題研究所，第553巻，2004年，9-10ページ．

7)　下川浩一『グローバル自動車産業経営史』,有斐閣,2004年,84-88ページ.
8)　(韓国語) ジョスンキョン・李ヨンスク「新労働過程ト韓国ノ自動車産業：適期生産方式ノ可能性オヨビ限界」,『韓国社会学』,韓国社会学会,1989年,が参考となる.
9)　조형제・이병훈,前掲論文,243ページ.
10)　同上論文,244ページ.
11)　(韓国語) ジョヒョンゼ『韓国的生産方式ハ可能カ：Hundaismノ可能性模索』,ハンウルアカデミー,2005年,36ページ.
12)　同上書,236-240ページ.
13)　趙順鏡・李龍淑『新労働過程と韓国の自動車産業—適期生産方式の可能性と限界』,労働研究院,1991年,89-90ページ.(조순경,이용숙『신노동과정과 한국의 자동차산업－적기생산방식의 가능성과 한계』노동연구원,1991년)
14)　(韓国語) 韓国自動車工業協会篇『韓国自動車産業50年史』,韓国自動車工業協会,2005年,171-172ページ.
15)　97年の7月倒産した起亜自動車社は,政府の管理に入り,結局国際公開入札方式による売却の手順に入った.3次入札の末,起亜自動車社はヒュンダイ自動車に引き受けられる結果となる.
16)　(韓国語) 韓国自動車工業会『自動車便覧 各年度』のデータによる.
17)　(韓国語) 韓国経済新聞,1999年11月18日付.
18)　조형제・이병훈「현대자동차 생산방식의 진화：일본적 생산방식의 도입을 중심으로」『동향과전망』한국사회과학연구소,2008년,73호,p.234.(チョヒョンジェ・李ビョンフン「現代自動車の生産方式の進化：日本的生産方式の導入を中心に」,『動向と展望』,韓国社会科学研究所,2008年,73号,234ページ.
19)　(韓国語) 毎日経済新聞,2009年3月16日付.
20)　조형제・이병훈,前掲論文,252ページ.
21)　藤本隆宏「アーキテクチャ産業論」,藤本隆宏・武石彰・青島矢一編『ビジネス・アーキテクチャ：製品・組織・プロセスの戦略的設計』,有斐閣,2001年,4ページ.
22)　例えば,Ulrich, Karl T., "The role of product architecture in the manufacturing firm" *Research Policy*, 24, 1995, pp. 419-440, Fine, Charles H., *Clock Speed : Winning Industry Control in the Age of Temporary Advantage*, Reading, MA: Peruseus Books. 1998, Baldwin, Carliss Y., Kim B. Clark, *DESIGN RULES : The Power of Modularity*, Cambridge, MA: MIT Press, 2000, に詳しい.
23)　乗用車のアーキテクチャは典型的な「擦り合わせ(インテグラル)型」であり,PC(personal computer)産業のようなモジュラー型ではない.PC産業においては,製品を構成する各々の部品インタフェースが産業内において標準化し,部品の比較

的単純な組み合わせによって1つの製品が完成し得る．

24) 詳しくは，武石彰・藤本隆宏・具承桓「自動車産業におけるモジュール化：製品・生産・調達システムの複合ヒエラルキー」，藤本隆宏・武石彰・青島矢一編『ビジネス・アーキテクチャ：製品・組織・プロセスの戦略的設計』，有斐閣，2001, 101ページ，を参照されたい．

25) 池田正孝「欧州自動車メーカーの部品調達政策の大転換—ドイツ自動車産業を中心に—」，『中央大学経済研究所年報』，第28号，1998年，に詳しい．

26) 『FOURIN自動車調査月報』，No. 142, 1997年，6ページ．

27) 池田正孝「サプライヤーへの権限移管を強める欧州のモジュール開発—Faureciaの取り組み実例—」，『豊橋創造大学紀要』，第6号，2002年2月，44ページ．

28) 池田正孝「欧州におけるモジュール化の新しい動き」，『豊橋創造大学紀要』，第8号，2004年，40ページ．

29) 北米自動車メーカーにおけるモジュール化の始まりは，『FOURIN 海外自動車調査月報』，No. 165, 1999年，No. 203, 2002年，を参照されたい．

30) 武石彰，藤本隆宏，具承桓，前掲論文，110ページ．

31) 藤本隆広「日本型サプライヤーシステムとモジュール化—自動車産業を事例として」，青木昌彦・安藤晴彦編著『モジュール化』，東洋経済新報社，2002年，188-189ページ．

32) 劉 仁傑，呉 銀澤「韓台自動車産業のモジュール化の特性について：日米欧の先発企業との比較観点から」，『日本経営学会誌』，第12号，2004年，56-57ページ，に詳しい．

33) 李 在鎬「韓国自動車産業におけるモジュール化の意義」，『星城大学経営学部研究紀要』，第1号，2005年，55-82ページ，に詳しい．

34) 例えばダイムラークライスラーに2006年から年間1,800億ウォン規模のローリングシャシー・モジュールを供給していた．現代モビスの海外部品輸出規模は年々増え，2005年における海外直接輸出は12億8,000万ドル，現地生産販売は約22億ドルであった．

35) 全国金属労働組合連盟，前掲資料．

36) ドアトリム・モジュールは，自動車全体の安全性確保からして全体の調整がもっとも必要な部分であることから，製品アーキテクチャの段階までに進まない場合が多い．無論，同モジュールの生産モジュール化は普遍化している．

37) 本事例分析，特に現代モビスに関する内容は，2007年6月の現代自動車社韓国本社広報担当者が提供した現代モビスの現状に関する資料，そして，韓国金属労働組合がWeb上で公開している資料を基に作成された．

38) UPH（Unit Per Hour）とは，生産ラインにおける時間当たり標準生産量を示す．

39) 全国金属労働組合連盟「現代自動車ノモジュール生産方式」，全国金属労働組合

連盟ホームページ，2006年（http://www.metall.or.kr/〔2009年8月15日アクセス〕）．

40) ジャスト・イン・シークエンス（JIS, Just in Sequence）とは，時間通りに部品を最終組み立て工場に届けるジャスト・イン・タイムをさらに推し進め，自動車メーカーのアセンブリー・ラインに同期させてモジュールを搬送するシステムのことである．モジュール化を進める上でサプライヤーの組み立てたモジュールを，このJISで自動車メーカーのラインに搬送することにより一層の効率化，コスト削減を進めることができる．またモジュール部品製造に関わる複数の部品サプライヤーの工場を組立工場に隣接する形で集めるサプライヤー・パークもJIS具現化のための一手法である．

41) 2007年6月，現代自動車提供資料．
42) 同上資料．
43) 同上資料．
44) 全国金属労働組合連盟「現代自動車ノモジュール生産方式」，全国金属労働組合連盟ホームページ，2006年（http://www.metall.or.kr/）．
45) 同上資料．
46) 同上資料．
47) 韓国では，「序列企業」として表現されている．
48) 2007年6月，現代自動車提供資料．
49) 同上資料．
50) 青島矢一・武石彰「アーキテクチャという考え方」，藤本隆宏，武石彰，青島矢一編『ビジネス・アーキテクチャ：製品・組織・プロセスの戦略的設計』，有斐閣，2001，45ページ，および，青島矢一・武石彰「アーキテクチャという考え方」，伊丹敬之・藤本隆宏・岡崎哲二・伊藤秀史・沼上幹編『リーディングス日本の企業システム第2期 全5巻：戦略とイノベーション』，有斐閣，2005年，222-232ページ，を参照されたい．
51) 同上書，223-224ページ．
52) ジョヒョンゼ『韓国的生産方式ハ可能カ』，ハンオルアカデミー，2005年，208-211ページ．
53) この改正内容は，「58歳までの雇用保障，工場の合弁，買収，譲渡，外注化，新技術および新機械導入，新車種開発および販売などの場合に労働組合との合意を必要とし，労働者の配置転換時には本人との合意が必要である」とするなど，これまでの韓国の労働組合が達成できなかったレベルの作業場規制権および雇用保障を約束するものであった．

第6章 レクサスの市場戦略における「文化的要素」の活用

はじめに

　グローバリゼーションが進展するにつれて，その主要な推進者である多国籍企業は，地球規模で活動を拡大・深化させてきた．多国籍企業間の競争関係も，既存の先進諸国に加え，BRICs などの新興経済諸国を巻き込みながら，地球規模で激化の一途を辿っている．競争がますます激化する状況において，自社市場の創造，維持，囲い込みなどがより一層求められている現在，多国籍企業は有効な市場戦略のあり方を模索している．

　ところで，グローバリゼーションとは，「複合的結合性」という言葉で表される，「近代の社会生活を特徴づける相互結合性と相互依存性のネットワークの急速な発展と果てしない稠密化を意味する」[1]ものであり，経済のみならず，文化や政治，法律などの様々な次元における相互作用や相互依存関係が拡大・深化するプロセス[2]であると理解される．

　本章は，経済的次元のなかでも，資本や商品を世界的に拡大させうる多国籍企業と，価値観やアイデンティティなどの文化的次元との結び付きに着目し，多国籍企業の市場戦略において「文化的要素」がいかに活用されているかについて考察を行うものである．後に詳しく説明するが，さしあたり「文化的要素」とは，商品に付与される文化的意味であると定義づけておきたい．すなわち，多国籍企業間の競争が激化する状況において，他社と持続的に差別化可能であるとともに，顧客を魅了できるような競争優位の構築が要求されるなかで，文化という要素がきわめて重要な役割を帯びるようになってきていること

を結論として提示することが本章の目的である．

　検討を通じて，グローバルな市場競争の下，多国籍企業が文化からもたらされる要素を競争優位の源泉として活用しようと試みていること，そして，そのような多国籍企業の市場戦略が，ひいては人々の意味構築という文化的行為に重要な影響を与えうることを主張したいと思う．

　以下では，トヨタ自動車社（以下，トヨタ）の高級ブランドであるレクサス（Lexus）を事例として取り上げ，同ブランドの市場戦略において「文化的要素」がいかに活用されているかについて検討を行う．その際，グローバリゼーションがもたらす地球規模での競争変化がレクサスの意思決定にいかなる影響を与えたのか，そして，レクサスが市場戦略を遂行するなかで「文化的要素」を活用することがいかに重要であるかについてみていくことになる．

　「文化的要素」活用の事例としてレクサスを取り上げる理由は，以下の諸点に見出される．

　理由の第1は，同ブランドが欧州の高級車との差別化を図るために，日本文化から選別した様々な要素を活用しているという事実に求められる．周知のように，レクサスは1989年にアメリカ市場で発売され，同市場で高級車としての地位を確立した．それから16年後の2005年に，本国である日本市場に導入されることになった．第3節以降で詳述するように，レクサスが日本市場へ導入された際に，日本発のブランドとして再定義されるなかで，日本文化という「文化的背景」から選別された様々な「文化的要素」が活用されたのである．

　第2に，レクサスの日本市場への導入は，トヨタのグローバル市場戦略を背景にして行われたということである．このことは，上で述べたような，現代のグローバル競争における市場戦略のあり方，および，そのなかでの「文化的要素」が持つ意味を考察するための最良の題材であると考えられる点である．

　第3に，レクサスが競争する高級車市場は，これまで欧州の自動車メーカーによって席捲されてきたが，そこに日本発の高級車という新たな市場を創造しようとしている点である．つまり，高級車を購買する顧客層に対して，日本文化が高級の代名詞であり，レクサスと日本文化が深く結び付いたものであると

いう認識の形成や，日本文化という象徴性を纏った商品が浸透する意味を検討することにつながるため，多国籍企業の市場戦略が文化的次元に与える影響について考察できるためである．

本章は以下のような構成になる．

第1節では，経済のグローバリゼーションが進展するなか，現代多国籍企業の市場戦略の特徴とはいかなるものであるかについて考察する．まず，グローバル競争における多国籍企業の位置付け，製品タイプ，戦略の方向性を踏まえ，多国籍企業の市場戦略のあり方を検討する．検討を通じて，多国籍企業の市場戦略において「文化的要素」が重要な役割を帯びるようになってきたことを主張したい．さらに，第2節以降で展開する事例分析を行うための分析視角を提示する．

第2節から第4節では，トヨタの高級ブランドであるレクサスを取り上げ，同ブランドの市場戦略において「文化的要素」がいかに活用されてきたかについて検討を加える．文化という極めて捉えどころのない要素を分析する方法として，レクサスに関する文献，統計データ，アニュアル・レポート，雑誌記事におけるレクサス開発陣の発言，レクサスカレッジにおける聞き取り調査[3]，などを主な素材とし，第1節で提示した分析視角から解釈する手法を採用する．

最後に「おわりに」において，本章で展開した議論を総括しつつ，多国籍企業の市場戦略がグローバリゼーションの文化的次元に与える影響について付言したい．

1．グローバル競争における多国籍企業の市場戦略

(1) グローバル競争における多国籍企業の位置付け

「はじめに」で述べたように，グローバリゼーションが進展するにつれて，多国籍企業間の競争が熾烈化している．そのため，いかなる市場を標的とするか，新たな市場をいかに創造するか，開拓した市場をいかに維持するか，などの課題が浮上している．

その競争は，従来の日米欧を中心とする先進国市場にとどまらず，新たな市場の獲得を巡って繰り広げられている．なかでもBRICsを中心とする新興経済国市場は著しい成長をみせており，現代のグローバル競争に勝ち抜くためには，既存の先進国市場を守り抜きながら，爆発的な需要が見込まれる新興経済国市場で先手を打ち，いかに攻略するかが重要であるといえる．

　ここでは，近年とみに成長を遂げている中国市場を中心として，多国籍企業が新興経済国市場でいかなる位置付けにあるかについて検討してみよう．図6-1は，中国の産業地図を表したものである．縦軸は売上高に対するR&D費率を，横軸は売上高に対する広告宣伝費率を示している．言い換えるならば，図中の上部には競争上技術力を要する産業が分布しており，右側にはブランド力が必要となる産業が位置していると理解できる．また，それぞれの産業において多国籍企業と現地企業のいずれが優位にあるのかについても示されている．

　この図において特徴的なのは，多国籍企業と現地企業とでは，主戦場とする市場が異なるということである．まず，技術力がそれほど要求されず，ブランド力が顧客訴求力を持ちにくい産業（左下の象限）には，現地の中国企業が密集していることが確認できる．その反対に，高い技術力が要求される産業（上部の象限）や，ブランド力が必要となる産業（右側の象限）には，本国を先進国に置く多国籍企業が数多く分布している．同時に，その中間には，多国籍企業と現地企業との間で激しい競争が繰り広げられていることが想定できる．これらの事実から考えられることは，先進多国籍企業が，安価な人件費を背景とした労働集約的な産業・市場では現地企業に太刀打ちできないため，技術力やブランド力を向上させることによって，現地企業に対する参入障壁を築いているということである．さらにいえば，先進多国籍企業は，現地企業からの侵攻を阻むために，絶えず技術力を磨き続けるか，あるいは後発企業には持つことのできない強力なブランド力を築き上げるか，という二者択一の選択を迫られており，その選択に失敗した場合，厳しいグローバル競争から脱落することを意味しているのである．

第 6 章　レクサスの市場戦略における「文化的要素」の活用　181

図 6-1　中国の産業地図

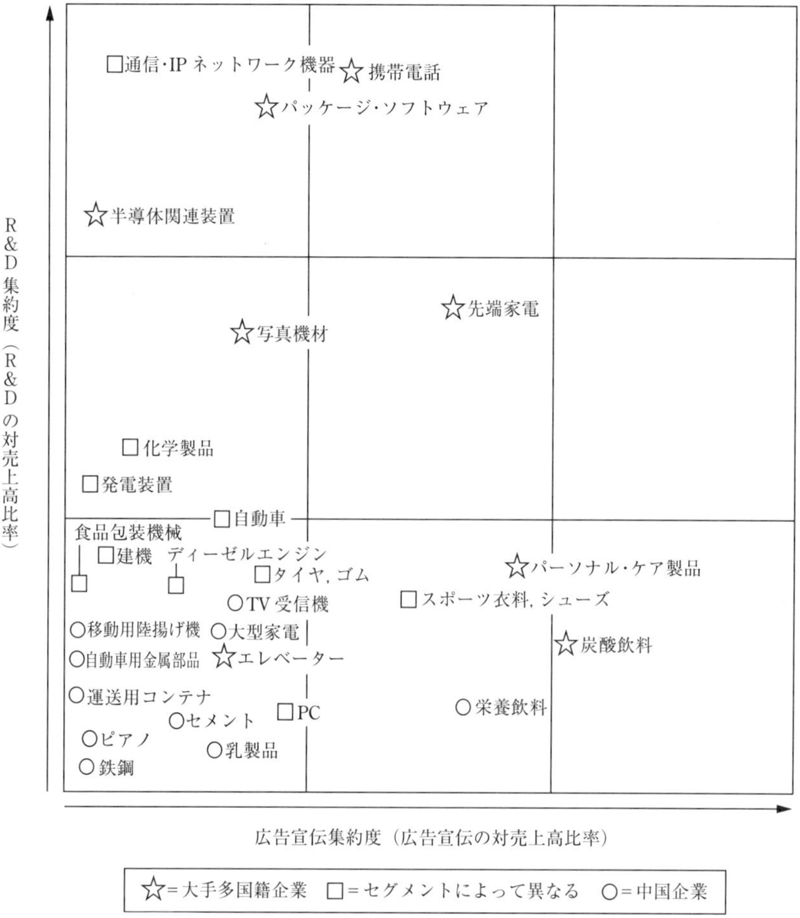

```
                                                                          
  │                                                                       
  │        □通信・IP ネットワーク機器  ☆携帯電話                              
  │                      ☆パッケージ・ソフトウェア                         
  │                                                                       
  │                                                                       
R │    ☆半導体関連装置                                                     
& │                                                                       
D │─────────────────────────────                                           
集 │                                                                       
約 │                         ☆先端家電                                    
度 │              ☆写真機材                                                
（ │                                                                       
R │                                                                       
& │         □化学製品                                                     
D │         □発電装置                                                     
の │                    │自動車                                            
対 │    食品包装機械    │                                                 
売 │     □建機  ディーゼルエンジン    ☆パーソナル・ケア製品              
上 │              タイヤ，ゴム                                             
高 │              ○TV 受信機   □スポーツ衣料，シューズ                     
比 │  ○移動用陸揚げ機 ○大型家電                                           
率 │  ○自動車用金属部品                    ☆炭酸飲料                     
） │           ○エレベーター                                               
  │     ○運送用コンテナ                                                   
  │         ○セメント  □PC    ○栄養飲料                                  
  │      ○ピアノ   ○乳製品                                               
  │      ○鉄鋼                                                            
  │─────────────────────────────────→                                     
           広告宣伝集約度（広告宣伝の対売上高比率）
```

☆＝大手多国籍企業　□＝セグメントによって異なる　○＝中国企業

（注）　著者により一部修正．
（出所）　Ghemawat, Pankaj, "Tomorrow's Global Giants? Not the Usual Suspects," *Harvard Business Review*, November 2008（有賀裕子訳「グローバル市場　明日の勇者」『ダイヤモンド・ハーバード・ビジネス』2009 年 5 月号，13 ページ）

(2)　製品タイプの分類と戦略の方向性

先進多国籍企業が発揮できる優位性には，技術力ないしはブランド力の 2 種類があるという指摘は，製品タイプの分類からも導くことができる．石井淳蔵

氏は,「論理実証型製品」と「意味構成・了解型製品」の2つの理念型を用いて,製品タイプの分類を行っている.表6-1は,2つの理念型による分類をまとめたものである.

表 6-1 製品タイプの分類

製品タイプ	消費者の要求項目や選好	製品の評価基準	消費者の要求項目	製品の例
論理実証型（モノ型）	明確	客観的	製品の機能や効能	医薬品,金融商品
意味構成・了解型（芸術型）	不明確	主観的	文化的意味の消費	アパレル,広告作品

（出所）石井淳蔵『マーケティングの神話』日本経済新聞社,1993年,第2章,の内容を基に筆者作成

表6-1にみられるように,「論理実証型製品」とは,医薬品や金融商品のように,製品の機能や効能,品質などの技術力が評価される製品を意味している.その一方で,「意味構成・了解型製品」とは,アパレルや広告作品のように,製品の「文化的意味」を消費することが主目的とされる製品を表している.したがって,「論理実証型製品」においては,製品の機能や品質を向上させることが競争優位につながる反面で,「意味構成・了解型製品」においては,いかに魅力的な文化的意味を構成し,付与するかが問われることになる.

　この表で重要なことは,製品にはその機能性が重視されるものと,機能性よりもむしろ製品に付与されている意味が重視されるものと,2種類の特性があることを示していることである.先にみた中国の産業地図と重ね合わせて考察してみると,先進多国籍企業は,製品が持つ2つの特性のいずれかを追求する戦略,あるいはその両方を追求する戦略を取らねばならないということがいえるであろう.すなわち,絶えざる技術革新によって,製品の機能や効能を向上させることで,新興経済国企業との技術的格差を維持するか,あるいは消費者を引きつけるような魅力的な文化的意味を構築し,製品に付与することによっ

て，新興経済国企業とは異なる土俵で勝負することで，その追及をいなすか，という意思決定を迫られているのである．

さらに，製品タイプという側面からだけでなく，戦略の方向性からも技術力と文化的意味の2つが重要であるという指摘を見出すことができる．遠藤功氏は，従来までの日本企業が得意としてきた，万人受けするような安定した品質と値頃感のある商品市場が，もはや新興経済国企業の侵攻を免れ得なくなったという認識に立つ．その上で，新たに進むべき方向性として，「プラスアルファの対価を支払ってでも手に入れたいと思わせる『特別な価値』『プラスアルファの価値』」[4]を追求する「プレミアム戦略」の重要性を主張する．そして，製品をより「プレミアム」にするためには，性能や品質などの「機能的価値」の向上もさることながら，目にはみえない「情緒的価値」の創出が必要であることを説くのである（図6-2）．遠藤氏のいう「情緒的価値」とは，「精神的な満足，オーナー（所有者）としての誇り，作り手に対する共感など，消費者の情感に訴えかけ，作り手との『見えない絆』」[5]をつくりだすものである．ここ

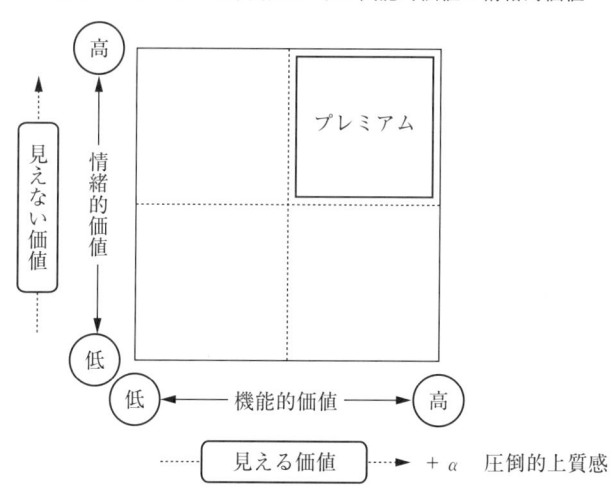

図6-2　プレミアム戦略における機能的価値と情緒的価値

(出所)　遠藤功『プレミアム戦略』東洋経済新報社，2007年，81ページ

において，製品の機能や品質を向上させる戦略と，目にはみえず客観的指標で測ることができないけれども消費者を魅了するような価値観を追求する戦略という，2つの方向性があることがみて取れる．

(3) 市場戦略における「文化的要素」の活用

これまで，市場，製品タイプ，戦略の方向性，の3つの視点から考察してきたが，この一連の事実および主張にみられるように，技術力と文化的意味構築能力が現代多国籍企業の市場戦略においてきわめて重要である．

しかしながら，現代の市場競争において，商品の「コモディティ化」という現象が進行していることも指摘されている．コモディティ化とは，「企業間における技術水準が次第に同質的となり，製品やサービスにおける本質的部分での差別化が困難となり，どのブランドを取り上げてみても顧客側からするとほとんど違いを見出すことの出来ない状況」[6]を意味する概念である．また，「伝統的なマーケティング論理では，細分化された市場に差異化された製品やサービスを提供するとともに，非価格競争を展開することを前提としてきた．ところがコモディティ化が進めば差異化は難しくなり，知恵のない企業は価格競争にシフトせざるを得なくなる．ライバルが値引きをすれば，自社も値引きを避けられない．行き着く先は『コモディティ・ヘル』と呼ばれる利益が生じない地獄である」[7]．

商品をコモディティ化する圧力として，グローバル規模での市場競争の熾烈化，新興経済諸国からの技術的キャッチ・アップ，製品規格や生産方式における業界標準の確立，多国籍企業のグローバルな生産体制の確立，などが考えられる．これらの要素は，グローバル経済下でより一層進展する傾向があるため，現代多国籍企業において有効な市場戦略を構築するためには，絶えずイノベーションを創出することで技術的優位を維持する戦略とは異なる戦略が求められているのではないだろうか．

例えば，高度な製造技術が必要であるとされる自動車産業においても，現代自動車社を有する韓国のキャッチ・アップに加え，インドのタタ・モーターズ

社や中国の BYD 社など，つぎつぎと価格競争力と技術力を持ち合わせる企業が参入を果たしてきている．したがって，技術力を要しない産業はもとより，自動車のように高度な技術水準が要求される産業においても，新興国が得意とする低価格やキャッチ・アップを図りやすい「機能的価値」とは異なる，「文化的価値」が求められていると考えられる．すなわち，本章の概念でいえば，「文化的要素」をいかに形成するか，そしてそれらの要素をいかに製品に付与するか，さらには，「文化的要素」を付与した製品をいかに消費者に浸透させるか，などの戦略の重要性が高まっていると考えられるのである．

(4) 分析視角

以上の議論を踏まえ，多国籍企業の市場戦略における「文化的要素」の活用を把握するための分析視角を提示したい．本章でいう「文化的要素」とは，商品に付与される文化的意味の要素群のことである．とりわけ，「文化的要素」を商品に付与し消費者を引き付けることで，他社には模倣困難な競争優位を築くことを，ここでは「文化的要素」の活用と呼ぼう．

「文化的要素」の活用は，国籍や民族，社会階層，世代などに起因する「文化的背景」から，自社あるいはその商品にとって必要な要素を選別し，それらの要素を素材として企業や商品に特有の価値観や「物語」を構成し，商品に付与する戦略を意味する．具体的な例として，アメリカという「文化的背景」から，ハーレーダビッドソン社が白人男性という象徴性や星条旗から想起される愛国心，カウボーイに体現される自由的価値観などの要素を，同様にナイキ社が，身体能力の高さを象徴し，「クール」の代名詞となっている黒人文化や，ファッション・センスに富んだ若者，貧民層のバスケットボール場などの要素を活用したことなどが挙げられるだろう．実際には，アメリカは様々な民族や社会階層から成り立っているにもかかわらず，自社にとって必要な「文化的要素」を選別して商品に付与する戦略が採用されてきた．そのため，ハーレーダビッドソン社とナイキ社では，アメリカ文化という同じ「文化的背景」を活用しながらも，そのなかから選別した要素は，全く異なるものであることが導か

れるのである．

　「文化的背景」から選別された要素は，製品やサービスに具現化される必要がある．単なる「風味」や「味付け」などの上辺だけのイメージづくりに留まらず，製品やサービスの細部にその文化が感じられるようになって初めて，「文化的要素」は価値を持つ．先のハーレーダビッドソン社の例でいえば，アメリカ製オートバイという事実，生きた馬を連想させる己の意のままにならない製品，そのエンジン音がまるで生き物の心臓であるかのように感じられる音質というように，細部にまで要素がビルド・インされている．要するに，たとえ文化という象徴的価値といえども，最終的には物質的形態を取ることによって消費者に経験させ，体感させることができるということであり，「文化的要素」が文化的イメージとは一線を画すという意味で，きわめて重要な点であると考える．

　以下では，この分析視角から，トヨタの高級ブランドであるレクサスにおける「文化的要素」の活用を検討してみたい．

2．日本市場におけるレクサスの導入

　当初，レクサスは1989年にアメリカで同市場向けの高級車としてLS400（日本名，セルシオ）を発売し，成功を収めた．レクサスはLS400を起点に，様々な車種を包含する高級車ブランドとして，アメリカで確固たる地位を得ることができた．その後，2005年にレクサス・ブランドは日本市場へ「逆輸入」され，同年8月にGS（アリスト），IS（アルテッツァ），SC（ソアラ）の3車種をもって営業が開始された．さらに，これまでトヨタ・チャネルで販売されていたセルシオも，レクサス・ブランドの旗艦車として，2006年10月に販売された．トヨタでは，レクサスを導入するにあたり，「商品開発から販売まで，トヨタ・ブランドとは明確に分離して展開」した．そして，「『最高の商品』を『最高の販売・サービス』で提供し，高級の本質を追求する21世紀のグローバルプレミアムブランドを目指」[8]すものであると位置付けた．

トヨタが日本にレクサスを導入した狙いの1つは，同社のグローバル戦略の1つに高級車市場の攻略という課題があり，とりわけ欧州市場や新興国市場を攻略するという目的が存在したためである．そもそも欧州市場については，1993年に導入された対欧州輸出監視枠（モニタリング枠）が1999年12月をもって撤廃されたことや，1999年から欧州統一通貨であるユーロが導入されたことなどを契機として，その重要性が高まっていた．欧州市場の重要性が増すとともに，トヨタは2000年からレクサスの専売ディーラーネットワークを構築し，2003年末までに従来の240拠点から290拠点へと増加する計画を立てるなど[9]，市場拡大が期待された小型車市場だけでなく，高級車市場にも狙いを定めていた．

　トヨタはまた，欧州市場において年間120万台を販売する計画を打ち出しており，そのうちの10万台をレクサスとして販売することを目標としていた．しかしながら，2004年時点の欧州におけるレクサスの販売台数は25,000台に留まっており，それは欧州の高級車市場のわずか1％にすぎなかった．欧州の高級車市場でレクサスというブランドを確立させるためには，アメリカ市場を標的とした高級車ではなく，欧州の消費者の心を突き動かすような，本国を代表するような「価値観，アイデンティティ」が必要であり，「日本を背負った揺ぎないブランド」へと進化する必要があったといわれる[10]．欧州市場の攻略については，新興経済国への影響も見逃すことができない．中国やロシア，インドなどの新興経済国では，近い将来に高級車市場の拡大が見込まれるが，そのような国々でブランド・イメージを高めるためには，主たる高級車メーカーが集う欧州市場において市場を確立させる必要性が生じたのである．実際に，ロシアにおいてトヨタが，2005年からレクサスを展開した後，2007年の1-10月におけるロシアの自動車販売台数は，前年同期比34％増の206万台となった．この年，トヨタは前年同期比57％増の13万5,000台を売り上げ，とりわけレクサスの販売が好調で，高収益を上げるに至った[11]．2008年には，吉林省長春市と遼寧省瀋陽市で，中国初となるレクサスの販売拠点を立地した．

　以上のことから読み取れるように，一見すると日本市場におけるレクサスの

立ち上げは，トヨタという日本の自動車メーカーが自国市場で行った戦略であるかのように思えるかもしれないが，しかしその実は，グローバル市場戦略というより大きな文脈のなかで行われたものであり，同社がレクサスをグローバル市場攻略車として位置付け直した結果であると理解できる[12]．

レクサスを立ち上げたもう1つの狙いは，日本における高級車市場への本格的な進出である．日本の高級車市場への進出を促した背景には，日本で進行している「所得の二極化」および「消費の二極化」があった[13]．すなわち，所得の格差によって富裕層市場が拡大するという経済的背景に加え，消費者が100円ショップなどで少しでも安く購入する一方で，「こだわり」を持つ商品には所得に見合う以上の金銭を費やすような消費行動が現れたという社会的背景から，高級車市場が今後拡大することが予測されたために，成長の見込める国内高級車市場をいかに取り込むか，という課題が新たに浮上してきたのである．

さらには，高価格かつ高級感のある車種を日本メーカーが持ち合わせていないという課題もあった．つまり，ほとんどの日本車が500万円未満の市場を対象としており，それ以上の価格帯ではベンツやポルシェ，BMW，アウディなどを擁するドイツをはじめとする欧州車で占められているという現実である．それに加え，年収1,000万円以上の所得層におけるセダン市場を世代別でみてみると，50代以上がトヨタを選好しているのに対し，30代以下の世代はベンツやBMWなどの輸入車を選好するという傾向がみられるため，将来的に現在輸入ブランドを選好する世代が購買層の中心になった場合，高級車市場においてトヨタが顧客を喪失する状況を危惧したという理由もあった[14]．したがって，消費の二極化で拡大が見込める高級車市場をどのように攻略するか，そして，現在日本車を使用している若年層が将来的により多くの収入を得るようになった際に，欧州車へと鞍替えすることをどのように防ぐか，という課題の解決が図られるようになったのである．

さらには，新興経済諸国の台頭という要因も絡んでいた．韓国などの低コストで品質の良い生産できる国々が技術のキャッチ・アップによって機能面や性能面では先進国の品質とさほど遜色がなくなってきた結果，機能的価値以上の

付加価値が求められるようになったためである[15]．また，中国やインドなどの，自動車産業がいまだ黎明段階にある国々においても，技術的キャッチ・アップが進行することによって，類似する自動車が生産できる可能性が出てきたためでもある．

図6-3は，日本における高級車の販売台数を示している．日本市場におけるレクサスの誕生は，2005年という比較的近年のことであるため，その浸透度を判断するための十分な時間はまだ経過していない．しかしながら，図6-3をみる限り，レクサスの旗艦車であるLS460が投入されて以降は，日本高級車市場の先行者であるBMWやメルセデス・ベンツの販売台数に並びつつあることが窺える．

表6-2は，日本で展開されているレクサス・ブランドの車種構成とそれぞれの価格を表している．約400万円の車種からLSのように1,000万円を超える車種までをカバーしており，これまでの日本の自動車メーカーが不得手であった高級車市場を標的としていることがわかる．レクサスの価格帯を中心とする日本の高級車市場は，長きにわたって，BMWやメルセデス・ベンツなどの欧

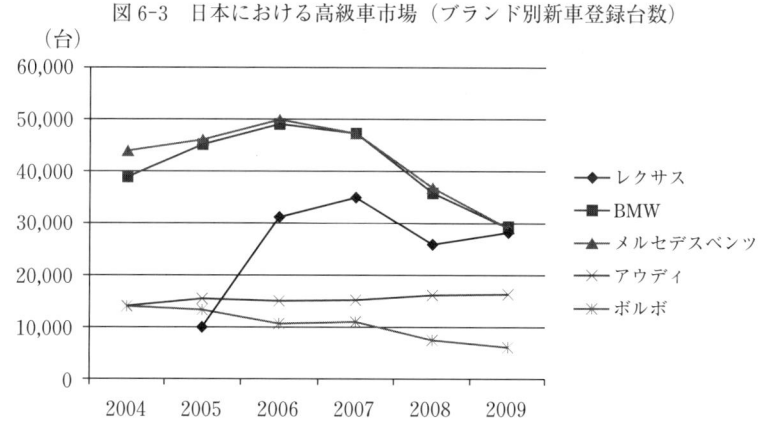

図6-3 日本における高級車市場（ブランド別新車登録台数）

(注) 普通乗用車のみの数値．
(出所) 日刊自動車新聞社，日本自動車会議所共著『自動車年鑑』日刊自動車新聞社，各年版，を基に筆者作成

州車によって占められてきた．したがってレクサスは，ブランドの認知度や社会的地位，信頼性などで優位性を持つ欧州車と競争するために，いかに差別化しながら，顧客を引き付けるかということが問われているといえるのである．

表 6-2　日本におけるレクサス・ブランドのラインナップ

(2009 年 12 月 15 日現在)

車種	メーカー希望小売価格(円)	旧モデル名	旧モデルの小売価格(円)	旧モデルとの価格差(参考)(円)
LS 600h	10,000,000- 15,500,000	セルシオ	5,932,500- 7,875,000	2,027,500- 7,625,000
LS 600hL				
LS 460	7,960,000- 12,470,000			
LS 460L				
GS 450h	6,970,000- 7,970,000	アリスト	3,843,000- 4,777,500	1,677,000- 3,192,500
GS 460	5,520,000- 7,750,000			
GS 350				
HS 250h	3,950,000- 5,350,000			
IS 350	3,920,000- 5,410,000	アルテッツァ	2,247,000- 3,123,750	1,673,000- 2,226,250
IS 250				
IS 250C	4,950,000- 5,350,000			
RX 450h	5,450,000- 6,500,000	ハリアー	4,095,000- 4,620,000	1,355,000- 1,880,000
RX 350	4,600,000- 5,650,000		2,614,500- 3,853,500	1,796,500- 1,985,500
SC 430	7,100,000	ソアラ	6,300,000- 6,615,000	800,000- 485,000

(出所)　レクサスの車種および価格は，レクサス・ウェブサイト (http://lexus.jp/models/index.html) より，旧モデル名の車種および価格は，『Car Graphic』二玄社，2005 年 9 月号より (アリストについては，同誌 6 月号より)，筆者作成

3．日本市場における「文化的要素」の活用

　レクサスにおける市場戦略と「文化的要素」の関係は，前節で述べたような，「日本発というアイデンティティの確立」および「欧州車との差別化」という2点と密接に関連している．第1に，欧州の高級車市場を攻略するためには，その消費者が求める「日本」の企業であるというアイデンティティを確立する必要があるからである[16]．そして第2に，日本の高級車市場において先発し，かつ圧倒的な優位性を誇る欧州車と肩を並べて競争するためには，欧州車とは異なる競争優位を追求する必要性があるからである．この2つの課題を克服するために，レクサスは日本文化を戦略的に活用していることが窺える．例えば，レクサスが競争相手として想定するベンツやBMWなどには，その歴史や伝統の長さがあり，そこからもたらされる個性が製品にも強く影響を与えている[17]．こうした欧州の高級車と差別化するための要素として，先進技術という未来性と日本文化に根ざした価値観の2つをトヨタは重視した[18]．いうまでもなく，本研究において特に重要と思われるのは，後者の「日本文化に根ざした価値観」である．トヨタは，「Jファクター」と名付けた，「日本人らしい精神性を重視し，世界に受け入れられた日本の価値を注意深く研究した」要素に重きを置いている[19]．

　以下では，とりわけ日本進出以後のレクサスが，日本文化を背景とした「文化的要素」をいかに活用しているかについて考察していく．考察するにあたり，特にレクサスが重視する，①日本的な様式美，②「職人」や「匠」などのモノづくりに関わる日本の伝統技術，③「先見性」や「対極」などを重視する日本的精神，④「おもてなし」の心，の4つの要素を中心に，製品，サービス，社員教育のそれぞれの側面についてみていこう．

　レクサスのデザインには，日本の伝統工芸を活かした技術が使用されており，しかも広告やパンフレットにおいて自らそれを前面に押し出し，強調している．その技術を言い換えるならば，日本人が持つ「鮮度，旬，切れ味の良さといった瞬間を大切にする美意識」であろう[20]．例えば，レクサスISには，

日本伝統の美の技である「『削ぎ』『切り返し』『はずし』といった日本人の美学」[21]が用いられており[22]．GSのドアトリムには革と天然木を3次元の曲線に加工するという技術が施されているが，それを可能にしたのは「職人の技とプライドに裏打ちされた，モノづくりの精神」[23]であるとトヨタは表現している．このことからも窺えるように，デザインのなかに日本的な美意識をビルド・インし，それを可能にする高度な技術を「匠」や「職人」などの表現を用いて，日本のものづくりの精神や魂を込めた自動車であることを強く主張しているのである．「匠」や「職人」と同様に，伝統的な工芸品という点では，LS400にも採用されたような金剛力士像から得られるイメージをデザインに取り入れたことも挙げられる[24]．

また，レクサスのめざすデザインには，「対極するものを合致させて新たなモノを生み出す」という日本的な精神性が活かされている[25]．具体的にいえば，「ときめき」と「やすらぎ」，「速さ」と「静けさ」，「スムーズネス」と「ダイナミクス」などの相反する要素を両立させることで価値を創出することである[26]．同様に，「興味をそそりながらもシンプル」というものであり，「複雑なシンプルさ」という対比する要素を追求するところにも表れている[27]．前述した「切り返し」や「はずし」以外にも，「非常にシャープなのに，その内側に吟味されたカーブ」や，「よくよく見ると非常に手が込んでいるが，離れてみるとシンプルで光沢があり妖しい」，「ドライですっきりしたボンネットと，シャープで優美な局面のフロントフェンダー」などが挙げられる．この一見対立するものを昇華させより高い価値を生み出すという思想は，高品質な自動車をつくることにも表れており，加速性能を高めながらも振動や騒音を出さないようにする技術や，対立するものを昇華するためにその根本原因にまで遡って考えるという「源流主義」にも見出すことができる．

さらに，インテリアの演出にも日本文化が活かされているようである．計器類についてみてみると，まず暗闇のなかで針が浮き出し，そのつぎに遅れてメーター本体が浮き出てくる仕掛けをオプティトロンメーターに仕込んでいる．レクサスはこれを，「芳醇な経験を生み出す時間を織り込んだデザイン」[28]であ

ると表現しており，インテリアのなかに日本文化の1つの要素である「予見性」を取り入れている．

　サービスと最も深く関連している要素は，日本の「おもてなし」の心であろう．レクサスによれば，「和のおもてなしには茶の湯にあるような，相手のために細部まで配慮を行き届かせる心と姿勢が根本にあり」，レクサスのおもてなしに相通じるところがあるとしている．レクサスにおける「おもてなし」の精神は，来店から商談，購入，納車から始まり，故障や事故，車検，などのアフターサービス，さらには買い換えやドライブに関わる様々なサービスにまで拡大された概念である[29]．例えば，店舗には展示車と試乗車のみを設置し，顧客の手に渡る自動車はすべて受注生産に基づく．接客態度にも「おもてなし」の心を意識しており，購入を考える顧客に決定を促すことをしないという．

　そして，社員教育にも日本文化を背景とする文化的要素が活用されている．レクサスの製造においては，革新的な技術だけでなく，「感性に訴える匠の技」が必要であるという考えから，レクサスの開発・生産チームは「匠の道場」で議論を深め，コンセンサスを形成することが奨励されている[30]．また，人材育成機関として，富士レクサスカレッジがあるが，そこにも「文化的要素」の活用がみて取れる．富士スピードウェイのなかにある富士レクサスカレッジは，「最高の販売・サービス」を行うために，レクサス専用の人材育成施設として2005年3月から運営された[31]．人材育成施設を富士に設置した理由として，富士スピードウェイというサーキットがあるために，実際に自動車を運転することができるという実用的な一面がある一方で，富士というまさに日本を象徴する場所で研修を行うことによって，日本文化を基盤とする「おもてなし」の精神を学ぶことができるという側面があるとされる．さらに，接客態度などの作法については，小笠原流礼法を学ぶことで，おもてなしの心と所作を学ぶことが意図されている．

4．レクサスの市場戦略における「文化的要素」の活用

これまでの検討を通じて，われわれは，レクサスが日本文化を背景とする様々な要素を活用していることを確認してきた．このことは，1989年にレクサスがアメリカ市場に進出した際の「文化的要素」の活用とは幾分異なるようである．

具体的には，アメリカでは日本文化からもたらされる要素を直接的に用いるのではなく，製品やサービスにビルド・インするという手法が採用された．いい換えるならば，日本の「ものづくり」に対する考え方が，「完璧の追求 (persuit of perfection)」という目標を掲げるレクサスにおいても活かされたという点が挙げられる．それは，単に良品質の製品をつくるという精神性だけにとどまらない．例えば，製造過程におけるレクサス車への擦り傷防止策として，日本での家に上がる前に靴を脱ぐという習慣を活かした「クリーンシューズ作戦」が採用されたことなどが挙げられる[32]．クリーンシューズ作戦によって，カップホルダーなどの装備品を取り付ける際に内装を汚さないという利点だけでなく，レクサスを家と見立てることによって，土足で汚すことが禁忌であり，特別なものであるであるという意識を作業員に与える効果が想定できるという．

また，「おもてなし」という日本の接客文化も，アメリカでのサービスに活かされた．例えば，日本では当然となっている納車や代車のサービスをはじめ，くつろげる店舗づくり，販売員と顧客の密接な関係構築など，きわめてドライな取引関係に基づいたアメリカの自動車販売制度に対し，日本的な顧客重視の接客や，高級車を販売するための「客の優越感をくすぐるような日本的なサービス」[33]を積極的に導入した背景には，日本的な顧客との濃密な関係性や，高級車を購入してくれるお客様をもてなすという日本的な価値観が活かされたのである．

レクサスが2005年に日本市場へ導入された後は，より積極的に日本文化が活用されるようになった．アメリカでも活かされていた製造過程やサービスに

おける日本的精神は，「匠」や「職人」，「おもてなし」へと，より強く日本文化を意識した表現へと変えられ，レクサスに携わる社員の発言やレクサスのオーナーに配布するパンフレットなどで積極的に活かされるようになった．そして，第3節でみたように，日本文化のなかでも，①日本的な様式美，②「職人」や「匠」などのものづくりに関する日本の伝統技術，③「先見性」や「対極」などを重視する日本的精神，④「おもてなし」の心，の4つの要素が特に選ばれ，自動車のデザインや製造，サービス，社員教育などに活かされた．このように日本文化が意識的に活用されるようになった背景には，日本の高級車市場で先発優位を持つ欧州車に対する差別化があった．また，欧州の高級車市場で確固たる地位を築くというトヨタのグローバル戦略を達成するなかで，欧州の顧客に訴求力を持つような，日本発の高級車というアイデンティティが重要視されたためであった．

したがって，レクサスの事例は，日本の企業が日本市場で遂行した戦略であるという，ドメスティックな側面であるというよりはむしろ，熾烈な世界競争のなかでいかに生き残るかという課題から，そして，トヨタのグローバル市場戦略のなかに日本市場およびレクサスが重要なものとして位置づけられたことから，まさにグローバル規模で競争を繰り広げる多国籍企業であるがゆえの，「制約条件」とその克服手段であるとみなすことができる．

アメリカ市場と日本市場における「文化的要素」の活用には，日本文化を間接的に利用するか直接的に利用するかという点では，異なる側面があるといえる．しかしながら，双方に共通するのは，日本文化からもたらされる要素を単に表層的なイメージとしてではなく，製品やサービスにビルド・インすることが肝要であったという点である．例えば，同時期に発売された日産のインフィニティも日本文化から選別した「文化的要素」を活用したが，それが日本的な「テイスト」という味付けとして活用されていたのとは対照的に，レクサスでは日本文化のなかで高級車づくりに活かせる要素を吟味し，それらを製品思想やサービスの実施に至るまで深く取り込んだ点が特徴的である[34]．要するに，単にイメージや味付けとしてではなく，製品やサービスそれ自体のなかに具現

化されているということである．

おわりに

　グローバリゼーションが加速するなかで，新興経済国を巻き込んだ市場競争はますます激化している．本章は，レクサスを事例として，多国籍企業が文化的な背景から選別した「文化的要素」を製品に付与し，その付加価値を高める戦略について検討した．すなわち，「はじめに」で述べたように，多国籍企業の市場戦略や地球規模での市場競争という経済的次元のなかに，国家や民族が持つ文化的背景や，そこから選別された「文化的要素」という文化的次元との結び付きを考察したといえよう．

　これまでの議論では，グローバリゼーションを背景とした多国籍企業の市場戦略に焦点を合わせ，そのなかに文化的な要素が取り込まれる側面をみてきた．それでは，グローバリゼーションが多国籍企業に与える影響という視点とは反対に，多国籍企業がグローバリゼーションに対して，とりわけグローバリゼーションの文化的次元に対してもたらす影響については，どのように考えられるのだろうか．

　トムリンソン（John Tomlinson）は，グローバリゼーションにおける文化的次元を中心的に議論するなかで，ローバトソン（Roland Robertson）の議論[35]を敷衍する形で，つぎのように述べている．すなわち，「グローバルな結合性の構造というのは，……いかなるローカルな出来事も必然的に単一の世界の地平へと引き上げてしまうようなもの」[36]であると．そして，グローバリゼーションに関する議論における文化的次元の重要性は，「意味構築のコンテクストを変化させるかという問題，つまり，それが人々のアイデンティティや，場所的経験や，場所との関連における自己の経験などにどのような影響を与えるか，そしてローカルな位置付けを与えられた生活の周辺で発生する共通の理解，価値観，欲望，神話，希望，不安などにどのような影響を与えるかという問題」[37]にあるとしている．

この点について，本章の主題である多国籍企業による「文化的要素」の活用と照らし合わせてみると，以下のようにいえる．まず，文化的背景という特定の場所や集団と結び付いたローカルな文化のなかから，市場戦略上必要とされる要素が多国籍企業によって選ばれる．つぎに，それらの要素がグローバルな商品として具現化されるという行為を通じて，ローカルな文化がグローバルな地平に引き上げられる．さらに，多国籍企業によって意図的に「選別された」文化のローカル性が，商品という形態を通じてグローバルに拡散される結果として，販売先の消費者が持つ，多国籍企業本国の文化に対する理解や価値観を変容させたり，「再生産」させたりする可能性が生まれるため，ひいては進出先国のローカルな文化に影響を及ぼすと考えられる[38]．レクサスの事例でいえば，ローカルな日本文化のなかから第3節で検討した4つの要素が選び取られ，世界高級車市場攻略車としてのレクサスという商品に具現化される．そして，それらの「文化的要素」がグローバルに拡散することで，進出先国の消費者が持つ日本文化に対する認識枠組みや価値観が，選別された要素を通じて構成され直したり，既存の認識枠組みや価値観をより強化したりすることにつながる可能性が生じるのである．

以上のことから，ローカルな価値観やアイデンティティが，特定の場所や経験から切り離され，多国籍企業のグローバルな商品生産・販売戦略のなかに組み込まれていることが理解できるだろう．それは同時に，多国籍企業が本国の文化的イメージ，そして進出先国の消費者が持つ認識枠組みや価値観を「再生産」する原動力になっていることでもある．この過程は，再生産された本国の文化的イメージや世界の人々が持つ価値観を土台として，再び新たな商品の企画・生産・販売が始まるという意味で，経済的次元と文化的次元とを併せ持つのである．

1) Tomlinson, John, *Globalization and Culture*, Polity Press, 1999（片岡信訳『グローバリゼーション』，青土社，2000年，15ページ）．
2) Held, David, *A Globalizing World?*, The Open University, 2000（中谷義和監訳『グ

ローバル化とは何か』，法律文化社，2002 年，18-19 ページ）．
3) この聞き取り調査は，2007 年 11 月 14 日，富士レクサスカレッジにおいて行われた．
4) 遠藤功『プレミアム戦略』，東洋経済新報社，2007 年，80 ページ．
5) 同上書，82 ページ．
6) 恩蔵直人『コモディティ市場のマーケティング論理』，有斐閣，2007 年，2 ページ．
7) 恩蔵直人「『非差異化』時代のマーケティング」，『日本経済新聞』，2009 年 2 月 19 日付．
8) トヨタ自動車株式会社『アニュアルレポート 2005』，トヨタ自動車株式会社，25 ページ．
9) FOURIN『海外自動車調査月報』，2003 年 3 月号，No.175，14-15 ページ．
10) 高木晴夫『トヨタはどうやってレクサスを創ったのか』，ダイヤモンド社，2007 年．

また，ドイツにおけるレクサスに関する以下の記事も参考になる．

「しかしドイツは高級車というブランドを買うとき，こだわりを持つ人が多い．自分たちが納得するこだわりと一貫性，文化をレクサスに要求した時，まだレクサスらしさや文化が何なのか感じ取れないでいるのが現状だ．いまドイツで大成功しているアウディですら，同じドイツ人でありながら，CI の建て直し，販売網，クルマの細部に至るまで，こだわりのある文化づくりに努力し，今の地位に至るまで 15 年から 20 年かかったのである．」（シュペネマン和人「ドイツにおけるレクサス事情」『Navi』2006 年 12 月号，52 ページ）．

11) 『日本経済新聞』，2007 年 12 月 22 日付．
12) レクサス企画部レクサスブランド企画室長の長屋明浩氏の以下の発言は，レクサスがグローバルな高級車市場を攻略するためのものとして考えられていることを裏付けるものである．

「たとえばカローラという車，これは世界中を見ると，実は何種類ものカローラがあるのです．ボディが大きなカローラがあれば，小さなカローラもある．それらは仕向地別のバリエーションという以上に，現地最適のカローラが育成されているというくらい違っている．これがトヨタ・ブランドの戦略です．しかしレクサスは違います．LS といえば LS だけ，法規で変えざるを得ない部分を除いて可能な限り世界中で同じ車にします．『現地最適』がトヨタだとすると，『世界最適』がレクサスです．」

「レクサスのサイン，ロゴといったものには厳しい規定を設け，基本的にレクサス・ゴールドのロゴを推奨しています．そうはいっても，当初は国別の嗜好を許そうかという議論もありました．ご指摘の黒字に金のレクサスの看板，あれについて

欧州から嫌だという声が出たこともありました．欧州は銀色のイメージなんだと．日本国内からも似たような意見が出たこともあります．

しかしそういったローカライズを許してしまうと，もはやブランドではなくなってしまいます．世界中どこに行っても，同じ色，同じ文字が飾っていないと，やはりレクサスとは認識してもらえなくなるでしょう．」（『Car Graphic』，2005年6月号，52ページ）．

13) 富士レクサスカレッジにおける聞き取り調査による．
14) 富士レクサスカレッジにおける聞き取り調査による．
15) 高木晴夫，前掲書，37ページ．
16) 前出の長屋氏は，つぎのように語っている．

「……アメリカでレクサスは非常に強いのですが，ヨーロッパではほとんど無名といってもいいくらいの認知度しかありません．それこそドイツでは悲惨なものです．なぜそうなのかというと答えは簡単で，『日本車を買う理由がない』というのがお客様の意見です．関税がかかっているので割高だし，まあ品質がいいのは知っているけどね……ということです．つまり買う理由を作ってあげるということなんです．買う理由とはなにか．今おっしゃったローカルなもの，つまり日本のものだというアイデンティティがきっちりあること．こういったメッセージは，何物にも代えがたい非常に重要なものです．しかし何でもやりますよと言ってアジャストし，それがたまたま日本の物でしたというのでは，アイデンティティなどなくなってしまう．そうするとどうなるか．工業製品がどんどん"白物化"して，どこかの国の猛追を受けることになる．実際日本はそういう状態になっています．」（『Car Graphic』，2005年6月号，53ページ）．

この発言からは，欧州高級車市場でレクサスの存在を確立しようとしていること，そのために日本というアイデンティティが重要であること，それは現地適応とは異なる論理が必要であること，日本というアイデンティティがなければコモディティ化してしまうこと，などを読み取ることができ，本章が主張する内容と多くの点で合致していると考えられる．

17) 金子浩久『レクサスのジレンマ』，学習研究社，2005年，26ページ．
18) 富士レクサスカレッジにおける聞き取り調査による．
19) 高木晴夫，前掲書，60ページ．

なお，レクサスセンター長の吉田健氏は，自動車雑誌のインタビューのなかでJファクターについてつぎのように語っている．

「（瀬口注：Jファクターは）チーフエンジニアの連中が言ったんじゃなくて，ニースにあるデザインセンターの，ヨーロッパの人間が考えた．欧州から見たとき，何がJ-factorになっているのか．日本人が"日本"を考えると，芸者とか漆とかになっちゃう．」

「もっと深いところにあるようだ．と，日本のすごいところは，何年もかけてトヨタ自動車のなかに浸透させた言語だから，とてもじゃないけど，パッと『これこれです』とは言えない．」

「映画『千と千尋』のなかに何が含まれているのか，なぜ小さなウォークマンにニッポンを感じるのか．左右非対称のモノって，どうしていいと感じるのか．そういった複雑な要素が絡んでいる，のだそうです．」(『Navi』，2006 年 12 月号，59 ページ．なお，最後の引用文については，吉田氏の直接的な発言ではなく，吉田氏の発言をインタビュアーがまとめたものである)．

20) 金子浩久，前掲書，25 ページ．
21) レクサス『完璧への飽くなき追求—レクサス開発者の情熱とこだわり—』(レクサス・オーナー向け資料)，14 ページ．
22) 高木晴夫，前掲書，62 ページ．
23) レクサス，前掲資料，12 ページ．
24) レクサスデザイン部のグループ長である柴田秀一氏は，日本美術から受けた影響についてつぎのように語っている．

「興福寺の金剛力士像ですね．東大寺のものより小さいのですが，筋肉部の凝縮感とエレガントな衣服の表現の対比，そして眼光鋭い毅然とした表情など，とくに外形デザインを開発する上で参考になりました．」(『Motor Magazine』，2006 年 10 月号，No. 615，152 ページ)．

25) レクサス，前掲資料，6 ページ．
26) 上掲資料，3 ページ．
27) 高木晴夫，前掲書，63-64 ページ．
28) 同上書，65 ページ．
29) 同上書，183 ページ．
30) 長谷川洋二『レクサス　トヨタの挑戦』，日本経済新聞社，2005 年，40-41 ページ．
31) 「トヨタ自動車：ニュースリリース」(http://www2.toyota.co.jp/jp/news/05/04/nt05_0406.html)．
32) Dawson, C. Chester III, *Lexus : The Relentless Pursuit*, John Wiley & Sons, 2004 (鬼澤忍訳『レクサス—完璧主義者たちがつくったプレミアムブランド—』，東洋経済新報社，2005 年，150-151 ページ)．
33) 金子浩久，前掲書，109 ページ．
34) このことは，長屋氏による以下の発言によっても裏付けられる．

「いきなり，クルマに障子がついてくるとか，蒔絵が入ってくるとかは想像しないで下さいね．本質の部分だけでやろうとしているんです．日本的なアプローチをやっていけば，結果としてそこに現われてくる，というところに固執したいと思っ

ているんです.日本人がやるから,絶対テイストとして出てくるんです.シンプルの極みをすれば日本らしくなる.華飾が少ないんです.日本のものって.だけど,上等だと感じさせる.漆の箱なんかいい例ですよね.パッと見は,そんなに上等だとわからないんだけど,手に持ってみるとその温かさとか,ずっしりくる重さとか,上質さが瞬時にわかるんです.そういったものを出すと,それが日本的な美しさなんだな,ということがわかりますよね.」(金子浩久,前掲書,210ページ).

35) Robertson, Roland, *Globalization : Social Theory and Global Culture*, Sage, 1992(阿部美哉訳『グローバリゼーション—地球文化の社会理論—』,東京大学出版会,1997年).
36) Tomlinson,前掲訳書,31ページ.
37) 同上訳書,44-45ページ.
38) 無論,進出先国への文化的影響については,多国籍企業が販売する商品のみを考慮すれば良いわけではなく,映画やテレビに代表される文化産業などの様々な影響を総合して考える必要がある.したがってここでは,従来議論されてきたような文化産業や文化商品に加え,現代のグローバルな市場競争において,多国籍企業が産出する商品の世界的拡散が,そのような影響を及ぼす役割の一端を担う可能性があることを指摘するに留めておきたい.

第7章　ソーシャル・ビジネスの可能性と課題

はじめに

　20世紀は大量生産社会を産み落とした時代であった．また，大量生産社会は，大量消費と大量廃棄を表裏一体とする経済システムでもあった．大量生産・大量消費・大量廃棄を構成要素とする三位一体のシステムは，日米欧の3極市場を中心に維持されることによって世界経済を牽引してきたのである．
　しかし，いま，こうした構造に変化が生じている．日米欧3極市場の成熟化にともない，過剰生産の受け皿としての新興国市場が注目され，実需が生まれている．これまで日本を中心として成長してきたアジア圏市場においては，韓国，さらには中国の沿岸部から内陸部へ，そして東南アジア諸国へと市場のシフトがみられる．またヨーロッパに目を転じると，これまでの中心であった西欧圏から東欧圏への市場のシフトがみられる．また，これと呼応してBRICs（新興経済諸国）やBOP市場（所得階層の底辺を構成する市場）などに世界中の注目が集まり，それら新市場の成長力への期待が高まっている．
　本章は，このような構造的変化に着目し，とりわけ40億人市場ともいわれるBOP市場におけるビジネスのあり方について考察する．それは，これまで日米欧市場で繰り返されてきた富裕層向け商品生産とはまったく異なるビジネスモデルである．とはいえ，貧困層向けの慈善事業ではなく，それはあくまで適正な収益力と，事業としての持続力を兼ね備えた実業でなければならない．その手掛かりを，ソーシャル・ビジネス論や，ユニリーバ社，グラミンダノン社のBOP市場向けビジネスのなかにもとめたい．

1. 企業への期待

　企業の社会的責任（Corporate Social Responsibility；CSR）を期待する声が日増しに強まっている．また，実際にCSRを実践していることを誇らしげに強調する企業も多い．さらに，社会的責任投資（Socially Responsible Investment；SRI）のように，投資する際の企業評価基準の中に社会的責任に関連する項目を加えようとする制度的な取り組みもある[1]．

　それでは，企業が社会的責任を果たすとは具体的にはどのようなことをいうのであろうか．製品の開発面や製造工程における地球環境問題への対応を企業に期待することは当然であろう．労働や基本的人権に関する諸法規を従業員に対し遵守することも当然のことである．

　しかし，こうした，いわば当然の責任に加えて，企業に対する責任範囲を拡張する傾向がみられることに注意すべきである．例えば，以下にみるナイキ社の事例はどのように考えるべきであろうか．ナイキ社の経営責任を追求した一連の報道は有名であり，企業の社会的責任を考えるための好材料として数多くの文献のなかで取り上げられてきた[2]．

　ナイキ社は，スポーツ用品（靴やウエアなど）を世界各国で製造・販売する米国を代表する多国籍企業である．発展途上国にある同社工場での従業員に対する劣悪な労働条件や人権に関する問題が，NGO（非政府組織）やマスメディアによって1990年代に広範囲に展開された「反搾取工場運動」のなかでたびたび批判されてきた．NGOの指摘するところでは，1993年当時，ナイキのインドネシア工場において，法定基準をはるかに下回る賃金支払いや長時間労働，さらには従業員に対する暴力行為が常態化していたという．こうした批判に対し，ナイキ社側は，このインドネシア工場が「契約生産工場」であり，したがって生産委託先での経営問題はナイキの経営責任の範囲にはない，との弁明を繰り返した．当時のナイキ社も他のアパレルメーカー同様，自前の工場は持たず，世界55カ国で900の工場と生産契約を結ぶ委託生産方式を採用していたが，その中の1つが問題となったインドネシア工場であった．同工場もナイキ

社の反論の通り，韓国人経営者が所有する工場であり，ナイキ社のブランド製品を受託生産していた．

　この「反搾取工場運動」においてナイキ社が直面した経営責任問題における新たな特徴は，生産委託先の労働条件や人権問題にまで責任の範囲が及ぶのか否か，ということである．換言すれば，現代企業の社会的責任範囲は，企業の境界を超えてその事業プロセス全体にまで及ぶとすることを社会的に合意できるか否か，というきわめて重要な問題が含まれていた．今日の大企業の多くは，手掛ける事業全体のごく一部分のみを内製しているにすぎない．多国籍企業ともなれば，他社に外注する比率はさらに高まり，しかもその多くの部分が海外の企業との取引である．こうした事業構造のなかで，どこまでが自社の責任範囲であるのか，がきわめて曖昧な状態になってきているのである．その一方で，環境保護や製造物責任に関わる諸法規の整備が遅ればせながらも着実に進行しており，企業もこうした事業環境の変化への対応に追われている．

　過去，これほどまでに企業の社会的活動を期待した時代があっただろうか．企業内福祉といった，いわば企業側から見た「身内」に対する社会的配慮は従来からもあったが，今日の状況は企業の境界を超えた社会貢献を期待するものである．現代企業の評価基準としてよく利用される用語に「トリプル・ボトム・ライン（triple bottom line, 3BL）」がある．英国のコンサルティング会社による造語とされるこの用語の意味するところは，企業を財務面だけで評価するのではなく，環境面と社会面を含めた3つの評価基準で総合的に評価すべきであるというものである[3]．とはいえ，それがどの範囲にまで及ぶものであるのかについては様々な解釈があり，それらは企業の存在意義を問う論争を引き起こしている[4]．

　こうした企業を取り巻く事業環境の変化をもたらしたものは何か．誰が企業の責任追及をしているのだろうか．現代CSR論を議論するための重要な影響要因はどのようなものであるのだろうか．

　最も重要な要因として，企業の社会的責任を追求する主体としてのNGOや市民運動が今日の企業経営に与える影響力の大きさを挙げるべきであろう．イ

ンターネットや電子メールで「武装」したNGOや市民運動の活動範囲がグローバル化するなかで，現代企業の社会的責任を追求する声と，その対象領域が拡大の一途を辿っている．人権NGO，環境NGO，労働NGOなどに分類される諸団体が，それぞれの活動領域から企業を攻撃する時代になったのである．しかも，その攻撃手段は，ある限定された地域と対象に向けた宣伝ビラのような"のどかな"ものではなく，インターネット社会の利便性とスピードを駆使したサイバー攻撃によるものになった．彼らの批判が企業に与える影響力は，一昔前のものとは比べものにならないほど大きくなっているのである．

　ナイキ社は，上記の批判に晒されたことへの対策として，1999年にGLOBAL ALLIANCEという名称のNGOをGAP社と共同出資で設立し，工場経営の実態調査をこのNGOに委託し『Nike Code of Conduct（ナイキ運営規約）』を策定した．運営規約における遵守すべき項目として，① 強制労働の禁止，② 靴製造は18歳以上，アパレル製造は16歳以上の従業員を雇用する（児童労働の禁止），③ 賃金は法定最低賃金または現行賃金の高い方を支払う，④ 就労時間を遵守する，の4項目を明記せざるをえなくなった．ナイキ社が，GLOBAL ALLIANCEを設立した1999年は，米国シアトルで開催されたWTO閣僚会議の際に，大規模な反グローバリズム運動が発展途上国の代表や各国のNGO，市民団体によって強行された年でもあった．1970年代以降，質量ともに存在感を徐々に強めてきたNGOがこの99年以降，国際的な会議の開催地に集合し，先進国主導の会議運営や産業政策，さらには巨大企業の行動に対する批判を展開するようになった．2000年の「IMF・世界銀行年次総会」（プラハ），世界経済フォーラム主催の「アジア太平洋経済サミット」（メルボルン）等においても同様の行動がみられた．このようなNGOや市民運動におけるグローバルな連帯は，現代企業にとっての新たな経営監視団体ないし批判勢力として無視できないものとなっている[5]．

　インターネットを技術的背景とする，このような企業批判の世界的潮流は積極的に評価されて然るべきものであり，そこに参加する市民が安全で公正な社会をめざすべく自ら行動することは否定されるべきではない．しかしながら，

その場合の行動は，もっぱら企業批判のための「粗探し」であってはならない．NGO などの企業批判のなかには，不確かな調査に基づいた誤謬も含まれる場合があり，また本来，企業の社会的責任論の前提には，企業と市民社会との間の継続的対話による社会発展の原理が組み込まれていなければならない．まさにその意味では，「CSR とは，企業の社会的責任（Corporate Social Responsibility）であると同時に，市民の社会的責任（Citizen's Social Responsibility）でもなければならない」のである[6]．

このように，インターネット社会がもたらす情報伝達の時間が秒単位にまで短縮され，伝達空間が無限大の広がりをみせる現代において，21 世紀における企業経営，とりわけそのグローバルな展開にとって，収益性のみでなく，社会貢献，地域社会の振興，企業倫理基準の遵守などの「公正さ（fairness）」が求められており，これらを欠く事業や企業行動は厳しく批判され，その責任が問われる時代になったといえよう．

2．ビジネスモデルの変革期としての現代——大量生産・大量消費・大量廃棄システムの限界

20 世紀の社会は，産業と企業の生産力を飛躍的に高めた．それは，大量生産・大量消費型経済体制を基盤とするものであり，フォード生産システムやトヨタ生産方式に象徴される生産装置と生産方法の革新を通して工場における生産効率を極限まで高めるとともに，他方で，様々なマーケティング手法を開発することにより販売市場における販売効率を高めることによって成立するものであった．これらの経営的革新は，企業に巨額の富をもたらし，成長を保証するとともに，消費者，従業員，さらには出資者として企業と関わる利害関係者（ステイクホルダー）を潤してきた．

しかしながら，この経済体制は内在的矛盾も抱えており，それは今日ますます深刻な事態になってきている．以下では，大量生産・大量消費型経済体制の内在的矛盾について 3 つの点で考えてみたい．

まず，第1に，大量生産・大量消費がもたらす過剰生産・過剰消費の恒常化とそれを解消するための飽くなき市場拡大がもたらす矛盾である．様々な産業において企業が生産効率を高める工夫をした結果として，生産性は飛躍的に高まった．それ自体は経済成長のための営みにほかならない．

しかしながら，それが需要と供給のバランスを崩した場合，過剰生産（供給過多）が恒常化する．過剰な生産物は販売市場で吸収されなければ，つぎの生産に入れない．ここに，販売市場における過剰消費の恒常化が生まれる．過剰消費の恒常化は，生産物の計画的陳腐化を謀ることによる製品ライフサイクルの短命化，意味のない製品改良（マイナーチェンジ）を繰り返すことによる買い替え需要の喚起，適正な販売収益構造を損なう低価格販売の恒常化をともなう．これらは，生産過剰に対する意図的な調整過程であり，換言すれば，過剰生産状態に陥ったことを知らせる市場のシグナルを無視して，あくまでも大量生産体制を維持しようとするプロセスにほかならない．

第2に，大量生産・大量消費が「大量廃棄」をともなうことである．「大量廃棄」とは，単に生産量の増加にともなう廃棄物の量的拡大を意味するだけではなく，過剰生産の恒常化の結果として，他社製品との販売競争に破れた売れ残り商品が大量に生まれることであり，かくして滞留する在庫処理に莫大な追加的費用がかかることを意味する．前述のように，企業が生産力を高めた結果としての大量生産体制の構築それ自体は企業努力として評価されなければならない．しかしながら，後者の意味での「大量廃棄」については，販売市場での熾烈な競争が生み出したものであり，自由競争を前提とした市場経済の構造的矛盾といわざるをえない．

第3に，生産地と消費地の乖離がもたらす社会的格差の構造化である．国境なき経済の時代にあっては，企業活動も「グローバル化」する．すなわち，コストパフォーマンスが最も優れた場所で，生産を行い販売を行う．

一国経済体制の場合には，生産性の向上は賃金上昇や販売価格の低下など国内経済と市場を潤すことが期待できるが，グローバル化した経済にあっては，生産と消費の国内的連鎖によって生じる経済的効果は期待できない．生産立地

国が発展途上国である場合，低賃金労働力の供給国としての位置付けから，多国籍企業が設計したビジネスの生産面だけを担うことになり，豊かな消費経済の恩恵を享受できない．これが「消費格差」である．

社会的格差とは，富裕国と貧困国との間の所得間格差，社会的基盤の整備面での格差，教育水準や識字率などの面での格差，など様々な要因を包含した概念である．その1つの要因が「消費格差」である．ここでの格差とは，富裕国市場における奢侈品の消費や飽食とは無関係なものであり，人間としての暮らしに欠かせない必要最低限度の栄養素や安全な水が十分に賄えていないという意味での格差構造を意味していることに注意されたい．

国連開発計画（UNDP）が指摘するところによれば，発展途上国の44億人の5分の3にあたる人々は基本的な衛生設備を欠き，汚水，排水，糞尿処理がうまくできない状態にある．また，3分の1にあたる人々は安全な水を利用できず，5分の1にあたる人々は健康に暮らすために必要なエネルギーや蛋白質を食事から摂取できない状態におかれている[7]．

多国籍企業が描く事業設計図の一部，すなわち生産面のみを担う途上国の多くは上記のような矛盾の構造から脱け出すことができない．

以上が，20世紀ビジネスの基本的特徴である．したがって，21世紀における新たなビジネスモデルの構築にあたっては，これまでのビジネスモデルの問題点や矛盾を克服することが求められる．

すなわち，過剰生産の恒常化を是正するような生産計画の新たな手法や，社会的調整の仕組みが開発されなければならない．また，生産と消費のプロセスにおいて，廃棄物を減らす仕組みも開発されなければならない．リサイクルやリユースといった静脈経済を活性化する取り組みはその一助となる．さらに，20世紀の経済発展から取り残された途上国経済，およびそこに暮らす人々の生活水準を高めるようなビジネスのあり方が問われている．近年，急速に産業界の関心を引き始めているBOPビジネスが期待される分野である．

3．ソーシャル・ビジネス

　企業が社会発展のため取り組むビジネスモデルとはどのようなものなのか．そして，それは「持続可能な」事業設計図なのだろうか．これまで，社会的事業は，企業ではなく，非営利組織（NPO）が行う事業分野とみなされてきた．すなわち，企業は営利原則に則り利益の最大化のみを目指す存在と位置付けられ，他方，社会性や公共性といった営利追求には馴染まないものについては非営利組織が担うものと考えられてきた．この種の議論においては，営利追求と社会性の追求とは相容れないものであるという前提があった．

　しかしながら，このような主張に異を唱える研究者や実務家が今日では数多く存在している．

　最近の企業経営に関する文献において，以下の若干の事例にみられるような企業経営に対する主張が，企業の社会性や社会的責任の問題とともに議論されていることをどのようにみるべきか．

　スマントラ・ゴシャール，クリストファー・A. バートレット，ピーター・モラン（Sumantra Ghoshal, Christopher A. Bartlett and Peter Moran）は，現代企業とその経営者の新たな役割を以下の諸点にもとめている[8]．

・現代社会は市場経済ではなく，企業が価値創造や経済発展に中心的役割を果たす組織経済である．
・企業の成長，ひいては経済の成長は，もっぱら経営幹部の質に左右される．
・企業活動の基本となるのは，社員や社会と交わす新たな「道徳契約」である．従来の温情主義や搾取，価値の割り振りに代わって，「未来を共有する」関係における雇用されるための能力や価値創造が基本となる．

　また，スチュアート・L. ハート（Stuart L. Hart）は，企業の社会における役割変化についてつぎのように述べている．

「『大いなるトレードオフ幻想』によって，ある世代の管理職は，社会問題がビジネスの足かせにしかならないという先入観を植えつけられ，その結果，受け身の姿勢をとるようになった．つまり，法的制裁を受けずに済む最低限のことしかしないのだ……〔しかしながら〕（筆者挿入），社会や環境の問題が企業運営に深く影響するようになるにつれ，会社の業績と社会的パフォーマンスは必ずしも切り離して考えるべきではないことに経営者たちは気づいていった．それまでは，まず事業によって利益を生み出し，社会貢献活動などを通じてその利益を社会に還元しようとしていたが，このように企業活動を二段階に分ける必要はもうない．かつて事業と社会貢献活動の間にあった見えない壁は取り払われ，NGOとの連携，戦略的社会貢献活動などそれまでにないさまざまな社会的事業が提案され始めた．……新たな千年紀を迎えて，資本主義は本当に岐路に立っている．工業化時代に使い古された戦略はもう通用しない．時代は，人類の生活を向上させ，失われた自然を取り戻すような，新しい，より包括的なビジネスを求めている．」[9]

これらの主張は，これまでにもみられたものともいえる．しかしながら，それが主流派の経営論に対する異端として位置付けられてきた時代とは異なり，企業社会に多大な影響を及ぼす実践論としての座を占める段階に入ったことが重要なのである．すなわち，これからの企業には，スマントラ・ゴシャール等のいう「社員や社会と交わす新たな『道徳契約』」を結び，「未来を共有する」関係を構築するためのビジネスモデルが求められているのであり，さらには，スチュアート・L.ハートのいう「人類の生活を向上させ，失われた自然を取り戻すような，新しい，より包括的なビジネス」を実践するための「NGOとの連携，戦略的社会貢献活動」がもとめられているのである．

これらの研究者による言説に加えて，実務家のなかにも自らの事業の社会的性質について主張する人々が数多くみられるようになった．その象徴的存在が，バングラデシュにおいてグラミン銀行を創設し，マイクロファイナンスによるビジネスモデルを確立したムハマド・ユヌス（Muhammad Yunus）総裁で

ある．

　ユヌスは，CSRには，「弱いCSR」と「強いCSR」があるという．「弱いCSR」とは，「人類や地球に危害を加えない」ということであり，不良品を販売しない，工場の廃棄物を川や埋め立て地に大量に捨てない，役人を買収しない，といった行動をとることを意味する．他方，「強いCSR」とは，「人類と地球に対して良い行ないをする」ということであり，環境に優しい製品や活動を模索する，従業員に対し教育を受ける機会や健康プランを提供する，政府のビジネスに対する規制に透明性と公正をもたらす，といった行動をとることを意味する[10]．この2つのCSR論の意図するところは，利益を犠牲にしない限りで"それなりの社会的責任"を果たすのか，それともより積極的に事業機会としての社会貢献活動を推進するのか，の選択を経営者に迫る点にある．すなわち，これまでの「利益の最大化をもたらすビジネス（PMB）」から，「特定の社会的目標を達成するためのソーシャル・ビジネス」への転換を求めているのである．

　「組織体制においては，この新しいビジネスは既存のPMBと基本的に同じである．しかし，その目的は異なる．労働者を雇い，品物やサービスを生み出し，その目的にふさわしい価格で顧客に提供することはこれまでと同じだ．しかし，その基調となる目的—そして評価基準—は，関わった人々の生活のために社会的恩恵を生み出すことである．会社そのものは利益を上げるかもしれないが，会社を支える投資家は，ある一定期間に投資したのと同じ額を取り戻す以外には，会社から一切の利益を持ち出せない．ソーシャル・ビジネスは，利益によってではなく，動機によって動く企業であり，世界の変革推進者として活動するのだ．……ソーシャル・ビジネスは慈善事業ではない．あらゆる意味において，ビジネスにほかならないのだ．社会的目標を達成する間に，かかった総費用を取り戻さなければならない．……今日，世界には社会的な利益を生み出すことに集中する多くの組織がある．そのほとんどがかかったコストをまったく取り戻すことができない．NPOやNGO

は，プログラムを実行するために慈善による寄付金，基金からの補助，あるいは国庫からの補助に依存している状態だ．……ソーシャル・ビジネスは違う．まさしく伝統的なPMBのような管理原則に従って運営されており，ソーシャル・ビジネスではすべてのコストを回収するのが目標である．」[11]

ユヌスのいうソーシャル・ビジネスとは，このように，慈善事業とは異なり，あくまでビジネスとして社会的利益と恩恵を生み出す行為にほかならない．このような事業観がこれまで無かった理由についてユヌスは，資本主義社会が人間の本質について間違った見方をしていたからだと説く．すなわち，これまで資本主義における人間像は，最大利益を追求することだけに関心がある「一次元的な存在」とされてきたが，しかしながら，人間は利己的な面と同時に，無私で献身的な面も併せ持つ「多次元的な存在」でもある．このような人間に対する本質理解によって新たな事業観がもたらされ，ソーシャル・ビジネスへの道が開かれるという．それは，人間のもう1つの側面である，無私で献身的な部分を市場に持ち込むことによって可能になるとされる[12]．

4．BOP市場におけるビジネスモデル

BOPとは，Bottom of the Economic Pyramid（所得階層を構成する経済ピラミッドの底辺層）を指す言葉として定着しつつある．また，Bottomに代えて，Base of the Economic Pyramid（BoP）という場合もある．BOPが企業にとっての新たな市場であるという考え方は，前述したコーネル大学のスチュアート・L. ハート教授，ミシガン大学のC. K. プラハラッド（C. K. Prahalad）教授によって1990年代末に提唱されたことに始まる．また，2000年に採択された「国連ミレニアム計画」が，途上国における貧困の緩和と撲滅を訴えたことがその背景となっている．そのような流れのなかで，BOPビジネスが注目されるようになったのである．BOPビジネスの対象は，これまで低所得であるがゆえに消費者とはみなされなかった途上国の人々である．具体的には，年間所得3,000

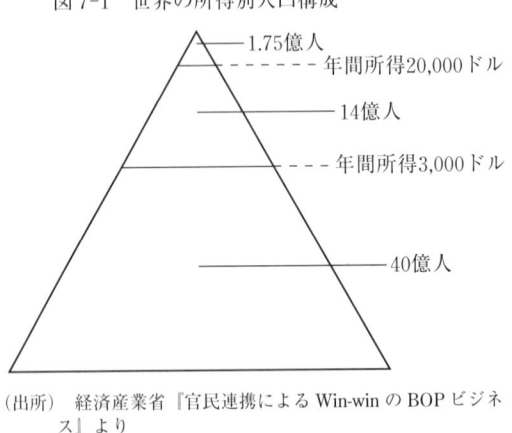

図 7-1　世界の所得別人口構成

- 1.75億人
- 年間所得20,000ドル
- 14億人
- 年間所得3,000ドル
- 40億人

（出所）　経済産業省『官民連携による Win-win の BOP ビジネス』より

　ドル未満の収入しかない，世界人口のおよそ7割に相当する40億人がターゲットであり，それらの新たな消費者の生活改善に役立つような事業を設計し，持続可能なビジネスモデルの確立をその狙いとするものである．

　とはいえ，この新たな市場は巨大市場でもある．2007年に国際金融公社（IFC）と世界資源研究所（WRI）によるレポート『次なる40億人経済ピラミッドの底辺（BOP）の市場規模とビジネス戦略』によれば，BOP層とは開発途上地域において1人当たり年間所得（購買力平価換算）が3,000ドル未満の世帯を指すものとされている．同レポートによれば，開発途上地域を中心とした世界110カ国の家計調査の結果，BOP層は世界の総調査対象人口55億7,500万人の75％を占め，BOP家計所得は総額で年間5兆ドルに達するという．また，アジアのBOP層は28億5,800万人ほどで，その家計所得総額は3兆4,700億ドルとみられる．すなわち，世界のBOP家計所得の7割がアジアに集中しているということになる[13]．

　それでは，こうした新たな消費者の生活改善に役立つような事業を設計するとは，具体的には，どのようなことを意味しているのであろうか．

　「貧困ペナルティ」ないしは「BOPペナルティ」という言葉がある．これは，

BOP層の多くが暮らしている生活の場では道路や水道といった生活基盤が脆弱であるため，それらを使用するための費用が割高になることを意味する言葉である．プラハラッドは，インドのムンバイ郊外のダラビ（貧民街）とウォーデン・ロード（現在の B. デサイ・ロード，裕福な地区）を比較した結果，富裕層の集まる地区に比べて貧困層の地区では，利子（年利）53倍，水道料金37倍，電話使用料1.8倍，下痢止め薬10倍，コメ1.2倍という具合に割増し料金が加算されているという実態を明らかにしている（表7-1）[14]．

プラハラッドによれば，こうした BOP 市場こそ，多国籍企業が未開拓のまま放置してきた巨大市場であり，ここに多国籍企業が有する活動範囲の広さや事業規模，サプライチェーンの効率性などの利点を活用すれば，貧困の緩和と経済発展に寄与すると同時に，多国籍企業自体にとっても新市場の獲得，さらなるオペレーション効率やイノベーションの機会がもたらされるという．プラハラッドは，この点についてつぎのように主張している．

「そしていま，40億人の人が陥っているこの貧困を緩和する以上に差し迫った課題があるだろうか．主要な多国籍企業は豊富な技術と才能を持っている．それをピラミッドの底辺で本当に求められているものの生産—そして本当のビジネスチャンス—に向けず，従来の製品のバリエーションの増殖に使

表7-1 ムンバイ郊外における貧困ペナルティ（BOPペナルティ）の事例

項目	ダラビ	ウォーデン・ロード	貧困による割増
利子（年利）	600-1000%	12-18%	53.0倍
水道水（1m³）	$1.12	$0.03	37.0倍
電話（1分間）	$0.04-0.05	$0.025	1.8倍
下痢止め薬	$20.00	$2.00	10.0倍
コメ（1kg）	$0.28	$0.24	1.2倍

（出所）C. K. プラハラッド著，スカイライトコンサルティング訳『ネクスト・マーケット—「貧困層」を「顧客」に変える次世代ビジネス戦略—』英治出版，2005年，37ページ

うほうがよいという意見に，果たして説得力があるだろうか.」[15]

　プラハラッドは，第三世界市場の経済的困窮を解決するために，これまでと同様に先進諸国の経済援助や発展途上国自体の行財政改革の必要性を認めながらも，多国籍企業の同市場への継続的関与が最も重要であると主張する．プラハラッドが対象としている市場は，不正行為，低識字率，インフラの未整備，不安定な通貨価値，硬直的な官僚主義などから多国籍企業が事業収益を上げるのは困難とされてきたが，実際には，政治改革，投資の自由化，低コスト無線通信網の整備など多国籍企業にとって事業を展開するための条件は改善されつつある，という.

　プラハラッドは，2005年に出版した著書において幾多の事例を紹介し，BOP向けビジネスモデルについて論じている．発展途上国では，2億人以上の子供が知的障害や甲状腺腫をもたらすヨード欠乏症を患っているが，そのうちの7,000万人以上はインドに居住しているという．ヨード欠乏症を解決するには毎日の食事で摂取される食塩にヨードを添加する方法が採られるが，ヨード添加食塩はインドに流通している食塩の20％にすぎない．こうした生活環境から生じる問題を改善した企業として，プラハラッドは，ユニリーバ（Unilever）社のインド子会社であるヒンドウスタン・リーバ・リミテッド（HLL）社を紹介している．同社は，"K15（カリウム，15ppm）"という分子レベルでのカプセルを創造し，この問題を解決するための事業化に成功した[16].

　また，同社の他の事業例としてキャンディ事業がある．BOP市場を対象とした本物の砂糖と果物を使用した高品質キャンディは，一盛りがわずか1ペニーにすぎないが，発売後わずか半年で会社の事業ポートフォリオの中で最高の成長部門となった．さらに，同社の試算では，インドと類似の市場において5年後には年間2億ドル程度の売上げが見込めるという.

　ユニリーバ社は，2009年と2020年における途上国および新興国市場の人口の伸びと所得変化について表7-2のように予測している.

　『ユニリーバ・サスティナブル・リビング・プラン』では，こうした途上国，

表7-2 途上国および新興国市場人口と所得階層の構成比
(ユニリーバ社による予測値)

所得階層	2009年（世界人口59億人）	2020年（世界人口67億人）
富裕層	9億人	18億人
中間層	25億人	29億人
貧困層	25億人	20億人

(出所)『よりよい明日を創るために ユニリーバ サスティナビリティ・レポート 2009要約版』，31ページ

新興国市場において，2020年までに10億人以上の人々が「すこやかな暮らし（衛生，栄養に関する）」をおくれるよう支援すること，2020年までに製品のライフサイクルからの環境負荷を半減すること，2020年までに数万人以上の暮らしの向上を支援すること，について，数値目標とアクションプランを設定し実践するとしている[17]．こうしたユニリーバの取り組みについては，経済産業省のレポートでもつぎのように紹介されている．

　「ユニリーバは，インドにおいて，洗剤やシャンプーを少量の小袋に分けて安価で提供することで（小袋戦略）購買障壁を解消し，『沢山の人々』×『少しずつ買う』×『毎日使う』＝『大量の消費』という構図で市場を確保し，農村地域での低所得者層に対する収益事業化に成功した．また，米国の開発援助機関である米国国際開発庁（USAID）の『石鹸による手洗いを推進する世界的な官民パートナーシップ』を活用し，現地の約400のNGOと連携して『手を洗うことは衛生的である』といった啓発活動を行い，啓発活動のための人的資源や資金の提供を受けることで，コストの削減を実現している．」[18]

　HLL社の一連のBOPビジネスのなかで，とりわけ「プロジェクト・シャクティ」ないしは「シャクティ・レディ・プロジェクト」は有名であろう[19]．同プロジェクトは，2000年12月，インド南部アンドラ・プラディッシュ州ナルコンダで発足したものであるが，その社会的目的は，「恵まれない農村部の女

性に対して持続可能な生計の機会を提供する」ことにあった．バングラデシュのグラミン銀行をモデルに，政府機関やNGOによってインド農村部に設立された10-20人のメンバーからなる「自助グループ（Self-Help Group, SHG）」と提携し，各グループから1名をシャクティ起業家として任命し，農村部市場における商品の販売を委託した．この自助グループがインド南部に発足したのは2001年であったが，今日では300万にも及ぶ団体があり，グループメンバーは共同でお金を積み立て，誰かが必要になった時には援助する，まさに相互扶助の組織として機能しているという．

　シャクティ起業家に任命された女性の平均的な世帯月収は1,000ルピーを下回るものであったため，彼女らの多くはマイクロクレジットを利用して起業のための資金を調達し，毎月元本の0.75％から2％相当の金額を返済に充てる必要があった．また，新規の起業家は，初期投資として1万ルピーが必要とされたが，年間12万ルピーの売上高が達成できれば，月700ルピーの定常的な収入が得られ，200ルピーを融資の返済に充当することができるという．

　かくして，2004年12月までに，1万2,151人の起業家が12州310地域に分布する5万に及ぶ村をカバーするまでに成長した．今日では，5万人の起業家が，15万に及ぶ農村で，およそ1億4,000万人の顧客を創造しているといわれている．

　そこでの売り上げの大部分は低所得者層向けの「小袋（サッシェ）」である．HLL社は，すでに，シャンプー，ヘアオイル，洗剤，スキンクリーム，紅茶，歯磨き粉，石鹸のサッシェを販売しているが，シャンプーについてみてみると，インドではシャンプーは高級品であるため，低所得者層および農村部の消費者の大半は浴用石鹸，洗髪石鹸，洗髪パウダーを使用している．その年間販売量6万3,000トン，販売高150億ルピーといわれる市場の70％をサッシェ（最大10mlの小袋）が占めているという．

　HLL社の取り組みと同様に，前述したムハマド・ユヌスの手掛ける「グラミン・ダノン（Grameen Danone）社」もBOP市場における代表的なビジネス

モデルといえよう．2006年，ダノン（Danone）社（フランス）は，アジアの最貧国バングラデシュでヨーグルト事業を始めた．「食べ物を通して1人でも多くの健康に貢献すること」という同社の社是に基づいて，グラミン銀行と折半出資でグラミン・ダノン社を設立した．同社は，事業で得た利益は配当には回さず，新規投資を行い現地に還元している．そうすることで，雇用が生まれ，その結果として，ダノンも消費者を創造できるというビジネスモデルである．

バングラデシュの人口の99.6％は年収3,000ドル以下であり，そのような所得水準の顧客層に「ショクティ・ドイ」と呼ばれるヨーグルトを「グラミン・レディ」と呼ばれる農村地域の女性が個別訪問販売しているのである．ボグラという地方都市の農村部に工場を建設し，1カップ（60g）を6タカ（8円）で販売する．卵1個7タカ，石けん1個50タカであるから，低価格販売といえよう．その一方で，原料となる牛乳は1リットル27タカで地元酪農家から買い上げているが，この買い上げ価格は通常より3割ほど高い．さらに，工場の設備投資についても，中国製の機械を使用することにより，通常の50分の1の投資額に抑えている．この世界最小規模の工場では，3，4人の従業員が8万カップのヨーグルトを日産しているとされる[20]．

おわりに——持続的成長のための事業再設計に向けて

OECDは，1日当たりの支出額が10-100ドル（2005年購買力平価換算）の層を中間層と定義したうえで，全世界の中間層が2009年の18億4,500万人（国連推計による世界人口68億2,936万人の27.0％）から，2020年には32億4,900万人（同76億7,483万人の42.3％），2030年には48億8,400万人（同83億890万人の58.8％）に達すると予測している．巨大な中間所得層の誕生である．この層の消費支出は，2009年から2020年までにおよそ13兆7,670億ドル，2030年までには34兆4,020億ドルに達するとみられている[21]．

2010年版の経済白書は，つぎのようにBOPビジネスの将来性を記述している．

「わが国としても，将来市場獲得や継続的・効果的な経済協力の実施のため，官民連携により，こうした取組（BOPビジネス）の支援を推進していくことが重要である．……中長期的な視点に立つと，中小企業を含め，我が国企業のBOPビジネスへの参入は新たな市場獲得に向けたイノベイティブな挑戦と捉えることができるのみならず，将来の中間層取り込みへの布石及び国際的レピュテーション（評価）の向上，現地に密着した情報の収集，新興国市場における優秀な人材の獲得等，企業にとっての恩恵も少なくないと考えられる．」[22]

こうした巨大市場を巡る企業の攻防がこれから激化することは間違いない．いわゆる先進国市場の需要が相対的に鈍化する中で，ますます新興国市場やBOP市場に対する期待が大きくなろうことは容易に予想できるところであるが，しかしながら，そのような激しい市場獲得競争のなかで，これまでみてきたような社会性も兼ね備えたBOPビジネスが順調に発展するための条件は何だろうか．

従来通り大量生産のための新たな消費市場を獲得するということのためにBOP市場に参入し，飽和状態に達しつつある日米欧を中心とした富裕国市場を補完するために，BOP市場のなかの新中間層向けに供給するというだけのことであれば，経済白書のいう「新たな市場獲得に向けたイノベイティブな挑戦」ではない．それは，従来型の大量生産・大量消費・大量廃棄システムの延命を図るにすぎないからである．そうであれば，トリプル・ボトム・ラインの環境面と社会面の評価基準を満たすようなビジネスモデルとは成りえないのである．

今こそ，持続可能な社会を創造するためのビジネスモデルが考案されなければならない．それは，20世紀型の市場システムで消費者としてみなされなかった40億もの人々に対して消費の機会を与えるものでなければならない．その場合の消費とは，生活水準の向上や生活環境の改善につながるものであり，贅沢品を意味するものではない．富裕国市場における欲望を満たすための消費

ではなく，衛生的で安全な暮らしを支えるための消費でなければならない．そのような消費財を提供することが企業に求められているのである．しかも，それは適正な価格で提供されなければならないし，製造工程や流通経路の全てに渡り無駄を極力排除した商品でなければならない．前述の「小袋（サッシェ）」のような商品開発は，その意味で重要であり，環境の負荷を減らす企業の「エコロジカルフットプリント」を促進することにつながる．そのようなBOP市場ができれば，それはまさにトリプル・ボトム・ラインを満たすものとなろう．

また，すでにみた事例からもわかるように，BOPビジネスでは「シャクティ・レディ」や「グラミン・レディ」といった女性がその中心部分で活躍している．これは，バングラデシュやインドといった国の就労構造と深く関係しているとはいえ，新たなビジネスモデルにおける女性の活躍は普遍性を持つものと思われる．これまでの20世紀型ビジネスモデルが必ずしも女性の能力活用という面で十分でなかったとすれば，BOPビジネスに女性の社会参加を促進する効果が期待できるのではないだろうか．

最後に，BOP市場で事業化するためには，富裕国市場とは全く異なる特殊な事業環境にどのように適応していくのか，という点も重要となる．広大な大地に分散する居住地には，社会資本が十分に整備されていないため，交通や通信の手段，配送や流通のシステムを欠いている．また，消費者個々人の信用力や情報収集力などにも乏しく，事業化のためのインフラが全く未整備な地域のなかで，どのように事業を立ち上げ採算を確保するのかという問題である．換言すれば，新たな事業化プロセスのなかで，どのようにして市場を組織するのか，という問題である．

これらの複雑な諸問題があるにせよ，これまでの大量生産・大量消費・大量廃棄システムに代えて，トリプル・ボトム・ラインを満たすビジネスモデルの設計が現代の企業に求められていることは間違いない．

1) 社会的責任投資は，1920年代にまで遡り，キリスト教徒がカジノ経営，酒店経

営，武器製造，奴隷的労働，高利貸業などを忌避するネガティブ・スクリーニングという独自のファンドを創設したことに由来するとされる．その後，1960年代以降，公民権運動，ベトナム戦争，原発事故などに対する影響力行使の手段としてアメリカを中心に市場メカニズムを利用するCSR促進の手段として発展してきた（日本経営倫理学会編『経営倫理用語辞典』白桃書房，2008年，20ページ）．

2) 例えば，次の事例研究を参照されたい．"Do it just : Oxfam and CCC versus Nike", Rob van Tulder, with Alex van der Zwart, *International Business-Society Management : Linking corporate responsibility and globalization*, Routledge, 2006, pp. 279-288.

3) 前掲『経営倫理用語辞典』，196ページ．

4) 企業の果たすべき責任に関する学説の代表的なものがフリードマン（M. Friedman）の学説であろう．

　フリードマンによれば，自由主義社会におけるビジネスの唯一の社会的責任は，「ゲームのルールを守りながら，資産を運用して利潤を増やすことを意図した活動に従事する」ことであり，「ごまかしや詐欺をすることなく開かれた自由競争に参加すること」である．フリードマンは，個人経営者と区別した上で，私的所有に基づく自由企業体制下における「企業の所有者の雇われ人」としての企業経営者の責任とは，雇い主の欲求に従って企業を運営する責任であり，一般的に雇い主の欲求とは，「法律や倫理的慣習で具体化されている社会の基本的なルールを守りつつ，できるだけ多くのお金を稼ぐこと」を意味する，と主張した．

　このような"雇われ経営者"に対して，ビジネスマンとしてつぎのような「社会的責任」を果たすべきであると主張することは，フリードマン流にいえば，「彼の雇い主の利益にならないような行動をせよ」と嗾けていることにほかならない．

　・インフレを防止するという社会目標に貢献するために，たとえ製品の価格を値上げすることが企業の利益にとって最善であったとしても，値上げすべきではない．

　・環境を改善するという社会目標に貢献するために，企業の利益にとって最善である金額以上に，もしくは法律によって要求されている金額以上に，環境汚染を減じるための支出をすべきである．

　・企業の利潤を犠牲にして貧困を減じるという社会目標に貢献するために，もっとましな労働者が雇えるにも関わらず，「ハードコアの（収入と教育が低くいつまでも失業状態にある）」失業者を雇うべきである．

　フリードマンは，こうした「社会的責任」を雇われ経営者が「個人の責任」としてではなく「ビジネスの責任」として行えば，雇い主の金や，雇い主の目的のために費やすと契約した時間と労力を"個人的良心や大義を満足するために"使用することになることから，「株主に対する受託義務違反」になると主張する．

これに対し，フリーマン（R. E. Freeman）の「ステイクホルダー論」では，経営者が株主に対して義務を持つという概念を，経営者がステイクホルダー（企業に利害関係あるいは請求権を持つ人々の集団）に対して受託関係を持つという概念に置き換えることによって，「経営資本主義（経営陣が企業を指揮することの見返りに株主の利益を活発に追求する）という概念」に活力を与えられる，と主張される．
　この両者の学説は，企業は誰のものであるのか，企業は誰に対して責任を負うべきか，ということに答えようとするものであった．それでは，責任の範囲についてはどのような学説が述べられているのか．
　ボーイ（N. E. Bowie）は，「企業は，法によって要請されているものを超えて環境を保護する義務はない」が，しかしながら，「企業は，環境関連立法を阻止したり弱めたりする目的で，政治の領域に介入しないようにする道徳的義務を負っている」という．
　一方，ホフマン（W. M. Hoffman）によれば，「企業は社会的懸案の処に当たって，われわれのより積極的なパートナーとなる倫理的責任」があり，しかも「たとえ自己利益へのリスクと犠牲があっても，企業は環境上責任のある行動を推進する責任がある」という．
　ところで，企業が倫理的責任を持つという場合，「倫理的利己主義」が主要な根拠となる．すなわち，「誰もが善悪の観点から長い目で見た自分自身の利益を基準にして行為し判断すべき」であり，したがって，「倫理はビジネス上，得策である」という考え方である．しかしながら，こうした倫理的利己主義は，環境に優しい企業の"ふりをする"イメージ戦略の"いかがわしさ"や"胡散臭さ"にも結びつく．
　そこで，ホフマンは，倫理的利己主義とは異なり，企業が倫理的責任を遂行すべき"もう１つの"理由として，「ディープ・エコロジー」に着目する．それは，人間の利益の観点だけから環境に対する道徳的要請を求める人間中心主義的エコロジーである「シャロウ・エコロジー」に対して，人間の利益を超えて自然のすべての存在者（生命）に備わる「内在的価値」がわれわれを環境に関する「道徳的義務」へ駆り立てるとする「生命中心主義的」発想である．すなわち，自社の利益に限定した倫理的利己主義を超越した，生命に備わる「内在的価値」に基づく自然の摂理によるところの「道徳的義務」こそ，企業の環境上の責任，すなわち社会的責任の根拠となる，と主張する．
　以上の企業の社会的責任をめぐる諸学説に関しては，主としてつぎの文献を参考にした．① Peter W. F. Davies, *Current Issues in Business Ethics*, Routledge, 1997. ② Tom L. Beauchamp & Norman E. Bowie, *Ethical Theory and Business*, 5th ed., Prentice-Hall, 1993（T. L. ビーチャム，N. E. ボウイ著，加藤尚武監訳『企業倫理学１―倫理的原理と企業の社会的責任―』，晃洋書房，2005年）．③田中朋弘，柘植

尚則編『ビジネス倫理学―哲学的アプローチ―』(叢書＝倫理学のフロンティアⅧ),ナカニシア出版,2004年,特に第5章「企業の環境対策とエコロジー」(河村厚論文),116-144ページ.④ Ken Smith and Phil Johnson, *Business Ethics & Business Behaviour*, International Thomson Business Press, 1996. ⑤ John M. Kline, *Ethics for International Business : Decision Making in a Global Political Economy*, Routledge, 2005.

5) 企業に倫理的な行動基準を求める動きは,NGO や市民団体以外にもみられる.国連のアナン事務総長によって「世界経済フォーラム(ダボス会議)」で「グローバル・コンパクト原則(Global Compact Principles)が提案されたのも,1999年であった.この原則は,人権,労働基準,環境,および反不正行為の4分野について10原則を定め,参画する企業や行政組織に対して遵守するよう求めている.その詳細に関しては,Andreas Rasche and Georg Kell, *The United Nations Global Compact : Achievement, Trends and Challenges*, Cambridge University Press, 2010, を参照されたい.

6) 高巌・日経 CSR プロジェクト編『CSR 企業価値をどう高めるか』,日本経済新聞社,2004年,37ページ.

7) 国連開発計画(UNDP)『消費パターンと人間開発』,人間開発報告書,国際協力出版会,1998年,2ページ.

8) Michael A. Cusumano and Constantinus C. Markides (eds.), *Strategic Thinking for the Next Economy*, Massachusetts Institute of Technology, John Wiley & Sons International Rights, Inc., 2001 (マイケル・A・クスマノ,コンスタンチノス・C・マルキデス著,グロービス・マネジメント・インスティテュート訳『MIT スローン・スクール 戦略論』,東洋経済新報社,2003年,第1章,3ページ).

9) Stuart L. Hart, *Capitalism at the Crossroads : Aligning Business, Earth, and Humanity*, Wharton School Publishing, 2007 (スチュアート・L・ハート著,石原薫訳『未来をつくる資本主義―世界の難問をビジネスは解決できるか―』,英治出版,2008年,第1章,32, 35, 52ページ).

10) ムハマド・ユヌス著,猪熊弘子訳『貧困のない世界を創る ソーシャル・ビジネスと新しい資本主義』,早川書房,2008年,47-48ページ.

11) 同書,55-56ページ.

12) 『朝日新聞』,2009年1月6日付.

13) 野村総合研究所『BoP ビジネス戦略 新興国・途上国市場で何が起こっているか』,東洋経済新報社,2010年,4ページ.

14) C. K. プラハラッド著,スカイライトコンサルティング訳『ネクスト・マーケット―「貧困層」を「顧客」に変える次世代ビジネス戦略―』,英治出版,2005年,37ページ.原典は,C. K. Prahalad, *The Fortune at the Bottom of the Pyramid :*

Eradicating poverty through Profits, Wharton School Publishing, 2005.
15) C. K. プラハラッド，アレン・ハモンド著，松本直子訳『ダイヤモンド・ハーバード・ビジネス・レビュー』，January 2003，38 ページ．原典は，C. K. Prahalad and Allen Hammond, "Serving the World's Poor, Profitably", *Harvard Business Review*, September 2002, pp. 48-57.
16) C. K. プラハラッド著，前掲邦訳，258 ページ．
17) 「ユニリーバ・グローバル概要」（ユニリーバ社 HP，閲覧日 2011 年 10 月 7 日）より．
18) 経済産業省　貿易経済局　通商金融・経済協力課レポート『官民連携による Win-win の BOP ビジネス』より．
19) 「プロジェクト・シャクティ」に関する記述については，ジェトロ（日本貿易振興機構）編『米国企業のインド市場戦略』，海外調査シリーズ No. 376，ジェトロ，2008 年，第 4 章，73-126 ページ，および小林慎和，高田広太郎，山下達朗，伊部和晃著『BOP 超巨大市場をどう攻略するか』，日本経済新聞出版社，2011 年，第 3 章，114-122 ページ，を参照した．
20) 『日経ビジネス』，2009 年 12 月 21，28 日号より．
21) 『ジェトロ世界貿易投資報告　2010 年版』，ジェトロ，2010 年，82 ページ．
22) 経済産業省『通商白書 2010』，日経印刷株式会社，2010 年，296 ページ．

執筆者紹介 （執筆順）

一井　昭（いちい あきら）	客員研究員・中央大学名誉教授
岩田　勝雄（いわた かつお）	客員研究員・立命館大学名誉教授
山田　博文（やまだ ひろふみ）	客員研究員・群馬大学教育学部教授
小林　世治（こばやし せいじ）	元客員研究員・日本大学大学院グローバルビジネス研究科准教授
孫　榮振（そん よんじん）	客員研究員・株式会社エコマット産業部長・監査役
瀬口　毅士（せぐち たけし）	客員研究員・鹿児島県立短期大学商経学科専任講師
日髙　克平（ひだか かつべい）	研究員・中央大学商学部教授

岐路にたつ日本経済・日本企業

中央大学企業研究所研究叢書　32

2012年3月5日　初版第1刷発行

編著者　　徳重　昌志
　　　　　日髙　克平

発行者　　中央大学出版部

代表者　　吉田　亮二

〒192-0393　東京都八王子市東中野742-1
発行所　　電話 042(674)2351　FAX 042(674)2354
　　　　　http://www.2.chuo-u.ac.jp/up/

中央大学出版部

© 2012　　　　　　　　　　　　　　　㈱千秋社

ISBN978-4-8057-3231-1